河北省社会文物发展报告（2024）

《河北省社会文物发展报告（2024）》编委会　编

河北大学出版社
·保定·

出 版 人：刘相美
责任编辑：张　磊
装帧设计：王占梅
责任校对：牟　霖
责任印制：常　凯

HEBEI SHENG SHEHUI WENWU FAZHAN BAOGAO（2024）

图书在版编目（CIP）数据

河北省社会文物发展报告 . 2024 /《河北省社会文物发展报告（2024）》编委会编 . -- 保定：河北大学出版社，2024. 12. -- ISBN 978-7-5666-2543-4

Ⅰ . K872.22

中国国家版本馆 CIP 数据核字第 2025N3R544 号

出版发行：河北大学出版社
　地址：河北省保定市七一东路 2666 号　邮编：071000
　电话：0312-5073019　0312-5073029
　邮箱：hbdxcbs818@163.com　网址：www.hbdxcbs.com
经　销：全国新华书店
印　刷：保定市文昌印刷有限公司
幅面尺寸：185 mm × 260 mm
印　张：19
字　数：300 千字
版　次：2024 年 12 月第 1 版
印　次：2024 年 12 月第 1 次印刷
书　号：ISBN 978-7-5666-2543-4
定　价：158.00 元

如发现印装质量问题，影响阅读，请与本社联系。
电话：0312-5073023

编　委　会

融合新质力　驱动新未来

——探索河北省社会文物事业发展新阶段

习近平总书记在2024年1月31日主持中共中央政治局第十一次集体学习时指出：新质生产力是创新起主导作用，摆脱传统经济增长方式、生产力发展路径，具有高科技、高效能、高质量特征，符合新发展理念的先进生产力质态。

在新质生产力赋能下，河北省社会文物事业更加生机勃发。河北省社会文物学会瞄准世界文物保护技术前沿，聚焦文物保护关键领域和文物修复重大需求；坚持从河北省行业现状、科研条件等实际出发，先立后破，因地制宜，加强技术创新和社会文物事业创新深度融合；畅通教育、科技、人才的良性循环，完善一整套人才队伍建设机制，加快打造具有辐射性影响力的社会文物事业，使河北省社会文物学会成为发展新质生产力的重要阵地。2024年11月8日，十四届全国人大常委会第十二次会议表决通过新修订的《中华人民共和国文物保护法》，将于2025年3月1日起施行，标志着我国文物保护进入依法治理的新阶段。

“考文献而爱旧邦，睹文物而知传统”，文以化之，物以铸之，心怀生民，继往开来。河北省社会文物学会发挥社会组织的桥梁与纽带作用，开展了社会调研、主题展览、业务培训、专业比赛、专项课题等项目，营造了良好的社会文物保护、传承的发展氛围。

为深入推进“向社会大众提供社会文物公共服务研学实践活动”，学会探查了雄安新区宋辽古道遗址，对其文物发掘、遗址研究开展了专题调研。同时，学会在调研的基础上设计了内容丰富、主旨鲜明、亮点突出的主题展览：6月，中国大运河申遗成功十周年，学会与沧州市相关部门从大运河（沧州段）的历史遗存中掇菁撷华，共同举办了“流淌的记忆·大运河社会文物”主题文化系列活动；此外，6月学会还在保定市博物馆举办了“千年窑火·辉映古陉——井陉窑文化博物馆藏井陉窑瓷器展”；10月，学会在河北地质大学艺术学院举办了“清风雅韵——河北名家扇面展、明清砚台收藏展”；10 月底，学会主办的首届“华友文保杯”河北省高校文化遗产保护与创意设计大赛获奖作品展在河北大学举办，搭建起了高质量的文化展示、弘扬、交流平台，赓续文脉。

此外，今年年初（1 月 6 日），就“河北社会文物的现状与对策”一题，学会在保定莲池书院大讲堂开展的专题讲座中强调，要发动社会力量参与到“保护好、利用好、传承好”河北省文物和文化遗产的行动中去，这是文物保护利用迈向社会化、法治化的一个必然过程。9 月底，学会主办的“河北省社会文物学会人员能力提升培训班”在秦皇岛开班，依据党的二十届三中全会精神，围绕进出境展览案例、文物法律法规与政策、博物馆文创研发与利用等内容进行授课。10 月底，学会主办的“华友文保杯”首届河北省高校文化遗产保护与创意设计大赛划分红色创意、生活创意、智慧科技和其他类共 4 个类别，共征集到全国 10 个省份、百余所高校的 2700 余件设计作品，更好地推动了中华优秀文化遗产的保护与传承。学会积极搭建平台、发展新质生产力、促进产学研融合，不断增强学会在河北省社会文物事业高质量发展中的引领作用，促进河北省社会文物事业高质量发展。

尤为重要的是，学会今年首次发布了河北省社会文物发展专项研究课题。2024 年度专项研究课题的申报方向涉及 4 个专题，涵盖了“学习贯彻习近平总书记对文化遗产保护重要指示精神研究”“河北社会文物的保护与传承发展研究”“文物案例调查与保护利用研究”等多个方面。

总结本次课题成果，其具有如下特点。其一，理论类研究成果占所有成果的 23%，聚焦于数字化经济发展背景下的社会文物保护中存在的问题和挑战，提出适合河北省的数字化保护策略与实施路径，加强多方参与机制建设，共同推动文物数字化保护工作的成熟和完善。其二，应用研究方面较为突出，占比达 77%，包括一系列社会文物的调查分析报告、个案和创新应用路径研究。研究案例涵盖石家庄、保定、邢台、张家口等全省大部分地区；研究对象广泛，涉及红色革命文物、古中山国遗址、神庙、传统民居建筑、博物馆等多种社会文物类型。其三，生成式人工智能（AIGC）技术、人工智能与物联网（AIPC）技术、基因解码方法等新技术的运用使研究走在了前沿，通过集成机器学习、计算机视觉，以及大数据分析等先进技术，社会文物在三维重建、虚拟展示、游戏展厅等方面实现了可能。

上述成果深入分析、揭示了社会文物背后的历史、文化和社会意义，为《河北省社会文物发展报告（2024）》的编撰提供了宝贵的实践资料。人工智能的运用为提升社会文物的保护、修复水平，以及促进文物资源的展示利用与文化创意产业的转型发展提供了富有远见的创新思路和前所未有的创新机遇。

“惟我国家，亘古亘今。”在世界现代化的进程中，在新质生产力的赋能下，我们要合理利用科技手段，秉承文化传承与可持续发展的原则，进一步实现文物保护的长期可行性，促进文化遗产的世代传承和共享！新时代以来，河北省社会文化事业正在迈向发展的新阶段，河北省社会文物学会以新姿态推陈出新，助力优秀传统文化焕发新活力。

千百年来，文明薪火相传。作为文化遗产的新时代守望者，我们要以更加开放的心态、创新的方式与多元的视角，激发出新的生命力，推动文化的传承。文化遗产不仅是过去的回声，更是未来的希望。让我们共同肩负起这份责任，让文化的光辉照耀我们走向更加繁荣与和谐的明天！

曹保刚

2024 年 12 月

目　　录

总报告

中国式现代化与河北省社会文物事业的新使命

2024年7月18日，中国共产党第二十届中央委员会第三次全体会议通过了《中共中央关于进一步全面深化改革、推进中国式现代化的决定》（以下简称《决定》）。《决定》指出，“当前和今后一个时期是以中国式现代化全面推进强国建设、民族复兴伟业的关键时期。中国式现代化是在改革开放中不断推进的，也必将在改革开放中开辟广阔前景”，并提出了“聚焦建设社会主义文化强国，坚持马克思主义在意识形态领域指导地位的根本制度，健全文化事业、文化产业发展体制机制，推动文化繁荣，丰富人民精神文化生活，提升国家文化软实力和中华文化影响力”的任务目标。

河北是中华文明的重要发祥地之一，是中华文明多元一体格局形成和发展的重要区域。河北省的文物古迹上至170多万年，下迄近现代，无时代缺环。根据河北省文物局2023年公布的统计数据：全省现存不可移动文物33 943处，其中全国重点文物保护单位291处，居全国第三；世界遗产4项，包括长城、大运河、承德避暑山庄及周围寺庙、明清皇家陵寝（清东陵、清西陵）；可移动文物140多万件；备案博物馆225家；正式挂牌国家考古遗址公园4处，另有中山古城、燕下都和定窑遗址3处列入立项名单。全国重点文物保护单位、博物馆数量分别较2012年增长73％和125％。

党的十八大以来，在国家文物局的支持和河北省委、省政府的关心重视下，全省共计实施国家重点文物保护项目1335个。围绕百万年人类史、一万年文化史、五千多年文明史，组织实施了百余项考古发掘项目，推动泥河湾东方人类探源工程、冀西北新石器时代文化、燕赵中山考古学文化、城市考古和雄安新区考古研究等重大考古项目并取得突破；承德避暑山庄及周围寺庙、正定古城、长城、清东陵、清西陵等一大批重点文物保护单位得到有效保护利用。文物保护状况明显改善，革命文物保护管理运用全面加强，博物馆事业发展迅速，文物安全保障更加有力，文物保护融入经济社会发展大局。省直文物系统机构编制数大幅增加，形成了“一局三院”的崭新格局。

回首十几年风雨兼程，河北省社会文物事业取得了可喜的成绩，充分展示了河北文物工作者在新的历史时期的使命意识和担当精神。同时我们还需要注意到，长期以来，河北省民间文物收藏就有着广泛的群众基础和社会资源，这是河北省社会文物保护事业得以蓬勃发展的坚实基础。但全省性社会文物资源提升、各种文物的深层文化及所蕴含的社会效益和经济效益、文物市场发展诸方面的全国影响力较弱，与河北省文物大省的地位不匹配。全面动员社会力量参与文物的保护、流通，将成为河北省未来文保工作的新理念与新常态，值得引起各界社会力量的广泛关注与高度重视。河北省社会文物学会作为团结、组织、推动社会力量参与社会文物保护事业的社会组织，将会继续广泛开展调研，对全省社会文物事业发展的成果、困境进行全面梳理和研究，并提出相应的纾解路径，希望对全省社会文物事业的发展有所助益。

一、河北省社会文物保护与管理工作的主要成就

（一）全省第四次全国文物普查工作成果显著

2024 年，河北省第四次全国文物普查工作取得了显著的阶段性成果，实地调查工作已经进入攻坚阶段。截至目前，河北省不仅新发现了大量的不可移动文物，而且通过省级试点工作的顺利完成，为全省的文物普查工作提供了宝贵的经验和方法，为后续的文物保护和研究工作奠定了坚实的基础。

1. 新发现文物数量众多，类型多样。截至 2024 年 11 月 5 日，全省新发现不可移动文物 920 处。在张家口，新发现的文物类型多样，蔚县实地调查并登记新发现文物 58 处，多为古建筑类；康保县新发现 3 处近现代重要史迹及代表性建筑；尚义县新发现李三虎遗址等 3 处重要的新石器早中期遗址。石家庄结合基础建设、考古、征集线索等途径，已完成 34 处新发现文物的实地调查工作，包括古文化遗址、古墓葬等。

2. 省级试点工作顺利完成。河北省第四次全国文物普查省级试点工作已于 2024 年 4 月底顺利完成。试点县（市）包括张家口蔚县、衡水景县、邯郸武安

市，为全域普查提供了先行经验。蔚县对宋家庄镇 30 个村进行了全面实地调查，复查了 78 处不可移动文物点，同时新发现不可移动文物点 37 处。省级试点工作的完成为全省层面实地普查的有序铺开奠定了坚实的基础。

3. 普查指导督导工作有力推进。河北省全面启动了第四次全国文物普查指导督导工作，成立了 9 个指导督导小组，推动高质量完成全省第四次全国文物普查工作。指导督导小组赴石家庄、保定等 8 市及雄安新区的 31 个县（市、区）开展工作，听取相关市、县级普查机构关于第四次全国文物普查工作进展情况的汇报，并实地查看部分不可移动文物普查成果。

4. 下一步重点任务有序部署。河北省相关部门部署了第四次全国文物普查工作的下一步重点任务，强调要紧盯目标任务，增强普查工作的责任感，践行应保尽保，丰富文物内涵，推动系统保护。要把握阶段重点，高质量推进普查工作，准确查清家底，强化质量控制，构建大保护格局，严惩违法违纪行为。各级普查机构将继续按照第四次全国文物普查工作的统一部署要求，加快推进对第三次全国文物普查登录的不可移动文物的复查工作，继续加大发掘力度，做好新发现文物的实地调查、资料整理、数据处理等工作，为后续认定、登记、公布奠定基础。

（二）全省考古研究持续深入，成果丰硕

1. 考古发掘与研究连年取得突破。河北省组织实施了一大批主动性考古发掘项目，聚焦人类起源、中华文明起源、多元一体文明化进程等重大历史问题及考古学课题，并取得重要收获。行唐故郡遗址、尚义四台遗址等 4 个考古发掘项目入选中国社会科学院年度“中国考古新发现”，内丘邢窑遗址、崇礼太子城金代城遗址入选年度“全国十大考古新发现”，康保兴隆遗址、崇礼邓槽沟梁遗址、泥河湾下马碑遗址、尚义四台遗址、武安赵窑遗址等 5 项考古发现陆续在国家文物局“考古中国”重大项目重要进展工作会上公布。

2024 年 11 月 21 日，河北雄安新区文物保护与考古工作站负责人雷建红在“京津冀协同发展：燕文化考古雄安对话交流活动”中表示：经多年考古勘探发掘确认，南阳遗址的时代为战国中晚期，包含一大一小两个城址，时代跨度两千多年，是迄今为止雄安地区发现的最早古城址类遗存，开启了雄安新区的城市时代。雄安新区的南阳遗址已基本确认其主体文化面貌为东周至汉代的燕文化，这为研究燕文化提供了宝贵的实物资料。同时，遗址内两座城址的发现，不仅为白洋淀

地区东周和汉代的城市起源、形成、发展等城市化进程研究提供了重要实物载体和范例，而且推进了该地区先秦时期生态环境演变、人与生地互动关系的研究工作。

2. 考古成为讲好河北故事的重要载体。自 2012 年“泥河湾东方人类探源工程”启动以来，历经累年接续考古调查和发掘，基本构建起了泥河湾 170 多万年来发展演化的时空框架，构建起了东亚地区旧石器时代近乎完整的文化序列，被誉为“东方人类的故乡”。2022 年 3 月，在张家口蔚县下马碑遗址发现了我国乃至东亚地区目前已知最早的史前人类加工颜料和镶嵌使用细小石器的考古遗存，对于解读东亚及世界旧石器时代人类文化发展进程具有极为重要的价值。目前，正在进行考古发掘的新庙庄遗址，在距今 4 万年的考古层位发现特征明确的石叶技术遗存，为探索华北北部早期现代人的起源模式和文化发展路径提供了重要材料。

张家口的尚义四台遗址是近年来冀西北地区发现的一处面积最大、保存完整，包含旧新石器过渡时期遗存的新石器时代早中期遗址。2020 年以来，河北省文物考古研究院等单位组成联合考古队，发掘房址 40 余座，出土了陶、石、骨、贝类等遗物 800 余件，为中国北方万年文化史再添实证。

武安赵窑遗址位于邯郸武安市，为一处新石器—商时期聚落，面积约 22 万平方米。近年来，河北省文物考古研究院等机构联合开展考古工作，取得了丰硕成果。在出土的铜器和陶器上发现“↑”形符号，推测赵窑遗址可能为商代“矢族”的中心聚落。

3. 考古助力国家重大战略和工程建设。2017 年以来，围绕雄安新区建设，推进实施雄安新区文物保护与考古工作，成立了河北雄安新区文物保护与考古工作站，对雄安新区全域开展了系统考古调查，为雄安新区总体规划编制提供了科学依据。制定雄安新区文物保护规划，完成起步区文物遗存的考古勘探，启动南阳遗址、鄚州城、古州城、白龙遗址等考古发掘工作，为雄安新区建设提供了保障，考古人也成为活跃在新区建设一线的一支有生力量。

4. 实施 2022 北京冬奥会张家口赛区文物保护工作。位于张家口市崇礼区奥运村内的太子城遗址是第一个经过考古发掘的金代行宫遗址，也是仅次于金代都城的重要城址。基于太子城遗址的重要发现和地位，在各级政府与文物部门的共同努力下，最终北京冬奥组委与河北省政府对原规划进行调整，太子城遗址被完整地保存下来并建成太子城考古遗址公园，这里成为文物保护与国家建设双赢的成功典范。

5. 积极推进国家考古遗址公园建设。组织实施大遗址本体保护、环境整治与展示利用工程。2022 年 12 月，泥河湾、赵王城、邺城等 3 处遗址入选第四批国家考古遗址公园名单，燕下都、定窑等 2 处被列入国家考古遗址公园立项名单。加上 2017 年 12 月入选的元中都和立项的中山古城，河北省现有的 7 处大遗址已全部实现国家考古遗址公园的获准挂牌或立项，取得重要成效。

河北考古工作为开展中华文明研究，塑造全民族历史认知，诠释丰富多彩的中华文明发挥了独特作用，提供了有力支撑。

（三）全省文物保护法律法规体系进一步完善

2024 年 11 月 8 日，《中华人民共和国文物保护法》修订公布，自 2025 年 3 月 1 日起施行，标志着我国文物保护工作进入依法治理的新阶段。在文物保护立法方面，河北省始终把“强化顶层设计，践行文物安全承诺，凝聚文物强省建设新共识，形成文物保护合力”作为加强全省社会文物管理的重要依托和保障。

1. 落实主体责任。河北省将文物安全工作纳入市、县级党委、政府综合考评体系，压实各级党委、政府对文物保护的主体责任。实施文物平安工程，提升文物安全防护、监测预警、巡查监管的科技水平，坚持“先考古、后出让”，规范“两线”范围内建设项目管理，做到执法必严、违法必究。

2. 完善法律制度，强化法治保障。河北省率先为长城、革命文物、大运河立法，《河北省长城保护条例》《河北省人民代表大会常务委员会关于加强革命文物保护利用的决定》《河北省大运河文化遗产保护利用条例》等法律法规相继颁布实施，推进文物保护利用理念入法入规；河北省委办公厅、河北省政府办公厅联合印发《河北省革命文物保护利用工程（2018—2022）实施方案》，制定《河北省革命文物总体保护利用规划》；编制印发《河北省大运河文化遗产保护传承专项实施规划》等 6 个专项规划，并编制了配套实施方案，构建“1＋6＋1”的省级规划体系；河北省政府办公厅印发《河北省加强石窟寺保护利用工作方案》等文件。

3. 积极指导推进地方立法。《承德避暑山庄及周围寺庙保护管理条例》《唐山市文物保护管理办法》《衡水市文物保护条例》《保定市清西陵保护条例》《清东陵保护管理办法（修订）》《石家庄市正定古城保护条例》等一系列地方性文物保护法规相继出台实施，为新时代全省文物事业高质量发展保驾护航。

4. 加强安全保障，实现治理能力和水平新提升。河北省始终将文物安全作为重中之重，织密治安防控网络，切实形成工作合力，治理能力和水平实现新提升。河北省文物局联合公安机关，持续开展打击文物犯罪专项行动；联合消防救援部门开展文物火灾隐患专项治理。持续深入开展全省文物建筑、博物馆单位消防安全专项整治三年行动和打击文物犯罪专项行动，集中破获了一批文物犯罪案件，给犯罪分子以有力震慑。同时，河北省文物局联合省人民检察院开展长城保护公益检察诉讼专项行动，助推各级政府及相关职能部门依法全面履行监管职责，并联合河北省人民检察院、河北省退役军人事务厅、石家庄军事检察院，开展革命文物保护公益诉讼专项行动，提升革命文物保护管理水平。此外，河北省还不断强化监管责任，专题督办违法案件。推动文物博物馆单位文物安全直接责任人公告公示，压实文物管理使用者文物安全直接责任，进一步加强文物安全管理。

（四）文物活化利用有声有色，活力四射

让收藏在博物馆里的文物和陈列在广阔大地上的遗产都活起来，打造活力四射的“金名片”，拓展燕赵国宝的“文化朋友圈”，坚定文化自信，持续扩大河北的美誉度和影响力。

1. 河北文物的影响力持续扩大。河北文物在全省近 30 个省（市、区）展出，同时与亚洲、美洲、欧洲的多个国家开展文物展览交流合作，加强文物价值阐释传播，让更多的文物和文化遗产活起来，使文物融入百姓生活，丰富全社会的历史文化滋养。博物馆和文物开放单位成为公众打卡地，长信宫灯等国宝文物出现在《国家宝藏》《如果国宝会说话》《国宝档案》等多个中央电视台的节目中。深入挖掘文物内涵，开发独具特色的文创产品，鼓励文博单位盘活用好文物资源，开发文化创意产品，形成了一批特色鲜明、富于创意的文创产品。促进文物与旅游融合发展，河北博物院精选的 11 个系列、70 种特色产品进入全省 125 个 4A 级景区。

2. “燕赵国宝”赋能文旅融合。近年来，河北文旅融合持续发力，在河北众多堪称“国宝”的文化遗产资源赋能之下发展势头更加强劲。正定古城凭借其丰富的历史文化遗产和合理的保护利用，如今已成为河北文旅的“金名片”。2024 年初中央电视台发布的春运热力图显示，正定古城成为广大游客最想去的五大热

门景点之一，仅今年春节期间古城就接待游客 863.76 万人次，同比增长 466%。截至 2024 年上半年，游客量超过 3397 万人次，同比增长 327.71%。同时，保定、邯郸、蔚县、承德等历史文化名城也纷纷受到游客青睐。河北的各地古城，如定州古城、河间府署、宣化古城、山海关古城、邢州古城等，通过举办各种文化活动，丰富了人民群众的精神文化生活，弘扬了中华传统文化，营造了祥和、欢乐、喜庆的节日氛围，进一步推动了古城文化旅游的繁荣发展。众多文化遗产的保护和利用不仅延续了古城的历史文脉，还推动了文旅深度融合，成为河北省文化遗产旅游的典范。

河北省文物局推送的“《跟着文物游河北》智慧语音导览项目”入选“百强案例名单”，承德市文物局推送的“探寻历史脉络——承德文化遗产之旅”入选“五十强线路名单”。这些项目通过线下导览图及线上小程序的开发，拓展了河北文物的宣传推广渠道，引导更多人关注并了解河北文物。

3. 红色主题活动有声有色。推进红色文化进校园，打造革命文物传播精品展示和红色地标等活动。组织开展全省十大红色题材展览推介活动，评选出河北省委党史办、河北省档案馆、河北博物馆联合申报的“英雄的土地，辉煌的历程”——庆祝中国共产党成立 100 周年河北党史图片档案文献展等全省红色题材展览十大精品展。创新方式方法，安排 200 万元省级文物专项资金，遴选全省 20 家革命题材博物馆、纪念馆，联合河北省委宣传部、河北省党史研究室、河北省教育厅、河北省退役军人事务厅等部门，开展全省博物馆红色文化进校园——“我为群众办实事”实践活动，举办活动 248 场，走进校园 223 个，受众人数 39.11 万余人。

（五）全省社会文物事业的民间基础更加巩固

1. 河北省社会文物学会持续开展工作。2024 年，河北省社会文物学会作为推动全省社会文物事业发展的重要力量，始终秉持着专业、严谨、创新的精神，持续开展了一系列富有成效的工作。在田野调查方面，学会组织专家团队深入基层，在雄安新区、大城县、昌黎县、阳原县、曲阳县等地开展现场调研，建立与当地文物保护相关部门的联络和合作，持续拓展全省社会文物的基层组织化保护网络。在科学研究方面，学会聚焦文物保护前沿领域，创新发布了第一届河北省社会文物发展专项研究课题。组织了一批专业研究力量、影响了一批科研团队参与到社会文物领域的研究中来，推出了一批高质量的研究成果，为文物事业的学术进步提供了有力支撑。在展览宣传方面，学会策划了一系列主题鲜明、内容丰富、形式多样的社会文物展览，有效提升了公众对文物价值的认识与保护意识。同时，通过线上、线下相结合的方式，广泛传播文物知识，增强了社会文物的影响力与吸引力。在研学培训方面，学会积极搭建学术交流与人才培养平台，举办了首届河北省社会文物学会人员能力培训班，努力培养社会文物领域的专业人才，为全省社会文物事业的持续发展注入了新鲜血液。这些扎实有效的工作不仅为河北省社会文物事业的发展奠定了坚实的基础，更为传承和弘扬中华优秀传统文化、增强文化自信做出了积极贡献。

2. 河北省社会文物行业规模保持稳定。2024 年，在政策支持和市场需求的双重作用下，河北省社会文物市场呈现出积极的发展趋势，河北省的文物商店、文物拍卖企业等社会文物行业主体，较上一年度规模基本保持稳定。尽管面临经济波动和市场变化，该行业依然保持了平稳的发展态势，市场规模未见明显波动。非国有博物馆和民间收藏群体数量仍然有所增长，整个行业长期发展的基础较为巩固。

此外，最新修订的《中华人民共和国文物保护法》为河北省社会文物事业的发展提供了坚实的法律支撑和明确的发展方向，对推动河北省社会文物事业的高质量发展起到了重要的引领作用。这部法律的修订不仅明确了文物的保护范围和管理责任，还为文物的合理利用和市场交易提供了法律依据。其中，“国家健全社会参与机制，调动社会力量参与文化遗产保护的积极性，鼓励引导社会力量投入文化遗产保护”“国家鼓励公民、组织合法收藏，加强对民间收藏活动的指导、管理和服务”“鼓励文物保护与经济社会发展相结合”等规定有助于调动社会各界参与文物保护的积极性，形成保护合力，也有助于社会文物市场的规范和良性发展，实现文化与经济的双赢。

3. 新技术催生新业态，助力社会文物市场发展。随着互联网技术、数字技术、大数据分析技术、人工智能等科技的发展，在社会文物领域出现了线上文物鉴定、数字文物产品、线上文物信息平台等新业态，为文物的交流提供了新的渠道。新技术的应用不仅提高了文物保护的效率，也增强了文物知识的传播和普及。然而，我们也需要注意到在新技术应用过程中存在的问题和挑战，如监管缺失、技术难度等。只有不断加强监管和技术创新，才能确保文物市场的健康发展和文物文化的持续传承。

二、河北省社会文物事业发展面临的问题

（一）社会文物资源作为文化发展要素的重视程度不足

1. 社会文物的社会资源属性认知有待加强。党的二十大报告指出，全面建设社会主义现代化国家，必须坚持中国特色社会主义文化发展道路，增强文化自信，围绕举旗帜、聚民心、育新人、兴文化、展形象建设社会主义文化强国，发展面向现代化、面向世界、面向未来的，民族的科学的大众的社会主义文化，激发全民族文化创新创造活力，增强实现中华民族伟大复兴的精神力量。在宏观层面来看，河北省拥有丰富的社会文物资源，这些资源不仅总量巨大、类型丰富，还具有很高的文化艺术价值，但它们在经济文化建设中的地位和作用仍未被给予足够的重视，还有很大的提升空间。尤其在民间收藏领域，社会文物的研究、保护、鉴定、流通和监管等各方面不仅需要政府的高度重视和政策支持，还需要社会各界的积极参与和共同努力。

2. 社会文物资源的利用和转化创新不足。社会文物资源既是精神传承，也是发展要素，要注重社会文物资源的转化与创新，让社会文物“活起来”“火起来”是河北省文博事业现代化高质量发展的重要课题。目前，河北省的社会文物资源在产业发展层面尚处于初级阶段，尚未形成规模效应和产业链，在充分利用社会文物资源、激发民间收藏发展潜能、创新社会文物相关文化产品市场供给与监管等方面仍需加强。

（二）跨区域协同发展亟待突破

1. 京津虹吸效应的影响。长期以来，优越的地理位置并未能完全转化为河北省社会文物事业发展的优势，反而受到了虹吸效应的深刻影响。北京和天津作为直辖市，拥有更为丰富的文化市场资源，吸引了大量的人才、资金和技术流向这两个城市。河北省在社会文物资源的保有量方面虽然拥有优势，但是在社会文物人才、市场、组织建设等各个方面处于发展劣势。国家实施京津冀协同发展战略以来，尚未能在三地社会文物事业发展领域形成高质量的区域互动合作机制。

2. 京津冀社会文物领域的区域协同有待提高。目前，虽然河北省在社会文物

发展方面取得了一定的成果，但是与国际和国内先进水平相比仍存在一定差距。尤其应努力推进京津冀协同和跨区域合作，提高社会文物研究保护和国际化水平，培养专业研究队伍，搭建高标准的研究平台，通过资源对接合作推动河北省社会文物事业取得更多突破。

（三）人才短缺问题依然突出

当前，河北省在社会文物领域的人才短缺问题仍然比较突出，主要表现为以下几个方面。

1. 专业人才供给不足。河北省教育系统内培养的文物保护专业人才与市场需求之间存在一定的差距，这种差距一方面是数量的不足，另一方面是专业能力的不足。相较而言，专业能力不足的问题则更为突出。高职院校在文物保护人才培养方面面临多个困境，主要集中在三个方面，一是交叉学科师资力量不足，二是与行业需求脱节，三是现实的就业困境。文物保护、修复和展示利用等工作对技能人才的交叉学科知识和实际操作技能有较高要求，高职院校需要更好地与行业需求对接，优化人才培养方案。

2. 人才结构不合理。河北省的社会文物领域人才在文物研究和管理领域较为集中，在文物科技与传承创新领域的复合型人才储备明显不足，人才结构呈现不均衡的状态。首先，文物科技融合领域的人才缺口尤为显著，在文物修复、文物数字化、互联网大数据应用等方面文物科技融合型人才不足。其次，具备文物研究和传承创新综合能力的复合型人才不足，无法满足河北文物的价值挖掘和传播工作。此外，即使在人才较为集中的文物研究和管理领域，当前从业人员数量相较于数量众多的文物资源仍显得捉襟见肘，动员更多社会力量参与到社会文物研究和保护中来的需求日益迫切。

3. 激励机制不完善。在文博事业单位层面，对从业人员科研创新积极性的奖励和激励不足。在民间层面，由于社会文物市场尚未成熟，相关市场主体提供的就业机会有限，整体社会激励机制仍需加强。

（四）流失文物的历史溯源与追索问题亟须重视

1. 河北文物流失的历史原因。河北作为历史悠久的省份，拥有丰富的文化遗产。近代以来，随着西方列强的侵略和殖民统治，大量文物被掠夺至海外。特别是在19世纪末至20世纪初，西方的殖民扩张达到顶峰，河北的许多文物因此流失。国内动荡与贫困时期，国民文物保护意识薄弱，加之经济困难，一些文物被非法交易或盗掘后流失海外。此外，由于文物的高价值，一些不法分子盗掘古墓葬、盗窃文物后通过非法渠道交易至海外，造成了许多严重的文物流失案件。

2. 文物历史溯源和追索的难题。首先，由于历史原因，许多文物流失的具体去向不明，追索工作存在信息不对称的问题。其次，国际文物追索涉及复杂的法律和外交程序，需要克服不同国家间法律体系的差异和国际合作的难题。再次，流失文物的鉴定和评估工作复杂，需要专业的知识和技术，而这方面的专业人才相对缺乏。最后，追索流失文物需要大量的资金和资源，包括法律费用、调查费用等，这对于许多文物原属国来说是一个极大的挑战。总体来说，流失文物的历史溯源和追索工作是一项长期而复杂的任务，需要国际社会的共同努力和合作，以及法律、技术等多方面的支持。

三、河北省社会文物事业发展的对策建议

（一）在新修订的文物保护法指导下优化社会文物市场管理

党的二十大报告强调，要在法治轨道上全面建设社会主义现代化国家，在《中华人民共和国文物保护法》修订发布的背景下，河北省应尽快优化、更新社会文物行业管理的相关具体法规，力求高效指导河北省社会文物行业规范、健康、有序发展，优化和激活社会文物资源要素，服务全省经济、社会、文化发展。具体可以从以下几个方面开展工作。

1. 加强宣传，认真贯彻新修订的文物保护法精神。加强宣传和贯彻新修订的文物保护法精神，是提升公众文物保护意识、促进文物事业健康发展的重要途径。一方面，应充分利用互联网新媒体技术创新宣传方式，拓宽宣传渠道，提高文物保护法的知名度和吸引力。另一方面，应举办专题讲座和展览等特色活动，依托博物馆、文化馆、图书馆等场所，定期举办文物保护法专题讲座、展览等活动，邀请专家学者、法律人士进行解读和讲解，提高公众对文物保护法的理解和认识。

2. 完善文物市场管理制度。进一步完善社会文物市场管理制度，在新修订的文物保护法框架下加强社会文物市场的监管机制，加强对社会文物市场的日常监管和执法力度，打击文物走私、盗掘、倒卖等违法行为，维护文物市场的正常

秩序。

3. 推动文物资源的有效利用。新修订的文物保护法鼓励开展文物利用研究，有效利用文物资源。河北省应积极推动文物资源的有效利用，如通过举办展览、科学研究、文创衍生、数字再现等方式，加强对中华民族优秀历史文化和革命传统的宣传教育。

4. 建立健全社会参与机制。新修订的文物保护法强调建立健全社会参与机制，调动社会力量参与文化遗产保护的积极性。河北省应积极引导和鼓励社会力量参与文物保护和利用工作，如通过政策扶持、资金奖励等方式，激励企业和个人积极参与文物保护和文物市场管理工作，形成全社会保护文物的新格局。

（二）依托京津冀协同发展，深化社会文物事业区域合作

1. 加强政府间合作。京津冀三地政府应充分发挥主导作用，加强在文物领域的合作与交流。建立文物部门联席会议制度，定期召开会议，就文物事业发展的重大事宜进行协商交流。

2. 整合资源，搭建平台。整合京津冀的人才、市场、优质客流等优势资源，在社会文物领域开展广泛合作。推动文物事业与旅游、教育等产业的融合发展，打造具有京津冀特色的文物旅游线路和文化品牌。

3. 拓展跨区域合作内容。一方面，在京津冀深度协同背景下，发挥河北的地缘优势，依托民间组织开展联动，组织跨地域（京津冀—长三角—珠三角）大型会展活动，撬动民间文物市场，带动文旅产业整体发展。另一方面，在京津冀三地通过《关于京津冀协同推进大运河文化保护传承利用的决定》的基础上，继续扩大合作范畴，包括京津冀区域内长城、红色革命文物、水下考古等多方面合作。

（三）搭建全省社会文物研究平台，优化人才队伍建设体系

1. 搭建专业学术研究平台，发布专项研究课题。2024 年，河北省社会文物学会面向全省高校发布了第一批河北省社会文物发展专项研究课题，并取得了良好的效果。建议在此基础上，由学会与河北省文物局科教处围绕全省文物工作重点方向，将发布研究课题纳入省文物局学术工作，搭建面向全省的社会文物专业化学术研究平台。

2. 完善河北省人才队伍建设，联合开展职业（岗位）培训。2024 年 5 月，教

育部、国家文物局联合印发了《关于推动新时代文物职业教育改革发展的实施意见》，为深化文物职业教育体制机制改革，加强文物领域技能人才培养提供了具体指导。建议在河北省文物局的指导下，依托社会组织建立全省文物人才培训体系，指定或委托专业化社会组织参与重大学术成果的认定和鉴定、社会文物从业人员专业技术职称评审推荐等相关工作。利用专业化社会组织的组织优势、专业优势、学术优势开展全科文物人才培训等具体工作。

3. 丰富河北省文物学术交流，开展专业研讨活动。为进一步提升全省文物领域学术研究的影响力，建议发挥河北省社会文物学会在活动策划与执行方面的专业能力，定期举行全省范围的学术研讨会。除此之外，按年度举办 1 至 2 次跨区域社会文物学术研讨会，围绕京津冀、长城、大运河等区域协同、跨区域文化遗产等主题，开展学术研讨交流活动。

四、结语

综上所述，河北省在社会文物领域取得了显著成就，拥有丰富的文物资源和深厚的文化底蕴。面对新时代的发展要求，河北省应依托京津冀协同发展的国家战略，深化社会文物事业的区域合作，推动文物资源的有效保护和合理利用。通过加强政府间合作、整合资源搭建平台、拓展跨区域合作内容等措施，河北省可以进一步提升在社会文物领域的地位和影响力，为建设社会主义文化强国贡献河北力量。同时，河北省还应持续优化社会文物市场管理，完善人才队伍建设，加强文物研究和保护，让社会文物在现代化建设中焕发新的生机与活力。在未来的发展中，河北省的社会文物事业将继续秉持专业、严谨、创新的精神，不断推动文物事业的繁荣发展，为人民群众提供更加丰富的精神文化滋养。

分题报告

河北红色革命文物保护传承范式及创新路径研究调研报告

一、河北红色革命文物资源概述

红色革命文物的产生源于中国近现代史上波澜壮阔的红色革命历史。在这段历史中，党中央在河北留下了深刻的红色印记和宝贵的精神财富，同时也留下了丰富的红色革命文物。

（一）红色革命文物资源数量体系

河北省作为革命文物大省，在红色革命文物的数量和质量上都处于全国领先地位。相关公开资料显示，河北省有不可移动革命文物和参照革命文物管理的文物1800多处，其中全国重点文物保护单位有15处之多，省、市、县三级文保单位也达到了580处。此外，河北省还拥有革命题材专题博物馆、纪念馆35家，以及国有馆藏革命文物2.6万多件（套），102个县（市、区）被列入全国革命文物保护利用片区名单。河北省已公布两批河北省革命文物名录，其中可移动革命文物10 805件（套）、不可移动革命文物600处。河北省公布的第二批革命文物名录中涉及不可移动革命文物5处，可移动革命文物503件（套）。这些数据充分说明了河北省在革命文物保护和利用方面所取得的显著成效和在全国的重要地位。

（二）红色革命文物价值

1. 历史见证价值

河北省的红色革命文物，如晋察冀军区司令部旧址、八路军一二九师司令部旧址等，都是中国共产党领导人民进行革命斗争的历史见证。这些旧址和遗址保存了革命时期的大量实物和文献资料，真实反映了革命战争的艰苦卓绝和革命先烈的英勇奋斗。

2. 革命精神传承价值

河北省的红色革命文物蕴含着丰富的革命精神，如英勇无畏、艰苦奋斗、无私奉献等。这些文物成为广大党员干部群众学习党的历史、发扬红色传统、传承红色基因的生动教材。通过参观学习，人们可以深刻感受到革命先烈的崇高精神和高尚品质，进一步激发爱国热情和民族自豪感。

3. 学术研究价值

河北省的红色革命文物为历史学、军事学、社会学等学科的研究提供了丰富的实物资料和文献资料。这些资料对于深入研究中国革命史、抗日战争史等具有重要意义。通过对这些文物的深入研究和挖掘，可以不断推动相关学科的理论创新和方法创新，为学术界提供新的研究视角和思路。

4. 经济社会发展价值

河北省的红色革命文物资源为当地红色旅游的发展提供了有力支撑。通过开发红色旅游线路和产品，可以吸引大量游客前来参观学习，促进当地经济社会的全面发展。

（三）红色革命文化和红色革命文物资源传播力指数

传播力指数是通过平台账号的活跃度和传播力来反映媒体的传播能力和传播效果的指标，该指数分析涉及对同一媒体不同平台传播力指数的综合评估。笔者通过对目前河北省红色文化线上宣传情况的传播力指数分析，透视河北省红色革命文物和旅游资源的宣传现状。其中，综合传播力指数计算标准参考中华人民共和国文化和旅游部2020年4月发布的《2020年4月全国省级文旅新媒体传播力指数TOP10发布》等一系列报告中的计算方法，对于微信、微博、头条号及抖音的传播力计算方法参考清博指数网站，该网站与中国航天、中国石化、中粮等多家央企及新华网、中新社、中央广播电视总台等多家主流媒体密切合作，因此其计算方法具有一定的权威性。数据综合微信、微博、今日头条、抖音等四个平台的表现对某一媒体账号进行传播力指数评估，评估内容涉及某段时间内的发帖数量、累计播放量、点赞数量、评论数量及涨粉数量等指标，全面而科学，能够较为客观地反映一段时间内该媒体的传播力，可以为后续进行其他研究提供数据支撑。

1. 微信传播力指数（WCI）

微信传播力指数计算方法参考清博指数网站进行数据测算，计算方法如下：

$$WCI=\{0.6\times[0.85LN(R/d+1)+0.09LN(Z/d\times10+1)+0.06LN(L/d\times10+1)]+0.2\times[0.85LN(R/n+1)+0.09LN(Z/n\times10+1)+0.06LN(L/n\times10+1)]+0.1\times[0.85LN(Rt/d+1)+0.09LN(Zt/d\times10+1)+0.06LN(Lt/d\times10+1)]+0.1\times[0.85LN(Rmax+1)+0.09LN(Zmax\times10+1)+0.06LN(Lmax\times10+1)]\}^2\times1.2\times10$$

其中，R 为评估时间段内所有文章（n）的阅读总数，Z 为评估时间段内所有文章（n）的在看总数，L 为评估时间段内所有文章（n）的点赞总数，d 为评估时间段所含天数（一般周取 7 天，月度取 30 天，年度取 365 天，其他自定义时间段以真实天数计算），n 为评估时间段内账号所发文章数，Rt、Zt 和 Lt 为评估时间段内账号所发头条的总阅读数、总在看数和总点赞数，nt 为评估时间段内账号所发头条文章数，Rmax、Zmax 和 Lmax 为评估时间段内账号所发文章的最高阅读数、最高在看数和最高点赞数。

2. 微博传播力指数（BCI）

微博传播力指数计算方法参考清博指数网站进行数据测算，计算方法如下：

$$BCI=(20\%\times W1+80\%\times W2)\times160$$

$$W1=30\%\times\ln(X1+1)+70\%\times\ln(X2+1)$$

$$W2=20\%\times\ln(X3+1)+20\%\times\ln(X4+1)+25\%\times\ln(X5+1)+25\%\times\ln(X6+1)+10\%\times\ln(X7+1)$$

其中，X1 为发博数，X2 为原创微博数，X3 为转发数，X4 为评论数，X5 为原创微博转发数，X6 为原创微博评论数，X7 为点赞数。

3. 头条传播力指数（TGI）

头条传播力指数计算方法参考清博指数网站进行数据测算，计算方法如下：

$$TGI=\{0.1\times\ln(X1+1)+0.5\times[0.9\times\ln(X2+1)+0.1\times\ln(X3+1)]+0.4\times[0.9\times\ln(X4+1)+0.1\times\ln(X5+1)]\}\times100$$

其中，X1 为评估时间段内发布文章的数量，X2 为评估时间段内发布文章的日均阅读数，X3 为评估时间段内发布文章的篇均阅读数，X4 为评估时间段内发布文章的日均评论数，X5 为评估时间段内发布文章的篇均评论数。

4. 抖音传播力指数（DCI）

抖音传播力指数计算方法参考清博指数网站进行数据测算，计算方法如下：

DCI＝｛0.10×ln（X1＋1）＋0.76×［0.17×ln（X2＋1）＋0.37×ln（X3＋1）＋0.46×ln（X4＋1）］＋0.14×［0.11×ln（X5＋1）＋0.89×ln（X6＋1）］｝×100

其中，X1为新增作品数，X2为点赞数，X3为评论数，X4为分享数，X5为新增粉丝数，X6为总粉丝数。

报告选取河北省进行红色文化宣传的专职专业媒体“红色河北”为研究对象，同时，根据文旅中国大数据资源库构建的全国红色旅游经典景区数字地图显示，全国300个红色旅游经典景区的分布以中东部地区较为集中。其中，北京市的红色旅游经典景区最多，共有15个，位居第一；河北省、河南省、湖北省、湖南省的红色旅游经典景区各有14个；山东省、陕西省、广东省的红色旅游经典景区各有13个；辽宁省的红色旅游经典景区有12个，位居第九。此外，以江西省等为代表的我国重要革命基地，其红色旅游经典景区有11个。

因此，笔者选取北京市、陕西省、江西省、河南省、广西壮族自治区、湖南省等6个省级行政区的红色文旅官方媒体进行对照，分别是北京红色文化、陕西红色记忆、江西省红色文化研究会、河南红色文化研究院、广西红色文化旅游协会、湖南红色文化研究院，样本收集时间段为2024年7月1日至7月31日。收集各媒体不同平台发帖数据如下（以“红色河北”为例）：

	微信	微博	今日头条	抖音
发帖量	38	0	33	33
阅读量/播放量	9418	0	600	298100
点赞量	175	0	6	2981
评论量	1	0	0	206
转发量	2713	0	0	171
涨粉量	0	0	0	3
在看数（微信公众平台）	94	—	—	—

笔者逐一收集所选媒体在各平台的发帖数据，包括但不限于发帖量、播放量、

点赞量等，运用 SPSS 进行数据处理和计算后得到如下结果：

2024 年 7 月部分媒体红色革命文化传播力指数

	微信传播力指数	微博传播力指数	今日头条传播力指数	抖音传播力指数
红色河北	370.36	0	187.30	583.00
北京红色文化	152.60	0	0	0
陕西红色记忆	81.37	0	0	0
江西省红色文化研究会	223.64	0	0	0
河南红色文化研究院	0	0	0	0
广西红色文化旅游协会	11.20	0	0	0
湖南红色文化研究院	205.28	0	0	479.80

由此，按照微信传播力 30%、微博传播力 25%、头条号传播力 20%、抖音传播力 25%的权重分配计算各媒体的综合传播力指数如下：

2024 年 7 月部分媒体红色革命文化综合传播力指数

红色河北	294.318
北京红色文化	45.780
陕西红色记忆	24.411
江西省红色文化研究会	67.092
河南红色文化研究院	0
广西红色文化旅游协会	3.360
湖南红色文化研究院	181.534

5. 总结与分析

(1) 通过与其他省份的比较透视河北省红色革命文化传播现状

深入剖析当前数据不难发现，红色革命文化的传播与弘扬在数字化浪潮中正以前所未有的力度聚焦于微信公众平台这一核心阵地，除微信公众平台之外的其他平台则稍显惨淡。微博平台不受此类媒体青睐，2024 年 7 月所调查的 7 家媒体在微博平台均无发布任何作品；今日头条平台也只有“红色河北”1 家媒体依然在坚守；抖音平台虽只有“红色河北”和“湖南红色文化研究院”2家媒体持续输出，但传播力指数相比其他平台较为可观。

深入剖析各省红色革命文化宣传媒体在各主流平台上的综合表现与传播力指数，我们可以清晰地看到河北省在此领域的显著优势与卓越成效。“红色河北”不仅全面覆盖了包括微信、今日头条及抖音在内的三大关键宣传平台，而且展现出极高的活跃度和创作热情，平均每日发布的红色文化相关作品数量远超同侪，确保了信息的持续输出与广泛覆盖。这种全面的布局与不懈的努力，使得河北省在红色革命文化的网络传播领域脱颖而出，其综合传播力指数高达294.318，位居前列，彰显了其在推动红色革命文化传承与发展方面的坚定决心与卓越成果。

（2）河北省红色革命文物在全国的地位

此次调研所选省份均保有丰富的红色革命文化资源，其中河北省在红色革命文化宣传中能够拔得头筹，不仅因为相关部门的深切重视与积极推动，更关键的原因在于河北省对红色革命文化资源的深入挖掘与创新利用。河北省不仅拥有丰富的历史遗迹、纪念馆、博物馆等实体资源，还擅长将这些宝贵的文化资源与现代科技手段相结合，利用短视频、直播等新媒体形式，将红色故事以更加生动、鲜活的方式呈现给广大观众，增强了红色文化的吸引力和感染力。

同时，河北省还注重红色文化的教育普及，将红色教育纳入学校课程体系，组织丰富多彩的红色主题活动，如红色研学旅行、红色故事演讲比赛等，让青少年在参与中接受红色文化的熏陶，培养爱国情怀和革命精神，不忘初心，牢记使命，为实现中华民族伟大复兴的中国梦而努力奋斗。此外，河北省还积极搭建红色文化交流平台，加强与其他省份乃至国际间的交流与合作，共同推动红色文化的传承与发展，使红色文化成为连接过去与未来、沟通中国与世界的桥梁。

二、红色革命文物保护传承范式

（一）基于场馆内实物展陈的传统范式

作为宣传教育的重要阵地，博物馆中的革命文物主题展陈承担着展示革命文物、开展“四史”学习教育与宣传革命精神的核心任务。依托传统的博物馆展陈方式，是当前红色革命文物保护与传承最为普遍的模式。

博物馆展陈形式多样，可划分为固定展陈、临时展陈、主题展陈等多种类型。

传统的博物馆革命文物主题陈列展览通常采用严谨的“编年史”展示结构，展览内容按照时间顺序进行编排，并细分为多个部分，每个部分又设置多个单元，将事件和内容依据进程逐一布置。

然而，此类纪念场馆的展陈由于聚焦于地方革命史或具有代表性的革命事件，其内容与结构采用平铺直叙的方式，虽具有较强的逻辑性，但在主题的视觉呈现上往往存在相似性，导致观众在参观陈列时可能产生重复感，难以聚焦于某一重点并形成深刻印象，也难以融入革命氛围，进而产生审美疲劳。这一现象对参观者的体验造成了一定影响，降低了展陈的吸引力。

（二）基于策划的革命文物宣教活动范式

1. 结合“大思政课”进行的革命文化宣传范式

党的二十大报告明确提出，要弘扬以伟大建党精神为源头的中国共产党人精神谱系，充分利用红色资源，深入进行社会主义核心价值观的宣传教育，并深化爱国主义、集体主义、社会主义教育，以培养能够担当民族复兴大任的新时代人才。教育部等十部门联合发布的《全面推进“大思政课”建设的工作方案》进一步具体指出，要有效利用红色文化资源，开发并利用“社会大课堂”这一广阔平台。

近年来，全国各地纪念馆积极响应党的号召，不断探索文化宣传新模式，研究合作机制，推出了一系列如红色课堂进校园、公益讲座、研究课题等活动，这些活动有效提升了革命文物的影响力。以西柏坡为例，该地采取了“纪念馆＋高校”的合作形式，通过多元化、立体式的课程设计，如观看历史资料片、讲解员宣讲革命文物故事、教师点评、学生现场分享感悟等，将弘扬革命历史、传承红色基因有机融入思政课。西柏坡还积极与省内外高校开展深度合作，通过现场教学、深度体验等形式推出了一系列特色活动，如参观主题展览、重温入党誓词、向伟人敬献花篮、听专题党课、唱红歌等，从而大大拓展了宣传教育服务的深度和广度，实现了在红色土地上讲授红色思政、宣传红色文化的创新实践。

2. 结合重要时间节点进行策展的革命文物展陈范式

重要时间节点与红色革命文物博物馆策展之间存在着密切关系，这种关系体现在策展的主题设定、内容选择、展示形式，以及宣传教育等多个方面。

重要时间节点，如党的重大会议召开、国家重大庆典、革命历史事件纪念日等，往往成为红色革命文物博物馆策展主题设定的灵感来源和依据。这些时间节点承载着丰富的历史意义和时代价值，通过策展将其呈现出来，不仅能够缅怀历史、传承红色基因，还能够引导观众深刻领会当前的时代精神和发展方向。

重要时间节点也直接影响着红色革命文物博物馆展览内容的选择。在策展过程中，博物馆会根据时间节点的特定主题和要求，精心挑选与之相关的革命文物和史料进行展示。这些文物和史料不仅具有历史价值，更能够凸显出时间节点的独特意义。

重要时间节点也会对红色革命文物博物馆的展示形式产生影响。为了更好地呈现时间节点的特定主题和意义，博物馆会不断创新展示形式，采用更加生动、直观、互动的方式吸引观众参与。

以中国共产党历史展览馆为例，该馆在策展过程中充分考虑了重要时间节点的影响。展览馆以中国共产党的奋斗历程为主线，设置了多个展区，分别展示不同历史时期的革命文物和史料，每个展区都特别突出了与该展区相关的重要时间节点和事件。例如，在“新民主主义革命时期”展区中，重点展示了中国共产党领导人民进行土地革命、抗日战争和解放战争的珍贵文物和史料。这些展览不仅让观众深刻领会了中国共产党在新民主主义革命时期的奋斗历程和伟大贡献，还激发了他们的爱国热情和民族自豪感。

（三）与文旅产业融合赋能的新型传承范式

文旅融合作为一种发展战略，旨在实现文化和旅游的协同共进，它以文化为内核，以旅游为载体，在理念、资源、产业、技术和职能等多个维度进行深度整合。在如今精神文化需求日益迫切的背景下，文旅融合不仅是文物保护的一种新路径，也成为文物改革创新的关键策略。

河北易县在每年 4 至 5 月举办的狼牙山山花节便是文旅融合的成功案例。游客在欣赏狼牙山春季山花的同时，也能深刻感受到狼牙山的红色之魂，接受爱国主义教育。活动期间，通过参与当地举办红色故事会等特色活动，游客得以进一步了解狼牙山的历史和文化背景，深刻体会革命先烈的英勇无畏和无私奉献精神，从而坚定理想信念，珍惜幸福生活。

随着文旅市场的不断扩展和消费者需求的日益多样化，情绪价值成为红色景区创新的重要着力点。各红色景区积极探索提升娱乐性，通过开发游玩项目、提供沉浸式体验等方式，将红色故事转化为适合传播的形式，以满足受众的娱乐需求，实现内容生产。

白洋淀文化苑景区内的嘎子村便是一个典型案例。嘎子村根据电影《小兵张嘎》的场景修建，生动再现了抗战时期白洋淀地区的村落样貌和电影中的经典场景。嘎子村通过定期举办与电影《小兵张嘎》相关的主题活动，让游客在参与中更加亲近历史，感受跨越时空的感动与共鸣。“嘎子印象”情景剧以幽默诙谐而又不失深刻的方式，为观众生动演绎了除汉奸、端岗楼、打伏击等经典情节。演员们精湛的演技和逼真的道具与场景布置，使观众在享受视觉盛宴的同时，也被张嘎及其战友们的爱国情怀和英勇精神所深深打动，从而更加珍惜来之不易的和平生活。同时，在白洋淀文化苑内，游客还能品尝当地特色小吃，欣赏水上大型实景演出《痛打包运船》。

（四）利用数字化技术呈现文物的展览范式

革命文物的创新发展离不开数字力量的扶持。通过将革命文物与虚拟现实相结合，大众能够进入精心打造的红色虚拟空间，从视觉上消除历史与时间的物理界限，深入探寻革命文物所蕴藏的红色故事，领略革命岁月中的旧址全貌，并能够切身体会革命先烈、革命英雄人物的生活环境。

通过将革命文物与增强现实相结合，参观者可以通过增强现实眼镜、二维码等数字技术在真实的革命文物资源的基础上看到虚拟动态的红色信息，辅助其更好地获得对当前革命文物清晰的认知体验。西柏坡在 2019 年推出了一项全新的虚拟现实技术游览方案，可以在景区中实现全景增强现实导航，借助 2D、3D 图像识别与跟踪、SLAM 等技术，将所存储的数字影像应用于现实物体上，还可以扫描相关场景，还原革命旧址中的红色岁月与革命先辈的日常生活。通过一部手机就可随时体验红色历史情景，感受数字技术呈现出的动态效果。以个体视角为中心，将个体作为叙事主体，读遍、读懂不同路线下的西柏坡，感受红色岁月中老一辈革命家的精神面貌。

（五）以文化创意为依托的红色文化传承范式

红色文化创意作为传承红色基因、推动中国制造向中国创造转型、增强国家文化软实力的重要领域，其核心价值不仅在于设计理念的创新，更在于当代人对红色文化的深刻理解和情感共鸣的集中展现。2021 年 8 月，中宣部、文化和旅游部等八部门联合印发的《关于进一步推动文化文物单位文化创意产品开发的若干措施》中指出，坚持以社会主义核心价值观为引领，保护传承弘扬中华优秀传统文化、革命文化和社会主义先进文化，深入挖掘文化文物资源的精神内涵，使文化创意产品成为广大人民群众感悟中华文化、增强文化自信的重要载体。

1. 文创大赛的宣传效应

在全国各地，无论是城市还是乡村，都活跃着各具特色的文创比赛。它们紧密依托当地独特的文化资源与地域风情，从民间艺术、历史典故到民俗节庆、自然风光，无一不成为文创设计的灵感源泉。尤为值得一提的是，一些以红色革命文物为原型的文创产品，巧妙地将革命精神与红色文化融入现代设计之中，通过新颖的表现形式，让年轻一代在触摸这些产品的同时，也能感受到革命先辈的英勇事迹与崇高精神，从而增强民族自豪感和文化自信。笔者收集了部分比赛获奖作品中以红色革命文化为依托的作品。

比赛	作品	原型
“故宫以东”完美世界文创校园设计大赛	红楼夜灯加湿器	北大红楼
	红色记忆——复古搪瓷杯	抗战时期的搪瓷杯
湖北省大学生文化创意作品大赛	那人那水那情	丹江口水库护水人员罗天志
河北省文创和旅游商品创意设计大赛	《智取芦苇荡》印章华容道	智取芦苇荡
	《百年辉煌·璀璨盛唐》系列生活用品	—
	“红色圣火”胸针系列	—
中国大学生文化创意设计大赛	“红色印记”文创插画设计	—
	《雷锋精神》信息可视化设计	雷锋
	《陆军纪念章》	—
	《延安故事》农特产品系列包装设计	—
	新时代的“中国精神”系列作品	—
	百年辉煌共建强国	—
	“红色基因，文化传承”郑州中州煤矿机械厂文化展馆设计	—

在各类文化创意设计大赛的璀璨舞台上，“故宫以东”完美世界文创校园设计

大赛以其独特的视角和深厚的文化底蕴脱颖而出。红楼夜灯加湿器以其创意融合北大红楼的历史韵味与现代生活的实用需求，成为一抹不可忽视的红色亮点，让古典之美在现代家居中焕发新生。而红色记忆——复古搪瓷杯则是对抗战时期朴素生活记忆的深情回望，每一道搪瓷的纹理都仿佛在低语着那段不屈的岁月，让人在品味中感受到历史的重量。

在河北省文创和旅游商品创意设计大赛中，《智取芦苇荡》印章华容道巧妙地将经典战役融入益智游戏中，让玩家在解谜的过程中体验革命先烈的智慧与勇气。《百年辉煌·璀璨盛唐》系列生活用品则以盛唐文化为灵感，将古典美学与现代设计相结合，打造出既实用又富有文化底蕴的生活好物。此外，“红色圣火”胸针系列以精致的设计传递着红色精神的炽热与传承，成为佩戴者胸前的一抹亮色。

在中国大学生文化创意设计大赛的广阔舞台上，更多以红色文化为主题的文创作品竞相绽放。“红色印记”文创插画设计通过生动的画面讲述红色故事，让观者在视觉盛宴中接受红色文化的洗礼。《雷锋精神》信息可视化设计则以创新的方式呈现了雷锋事迹，让这位时代楷模的伟大精神在新时代继续发光发热。《陆军纪念章》则是对我国军事力量发展历程的致敬，每一枚纪念章都承载着对国家和军队的深厚情感。

尤为值得一提的是，《延安故事》农特产品系列包装设计这一作品巧妙地将延安的红色文化与地方特色农产品相结合，不仅提升了产品的附加值，更让消费者在品尝美味的同时，也能感受到那段艰苦卓绝的革命岁月。新时代的“中国精神”系列作品则是对当代中国精神风貌的集中展现，激励着每一位青年学子为实现中华民族伟大复兴的中国梦而努力奋斗。

2. 文创产品的开发策略

通过创意与设计的力量，文创让红色文化在新时代焕发出新的生机与活力。其中，数字文创作为数字信息技术与文化创意产业交融的新型文化业态，包括数字文化旅游、数字游戏、数字动画、数字视频、动态插画等多种形式。按照数字技术和产品特征，数字文创产品可分为实物再现类、NFT 数字藏品、沉浸式互动类等。近些年，延安、徐州等地依托当地红色革命资源，在数字文创设计方面进行尝试，结合多种媒体元素创造多感官体验，将历史画面或文物以动画或虚拟场景的形式呈现，使观众身临其境。

展望未来，以文化创意为依托的红色革命文化传承范式将继续发挥其独特的引领作用，成为推动红色文化传承与发展的重要力量。它们将激励更多文创爱好者投身于红色文化的研究与创作之中，同时，它们也将吸引更多社会力量的关注与支持，共同为红色革命文物的保护与传承贡献智慧与力量，让红色文化在新时代焕发出更加绚丽的光彩。

三、河北省革命文物保护传承的短板与问题

近年来，在河北省委、省政府的坚持与领导下，河北省在保护好、管理好、运用好红色文化资源方面取得了显著成效，但是也仍然存在一些短板和问题，集中表现为以下几个方面。

（一）单向传播限制红色文化传播的广度和深度

目前，河北省红色革命文物的保护和传承的传播模式具有单向性特征，这是制约河北省革命文化传播效果的关键因素之一。当前，许多革命纪念馆和旧址仍依赖于传统的单向传播方式，如静态展览、口头讲解等，缺乏与游客之间的有效互动与反馈机制。这种模式难以激发公众的兴趣与共鸣，导致红色文化的传播范围和影响力受限。同时，随着数字化时代的到来，虽然部分纪念馆开始尝试利用网络平台进行宣传，但整体上仍显不足，未能充分利用新媒体技术的优势，未能实现红色文化的多维度、立体化传播。

在河北省的部分革命纪念馆和旧址，如西柏坡纪念馆，尽管拥有丰富的历史资源和展览内容，但其传播模式仍偏向传统，多以单向讲解和静态展示为主。游客往往只能被动接收信息，缺乏互动性和参与感。例如，一些展览的解说词和展示方式较为单一，未能充分利用现代科技手段，如虚拟现实、增强现实等，因此无法提升观众的沉浸感和体验感。此外，社交媒体和线上平台的利用也不充分，导致红色文化的传播范围和影响力受限。

（二）管理体制障碍影响文物保护与利用效果

管理体制不畅，缺乏顶层设计和统筹规划，是河北省革命文物保护工作中亟待解决的问题。由于管理体制的复杂性，各部门之间存在着职责不清、协调不力的情况，难以形成统一高效的保护合力。此外，部分地区缺乏顶层设计和统筹规划，使得文物保护工作缺乏长远目标和系统性安排，区域综合发展不均衡，一些

重要的革命遗址和文物未能得到及时有效的保护。同时，文物保护方式也相对滞后，未能跟上时代发展的步伐，影响了文物保护的科学性和有效性。

例如，承德作为河北省的革命老区，革命文物资源丰富，但各地区革命文物保护主管单位差异较大，涵盖了文化广电局、文物局、退役军人事务局等多家单位。这种多头管理的现状导致文物保护工作缺乏统一的顶层设计和统筹规划，各部门之间协调困难，容易出现工作重复或遗漏的情况，这会导致在革命文物保护和利用过程中，由于管理体制不畅，一些重要的革命遗址和文物未能得到及时有效的保护和利用，影响红色文化的传承和发展。

（三）系统研究不足导致资源流失与保护不力

缺少系统研究和保护，是河北省革命文物保护传承中的又一短板。由于历史原因和客观条件的限制，许多革命文物未能得到全面深入的调查和研究，公众对其历史价值、文化内涵和保护现状的认知不足。这不仅容易导致资源的流失和损毁，也影响了文物保护工作的针对性和有效性。同时，联动保护合力不强大、管理体制机制不协同等问题也进一步加剧了这一困境。各部门之间缺乏有效的沟通和协作机制，导致文物保护工作难以形成整体效应和协同效应。

例如，涉县八路军一二九师司令部旧址，其位于河北省邯郸市涉县赤岸村，这里是抗日战争时期八路军一二九师师部驻扎地，也是晋冀鲁豫边区党政军机关所在地和华北抗日根据地的指挥中心。然而，在过去的很长时间里，涉县八路军一二九师司令部旧址一直面临着系统研究不足和保护不力的挑战，主要表现在对旧址的历史背景、重要事件等方面的研究不够深入和全面，导致公众对其历史价值和文化内涵的认知不足。同时，对旧址内革命文物的调查和登记工作不够细致，部分文物因缺乏保护而遗失或损毁。另外，旧址的保护工作受到资金、人员等方面的限制，导致日常维护、修缮和展示等工作难以有效开展。

（四）开发深度不足制约红色文化品牌打造

开发深度不够，品牌效应不强，也是制约河北省革命文物开发利用效果的重要因素。目前，许多革命纪念馆和旧址在展览内容和形式上缺乏创新性和吸引力，难以满足公众多样化的文化需求。同时，红色旅游线路和产品的开发也相对滞后，未能形成具有鲜明特色和强大吸引力的红色旅游品牌。这不仅影响了红色旅游产业的发展壮大，也制约了红色文化在社会各领域的广泛传播与深入影响。因此，加强革命文物的开发利用工作，打造具有影响力的红色文化品牌，是河北省革命文物保护和传承工作中亟待解决的重要问题。

一些革命纪念馆和旧址在展览内容和形式上缺乏创新，难以吸引更多游客前来参观学习。同时，红色旅游线路和产品的开发也相对滞后，未能形成具有鲜明特色和强大吸引力的红色旅游品牌。例如，虽然河北省推出了“寻革命足迹——红色经典之旅”等旅游线路，但在品牌塑造和宣传推广等方面仍有待加强。此外，一些革命文物资源的数字化、网络化利用也不够充分，未能充分发挥其在教育、科研等方面的作用。

（五）传统模式束缚文物数字化传播

当前，河北省部分地区的革命文物展览模式仍显单一，主要依赖于传统的图文展示和讲解员讲解，难以吸引观众的注意力并引发共鸣。在传播理念上，部分地区仍坚持以宣传为主线、以传播主体为中心的传统观念，忽视了受众的多样性和个性化需求。此外，在利用互联网平台传播革命文物时，存在过度追求点击率和关注度而忽略文物内涵的现象，导致部分内容泛娱乐化，削弱了革命文物的严肃性和教育意义。

随着数字技术的飞速发展，数字化已成为文物保护与传承的重要趋势。然而，在河北省革命文物的保护和传承工作中，数字资源的应用还相对有限。虽然部分纪念馆已经开始了数字化建设，但整体而言，数字资源的开发、整合和利用还不够充分，未能充分发挥其在文物保护、展示和传播方面的优势。因此，拓展数字资源应用，提升数字化水平，是河北省革命文物保护和传承工作亟待解决的问题之一。

另外，在如今分众化传播的时代背景下，用户群体已经不再是统一的整体，而是具有不同兴趣、需求和偏好的个体。然而，在河北省革命文物的传播过程中，部分单位对用户定位仍较为模糊，缺乏精准的市场分析和用户画像。这导致传播内容难以精准触达目标受众，影响了传播效果。因此，明确用户定位，实施精准传播策略，是提升河北省革命文物传播效果的重要途径。

四、创新路径

（一）优化展陈设计，改善游览体验

展览作为红色革命文物的独特呈现空间，需要根据环境场域、社会需求、观众接受等方面进行内容与形式设计的调整，避免“千展一面”，要做到“一展千面”，从而提升展览的教育宣传效果。因此，改进场馆设施功能、打造精品展陈便显得尤为重要。目前，河北省内的红色旅游景点大部分为历史遗迹，多以实地参观、现场讲解为主，游客在游览的过程中缺少互动性和体验感。相关纪念场馆要运用虚拟现实、增强现实、裸眼 3D、5G 等现代化信息技术和展示手段，努力为游览者带来沉浸式体验，实现交互性参观，不断增强陈列展览的互动性和体验性，坚持政治性、思想性、艺术性，突出故事化、场景化、艺术化。

展陈需要把好导向、聚焦主题，让革命史料“说话”，让革命文物“发声”，努力增强表现力、传播力、影响力，生动传播红色革命文化。纪念场馆要加强对从业人员的教育培训和管理，不断提升从业人员的政治素质、文化责任和专业技能，让他们能够对历史素材吃得透、说得全、讲得深，打造优秀讲解员队伍，创新讲解方式，做红色文化的“播种机”和“扩音器”，为游客带来更好的游览体验。

（二）深化文旅融合，加快内容生产

河北省有关部门要从全局和战略的高度做好红色文化资源保护利用的整体规划和顶层设计，不断推动文旅深度融合。以文旅融合、“文创＋”引领红色文化与其他业态融合发展，打造具有河北省特色的红色旅游品牌。加快创新“红色旅游＋”产业融合发展机制，提升红色旅游产业化水平。着力推动将红色文化与乡村振兴、非遗保护传承等有机结合起来，不断壮大新型业态。

景区内容生产是提升红色景区吸引力和竞争力的关键所在。通过创意策划等手段生产出多样化的旅游产品、服务、活动和宣传内容，为游客提供丰富、独特的游览体验，促进景区的可持续发展。

红色景区要尊重历史发展的规律，把握历史事物之间的联系，聚焦历史事件、着眼具体人物、解读关键细节，借助舞台剧、实景演出等形式，让抽象的精神和理念变得有血有肉、鲜活可感，在细微之处引起情感共鸣，用游客喜闻乐见的方

式讲好河北的红色故事。此外。河北省文物保护单位可以积极与文旅部门开展合作，打造河北特色红色文旅品牌，全力擦亮“这么近，那么美，周末到河北”这块金字招牌。

（三）开展系统研究，深入挖掘文物价值

要尊重历史事实，准确解读红色文化，系统研究革命历史、革命遗址旧址等红色文化资源，深入挖掘红色革命文物蕴藏的丰富思想内涵及价值，系统收集整理区域内红色历史文物史料，准确把握其主题与本质，旗帜鲜明地反对和抵制历史虚无主义。通过广泛寻访历史亲历者，收集整理一手历史资料和历史物证。通过访谈，多方求证重要史实，以严谨的态度，针对现有历史叙述进行反复推敲。同时还应积极听取权威的历史专家、学者对于一些有争论的历史问题给出的意见，以及针对景点的文化内涵进行的深入解读。

要加强学术交流、合作研究，搭建全方位的交流平台。例如，在河北省内举办红色主题研讨会，探讨研究革命文物的当代价值及育人功能。政府相关部门应加大对专业革命文物研究团队的建设，不断开创革命文物研究新局面。学界也应积极推进革命文物历史研究与当代传承工作，通过加强理论研究，加大对红色文化研究社科课题的支持力度，不断推出高水平的理论研究成果，形成跨学科、多领域、全覆盖的发展新格局，系统展现革命文物的历史价值。

（四）活化利用红色资源，充分发挥培根铸魂功能

要不断促进红色文化资源活化利用，弘扬伟大建党精神，推动大钊精神、西柏坡精神等精神的研究阐释，推出红色题材的文艺作品，用文艺精品讲好红色故事。河北省内媒体应创新传播方式，对红色资源进行全景式、立体式、延伸式展示宣传，提高舆论引导能力，彰显时代特色，弘扬优秀革命文化，开展广泛的红色资源宣传教育。越来越多的家长带着孩子来到红色景点接受爱国主义教育，教育机构组织青少年进行的红色研学旅游活动也在增多，为此应当不断构建红色文化教育新格局。学校教育应当深入推进红色文化进校园，将红色文化纳入思想道德、社会实践等教育教学内容。地方党校应依托本地的红色文化资源开发培训课程，组织开展主题教育，加强党建。政府应当结合重大事件、重大节点组织开展形式多样的节事活动、群众性主题宣传教育活动，引导社会公众参与到红色资源

学习、研究、宣传的过程中。此外，还要进一步加大思政教育专业人才的培养力度，以及红色教育财政支持力度，助力新时代红色文化教育高质量发展，发挥红色革命文物的培根铸魂功能。

（五）加强科学保护，提升开发利用水平

文物保护单位要根据红色文化资源现状，科学制订保护计划，加强统筹规划，实施分类保护和空间优化，推进成片优化提升。继续深入开展红色资源专项调查，完善河北省革命文物名录，制定红色革命遗址修缮项目实施方案，实施红色文化遗址保护工程。统筹使用各级革命文物保护利用专项资金，加大对革命旧址、遗址、纪念设施的保护修缮力度。

要不断提升红色文化资源开发利用的科学化水平。在文物保护的过程中遵循尊重史实、科学保护、合理利用、永续传承的原则，科学制定红色文化开发计划书，全方位有效整合区域内的红色文化资源。结合红色文化建设工程，高层次、宽领域、多角度开发利用红色文化资源，不断提高红色文化资源的开发利用效率。

（六）挖掘新技术应用潜力，拓展数字资源

要加快推进革命文物资源数字化转型，借助新技术优势赋能革命文物发展与传播，使革命文物在新时代“活起来”。要将以计算力为核心的技术硬实力与以审美为核心的文化软实力有机融合，通过运用摄影摄像、三维扫描等数字化采集技术对革命文物进行数字化保护，采集、加工、存档文物的高清数据并进行动态管理和整合利用，打造线上革命文物资源库，最大程度地实现对革命文物的永久存档、管理、利用及展示，让革命文物资源库成为传承红色基因的精神宝库。

互联网旅游的兴起为红色景区的旅游产业发展带来了新思路，各地的博物馆、纪念馆不断探索引入互联网、虚拟现实、增强现实等新技术的创新路径，在技术的辅助下更直观生动地呈现历史事件和场景，让革命文物从档案馆里的资料、博物馆的展陈中“走出来”，运用先进科技努力打造沉浸式场景，对革命文物进行数字化展示，使革命文物从橱窗展品转变得具体可感。在这一过程中，游客通过沉浸式体验可以获得内心的震撼，从旁观者变成参与者。

参考文献

［1］相瑞花．用好革命文物传承红色基因：关于革命文物保护利用的若干思考［J］．中国文物科学研究，2021（03）：2-9.

［2］朱小可．革命纪念馆运用红色资源开展社会教育的思考［J］．江西科技师范大学学报，2018（02）：37-41.

［3］岩罕光．充分利用革命文物作用加强爱国主义与革命传统教育探析［J］．文物鉴定与鉴赏，2021，218（23）：120-122.

［4］宁召勇．文旅融合背景下的革命文化传播：以白洋淀红色旅游为例［J］．文物天地，2022（06）：86-89.

［5］王含，姜川，桑凤喜，张梓硕．徐州红色文旅数字文创产品开发研究［J］．鹿城学刊，2023，35（04）：5-9.

［6］顾慧枫．数字赋能红色文化传播：元宇宙背景下红色文创的发展路径探索与展望［J］．新楚文化，2023（04）：93-96.

［7］谢正芬．文旅融合背景下革命博物馆的发展定位与方向［J］．文物鉴定与鉴赏，2021，25（10）：126-128.

［8］丛红艳，冯梦瑄，高阳．智媒时代革命文物创新传播的路径研究［J］．今传媒，2023，31（12）：107-109.

［9］马如．红色文化资源的旅游化保护、传承与弘扬［D］．海南：海南师范大学，2023.

［10］王彦红．利用革命文物讲好共产党的故事：西柏坡纪念馆多措并举实现社会教育功能最大化［J］．文物春秋，2021（03）：33-41.

［12］张璐，姜夏旺，李洁，罗方妍．革命类纪念馆文创产品设计路径与实践研究［J］．湖南包装，2024，39（02）：150-153.

生成式人工智能赋能河北社会文物保护的方法与路径研究

——以曲阳北岳庙数字化展示中心设计为例

一、生成式人工智能的原理及使用流程分析

生成式人工智能（AI-Generated Content，AIGC）基于生成对抗网络（GAN）、大型预训练模型等人工智能技术，通过已有数据寻找规律，以适当的泛化能力生成相关数字内容。其内容生成技术已全面覆盖文本、图像、音视频、代码、游戏、3D及多模态内容生成领域，并融合 to C、to B 等在商业场景下使用。

（一）生成式人工智能的工作原理及特点

生成式人工智能利用深度学习、虚拟现实等生成合成类算法制作文本、图像、音频、视频、虚拟场景等数字内容，具有高度智能化、多样化、个性化、实时性、交互性和多模块结合等特点，其中高度智能化是指其借助深度学习、机器学习和自然语言处理等先进技术，使得艺术设计的生成过程能够更加智能化和自动化。通过深入学习和分析大量图像、艺术品和设计作品，生成式人工智能能够感知并学习各种风格和创意元素，从而能够创造出更具有艺术性和创意性的作品，以更高效的生产方式满足人们不断增长的需求和创新的应用场景。

（二）生成式人工智能的设计流程

生成式人工智能的设计流程是一个系统性的方法，旨在利用先进的机器学习技术创造出高质量的内容。生成式人工智能的设计流程包括以下几个步骤（如图1所示）。

1. 确定设计目标

为了有效收集更符合想法的生成内容需求，我们需要明确项目的具体目标和目的，了解目标受众的特点及期望，定义内容的形式与风格，以及设计用途、应用场景、用户需求和预期效果等，把计划使用的信息文本化与参数化。

2. 关键词准备

首先，从项目主题出发提炼出核心关键词，兼顾技术性的功能要素，以及内容的风格、情感、氛围等非功能性要素。其次，优化关键词，确保多样性和独特性，并与预期内容精确匹配，避免重复。最后，将关键词进行整合，可根据经验做成相应的关键词模板，并对结果进行测试与调整，进一步优化生成的结果。

3. 模型选择与训练

首先，对模型参数进行初始化，并通过调整超参数来优化训练过程。接着，在训练过程中定期评估模型性能，并据此调整训练策略。最后，当模型达到预期性能后，将其保存下来以便后续评估和部署。

4. 源内容

根据计算机算法将源内容转换成原始数据集，如第一次生成的图像数据和视频数据，以及标注数据，如分类标签和语义标注。此外，还需要示例数据，如参考图像或视频片段，来指导生成过程，并结合元数据的颜色、尺寸等属性信息，以及其他辅助材料，如样式指南和创意简报，共同构成训练和指导人工智能模型的基础。

5. 输出内容

由计算机通过算法规则和代码，根据源内容来调整关键词数量和内容风格，调整做出符合设计要求和参数设置且自动生成的解决方案。

6. 交替修改

依据意图对前述步骤进行重复。在每个迭代周期结束时，都需要对生成的内容进行严格的评估和测试，以确保其质量达到预期标准。通过不断地反馈和调整，逐步提升生成内容的质量和用户体验，以获得符合想法的内容，达成创新的有效性。

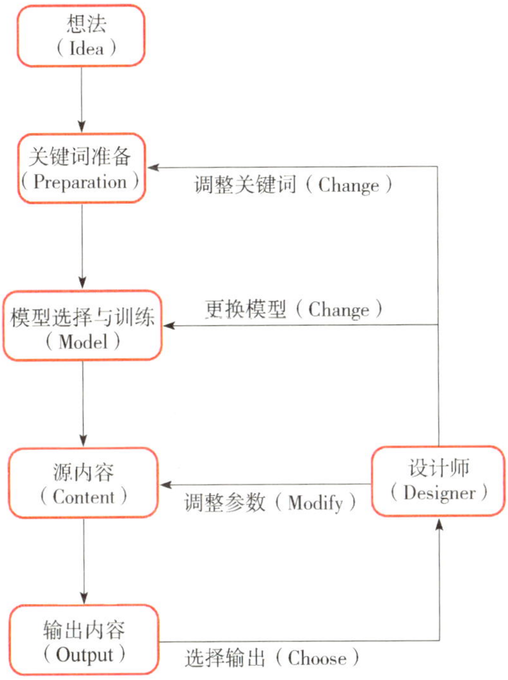

图 1　生成式人工智能的设计工作流程图

通过遵循上述步骤，开发人员和创作者能够有效地利用生成式人工智能技术来生成高质量的内容，从而在当今快速发展的数字世界中保持竞争力。

二、北岳庙与保定文物保护及数字化传播设计

（一）北岳庙及其文化分析

曲阳北岳庙（民间俗称窦王殿）是历史上祭祀北岳山神的庙宇，现为河北省境内面积最大的道教建筑，其始建于南北朝时期北魏景明、正始年间，唐贞观年间、唐开元年间又经过两次扩建，于元代初年开始，被辟为道教活动场所。北岳庙整体建筑气势宏大，东西宽约 321 米，南北长约 542 米，总占地面积 173 982 平方米。经过千年的文化积淀，北岳庙内包含将近 200 件碑刻类作品，时间上跨越了北魏、北齐、唐、宋、金、元、明、清、民国。在这些碑刻中，以记录古人祭祀礼制的《大唐北岳神庙之碑》《大宋北岳安天元圣帝碑铭》《大唐北岳府君之碑》等碑文为重，是难得的历史资料。除去篆刻类文物，殿内东、西两侧各有一

巨幅壁画，东墙“云行雨施”绘天宫众神为民普降甘霖（如图 2 所示），西墙“万国咸宁”绘偃旗息鼓、鸣金收兵的宏大场景。其中，西墙壁画中有一位叱咤风云、横枪倒戈的飞天，据传出自唐代画圣吴道子之手，也被称为“曲阳鬼”（如图 3 所示）。两幅壁画的面积约 500 平方米，一共出现了 73 位人物，气势磅礴，生动逼真。壁画构图错落有致，主要人物和次要人物安排得当，充分显示了壁画艺术的文化魅力。

图 2　东墙壁画

图 3　西墙壁画的飞天

（二）北岳庙数字化设计目标

北岳庙数字化建设旨在以数字化展示为手段，通过全方位、多模态、富信息的呈现方式，进行文物保护、文物共享、扩张体验和文化传播，打造以北岳庙为载体的“壁画、神仙、道教、历史”精神一体化的一流数字化展示中心。首先，在文物保护层面，采用高精度摄影测量或 3D 扫描技术，全面记录壁画现状，创建高分辨率数字化档案。结合图像处理技术和机器学习算法分析壁画表面损伤，预测潜在损伤并实施虚拟修复，为实际保护工作提供科学指导。其次，在研究与教育方面，构建在线学术研究平台，提供高清壁画图像与相关资料，促进国内外学者之间的交流与合作。同时，运用虚拟现实、增强现实技术，开发交互式数字展览和多语言解说系统，通过多媒体手段线上、线下同步展示壁画高清图像，结合动画、视频解说等形式丰富公众尤其是年轻人的学习体验。再次，通过社交媒体平台推广壁画的故事和艺术价值，扩大影响力。最后，在创新应用方面，设计基于壁画元素的文创产品，如数字艺术品、手机壁纸等，既能作为纪念品销售，又能用于艺术教育。同时，与其他文化机构或艺术家跨界合作，将传统壁画元素融入现代艺术创作之中，推动传统文化的现代化表达。

总体而言，北岳庙壁画的数字化设计不仅有效保护了珍贵的社会文物，还在学术研究、公共教育及文化传播等方面带来了深远影响，为传统文化的传承与发展开辟了新的路径。

三、生成式人工智能赋能的北岳庙数字化展示中心设计

（一）与生成式人工智能相结合的两类设计

北岳庙数字化展示中心设计方案包括展厅功能区划分、整体布局规划、北岳庙文物数字化展项设计、北岳庙大景区构建、打造四大模块。整个设计通过大量效果图来进行方案展示与沟通，项目组选择 MidJourney 和 Stable Diffusion 进行实验性设计共创与出图，实验模块包括两个子项，即“云行雨施”展示空间设计和“万国咸宁”展示空间设计。

首先，通过研究北岳庙的历史与文化背景，包括其建筑风格、壁画、碑刻等内容，确定展示中心的功能需求，如展览区、互动体验区、休息区等，并在此基础上制定出结合传统文化元素与现代科技手段的设计理念。随后，通过手绘或使用专业软件绘制初步草图来快速记录设计思路，并考虑空间布局，保证展示空间的舒适性和安全性。接下来利用 SketchUp、Revit 或 AutoCAD 等建模软件创建详细的 3D 模型，包括展示中心的内部结构、家具摆设、展示装置等细节。为了使模型更加逼真，需要应用适当的材质，如木材、石材等的表面质感，并设置照明方案来模拟自然光和人工光源，以此增强空间氛围。此外，采用环保材料和技术减少对环境的影响，并考虑能源效率和废物管理策略。设计还应具备一定的灵活性，以便更换展品和适应未来的变更。在此过程中，还需要整合数字展示内容，如触摸屏、虚拟现实体验、交互式显示屏等多媒体元素。通过动态元素，如模拟壁画中的动态场景或动画效果来丰富参观者的体验。完成上述步骤后，可以使用 V-Ray、Enscape 或 Lumion 等渲染引擎进行渲染输出，生成高分辨率的效果图，并使用 Photoshop 或 GIMP 等图像编辑软件进行后期调整，以提升图像质量。设

计过程中，应当及时将初稿展示给客户或利益相关者，收集意见和建议，并根据反馈进行必要的调整，迭代设计，直至满意。最后，输出最终效果图，确保满足所有要求并达到高品质标准。

（二）以“万国咸宁”展示空间设计为例的生成式人工智能效果图生成设计

“雨后归宫”属于整个设计中的“诸神布雨”篇章，展现了“万国咸宁”中所蕴含的道教文化。通过对诸神布雨的历史和文化的解读和展示，让参观者能够感受到盛唐的历史底蕴和文化特色，其生成式人工智能辅助设计步骤如下。

1. 前期资料收集与分析

（1）相关信息资料分析

本项目结合道教文化主题和人工智能工作要求两方面推进。首先，通过背景研究了解壁画的历史背景、吴道子的艺术风格，并深入研究壁画的内容、构图、人物特征等，了解北岳庙的历史变迁及壁画的保存情况。然后，收集壁画的高清图像、细节图、相关文献、壁画修复资料，以及吴道子和其他艺术家的作品作为风格参考。其次，对展示空间进行规划，包括获取展示空间的实际尺寸和平面布局，明确设计理念。再次，编写壁画的解说词和展示空间的介绍文案，确保遵守相关的版权要求和社会文物保护法律法规。最后，绘制展示空间的基本布局和关键元素的概念草图，通过现代科技手段展示壁画。

（2）词频分析

采用词频分析法提取上述文献中的相关关键词，然后根据生成式人工智能算法的逻辑推导出指南，压缩到具有语义信息的数据中。最后，对高频关键词进行选择和优化，高频关键词包括吴道子（87 次）、壁画（43 次）、道教（26 次）、北岳庙（125 次）、神仙（76 次）。同时，结合项目的定位风格，选择幕布、装修等词汇。总之，结合初步概念，项目渲染描述性内容的优先级设置为：第一，吴道子壁画展厅；第二，建筑本身的混凝土材料与人和天道的统一相结合；第三，壁画展厅设计的 3D 渲染；第四，宏伟的道教主题展厅；第五，“万国咸宁”图所描绘的不朽场景。

2. 与人工智能协同共创

在与人工智能协同设计时需要注意以下几个问题。

（1）人机协同关系

生成式人工智能在此项目中扮演着创意助手的角色，通过深度学习和自然语言处理技术，从大量的历史数据、文化资料和设计案例中提取关键信息，帮助我们了解当前趋势、潜在需求和技术可行性，并基于这些信息快速生成多种设计方案，包括空间布局、材料选择、色彩搭配等方面的概念草图，为我们提供了丰富的创意起点。此外，生成式人工智能还可以提供技术上的支持。例如，在虚拟现实或增强现实技术的应用方面，可以帮助我们探索更多互动展示的可能性。与此同时，我们结合自身深厚的专业知识和实践经验，评估了这些方案的可行性和创新性，对生成式人工智能生成的内容进行筛选、调整和完善，筛选出最符合项目目标和设计原则的方案。结合北岳庙的历史文化背景和建筑特点，提出更具个性化的设计方案，关注设计细节，确保最终的效果图和展示内容既美观又实用，同时符合数字化展厅的展示需求。

（2）规避均质化

生成式人工智能的应用可能会对我们的创造力、文化理解和价值观产生影响，也可能会干扰文化多样性和个性化表达，导致形式同质化或失真。为避免这种情况，我们采取了以下具体措施。

首先，通过个性化定制，调整算法参数和训练数据集，确保生成式人工智能生成的内容既能体现北岳庙壁画数字化展示中心的独特性，又能符合我们的创意方向。其次，我们在设计过程中融入了北岳庙的文化元素，利用生成式人工智能技术挖掘更多文化层面的可能性，从而创造出既有地方特色又有现代感的作品。最后，定期对设计成果进行评估，确保它们既符合预期目标，又能保持多样化和个性化的特点。通过采取上述措施，可以在与生成式人工智能的设计共创的过程中有效地避免同质化现象，确保北岳庙壁画数字化展示中心的设计成果既富有创新性又具有文化多样性和个性化的特点，这对于打造具有独特价值和吸引力的设计作品至关重要。

（3）控制出图的偶然性与变量分析

生成式人工智能设计算法具有一定的随机性，可能与预期的设计目标不完全一致。因此，设计者需根据具体需求和目标选择适当的算法，并调整算法的参数来校正生成式人工智能的表现。对于北岳庙壁画数字化展示中心项目而言，需要同时考虑创新性和准确性，因此需要寻找一种既能生成新颖内容又能保持较高精度的算法。接下来，通过调整算法的参数，如学习率、迭代次数等，来控制生成式人工智能的表现，确保它既能产生新颖的想法，又能符合设计的整体方向。此外，还需要对生成式人工智能生成的内容进行详细的评估，确保它们既符合设计的初衷，又能满足实际应用的需求。这包括对生成内容的质量、创新性、实用性等多个方面进行综合考量，确保最终的设计成果既满足功能性需求又具有独特的美学价值。此外，还可以组织创意工作坊或研讨会，邀请艺术家和技术专家进行跨学科的交流和合作，激发出更多新颖的设计思路。最后，建立一个反馈机制，收集用户对设计成果的反馈意见，并据此进行调整，确保设计成果能够更好地满足用户的期望。

（4）生成式人工智能生图过程监控分析

在北岳庙壁画数字化展示中心项目的设计过程中，第一步是对项目需求进行了细致的分析，提炼出与设计相关的关键词，如 3D rendering of the mural exhibition hall design of Beiyue Temple（北岳庙壁画展厅设计的 3D 渲染）、Showroom design（展厅设计）、Concrete（混凝土）、Murals（壁画）、Gauze curtains（纱幕）和 Chinese immortals（中国神仙）等。接着，我们将这些关键词根据生成式人工智能算法逻辑转化成描述想要生成画面的提示词（prompt）文本：3D rendering of the mural exhibition hall design of Beiyue Temple，There are murals of Chinese immortals on the concrete wall，gauze curtains，murals placed on gauze curtains，modern interpretation，Wu Daozi style，magnificent scenes，Taoist theme exhibition hall，Xianning picture of all countries，interior design，gauze curtains softly framing the space.

为了确保 MidJourney 能够准确理解设计意图，生成符合预期的效果图，我们对关键词进行了仔细的选择和整合。首先，我们对“Interior design”和“Exhibition”这两个关键词进行了整合，以描述展示中心内部的空间布局和展览内容的组织方式。Concrete 和 Murals 则可以用来描述建筑材料和壁画的结合方式，以确保设计既具有现代感又能体现出北岳庙壁画的文化特色。接下来，我们通过描述“There are murals of Chinese gods and goddesses on the concrete wall”来强调建筑材料的选择和壁画在设计中的重要性。同时，我们还加入了“Gauze curtains in a modern interpretation”这样的细节描述，以确保 MidJourney 能够生成符合现代审美的纱幕效果。通过描述“Gauze curtains，murals placed on gauze curtains”

来确保生成的图像能够体现出纱幕的柔和效果，同时也为展示空间增添了层次感。“Wu Daozi style，magnificent scenes，Taoist theme exhibition hall，Xianning picture of all countries”这样的描述则有助于确保 MidJourney 生成的图像能够准确反映出壁画的文化元素。另外要语义明确，提示词需要明确地表达设计意图，确保 MidJourney 能够准确理解我们的需求。例如，通过描述“Modern interpretation”来确保生成的图像具有现代感。最后，将关键词进行整合，构建了一个完整的描述：3D rendering of the mural exhibition hall design of Beiyue Temple，There are murals of Chinese immortals on the concrete wall，gauze curtains，murals placed on gauze curtains，modern interpretation，Wu Daozi style，magnificent scenes，Taoist theme exhibition hall，Xianning picture of all countries，interior design，gauze curtains softly framing the space. 这样的提示词不仅确保了 MidJourney 能够准确理解设计意图，还为后续的图像生成提供了明确的方向。

完成关键词到提示词的转换后，第二步是将这些提示词编码为神经网络可理解的代码。首先使用 BERT（Bidirectional Encoder Representations from Transformers）等模型进行编码，将提示词编码为神经网络可理解的代码。BERT 模型通过双向编码的方式，能够捕捉到文本中单词之间的复杂关系，更好地理解上下文信息，从而更准确地编码提示词。第一步预处理，将提示词分割成单词或短语，去除停用词，如 the、a 等，以及进行词干提取或词形还原等操作，以确保模型能够更准确地理解提示词的意义。第二步分词，BERT 模型使用的是基于 WordPiece 的分词方法，这种方法能够将单词分割成更小的片段，即使对于未知单词也能进行有效的编码，这种分词方法有助于提高模型的泛化能力。第三步向量化，通过 BERT 模型的编码层将分词后的提示词转换为向量表示，这些向量包含了提示词的语义信息，可以为后续的图像生成提供基础。例如，对于“Interior design，exhibition，concrete walls with murals of Chinese immortals，gauze curtains in a modern interpretation”这样的提示词，BERT 模型会将其转换为一系列向量，每个向量代表提示词中的一个单词或短语。第四步序列化，将所有向量按顺序组合成一个序列，这个序列包含了提示词的所有语义信息。

完成提示词编码后，将编码后的向量输入生成器模型中，指导其不断生成符合描述的图像，并通过判别器判断这些图像是否足够真实。生成器模型通过深度学习技术，根据提示词向量进行迭代生成，生成一系列接近真实世界的图像。接着通过比较生成图像与真实图像之间的差异来判断生成图像的质量，在评判是否真实的过程中进行迭代优化，生成器模型会根据判别器的反馈不断调整生成策略，以生成更真实的图像，并且在此过程中提高图像质量。在生成图像的初期阶段，可能需要对生成的图像进行初步评估，确定是否符合预期的设计意图。如果生成的图像未能达到预期，如初步生成的图像对提示词“纱幕”“神仙形象”等的表现不足，则需要进行迭代优化。根据初步评估的结果，我们可能会对关键词进行调整。例如，增加了更具体的描述，如“Light gauze curtains softly framing the space”和“Vivid depiction of Chinese immortals in vibrant colors”。将调整后的关键词再次输入 MidJourney 中，重新执行编码和生成过程，直到生成的图像满足设计需求为止。最后在多次迭代后，优化策略，确保生成的图像既符合设计要求又具有较高的视觉质量，并从生成的图像中筛选出符合预期的作品（如图 4 所示），到此就完成了第一次图像的生成。

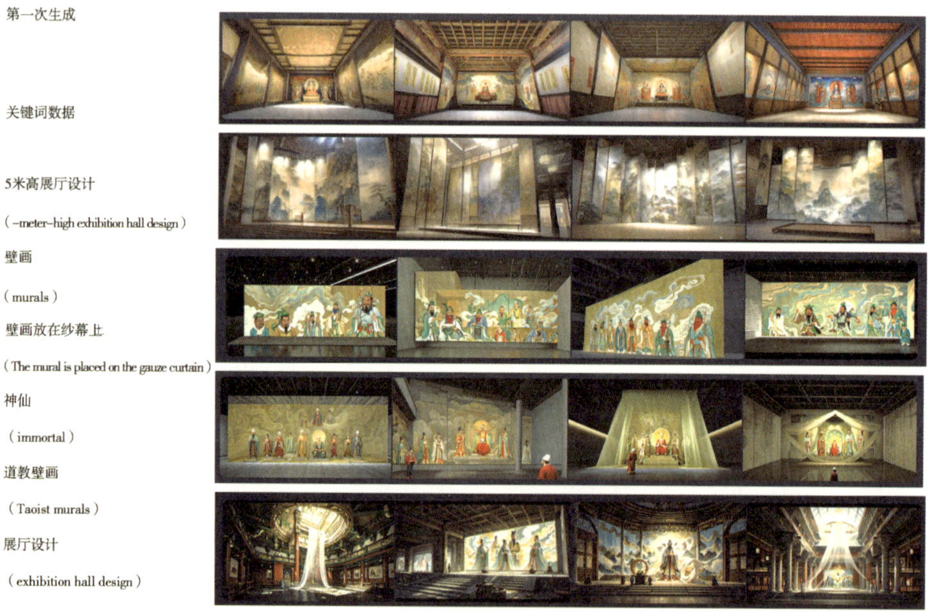

图 4　第一次生成图

在训练生成式人工智能进行再次生图时，可以融合来自不同领域的数据，如艺术、历史、科技等，以此来丰富设计的内涵和多样性，避免单一来源的数据可能导致的设计同质化现象。随着迭代的进行，我们根据生成图像的情况，适时调整优化策略，形成最终生成图（如图 5 所示），其人物面部细节及服饰如图 6 所示。选定最终的设计方案后，需要对图像进行最终确认，确保其既符合设计要求又具有较高的视觉质量。

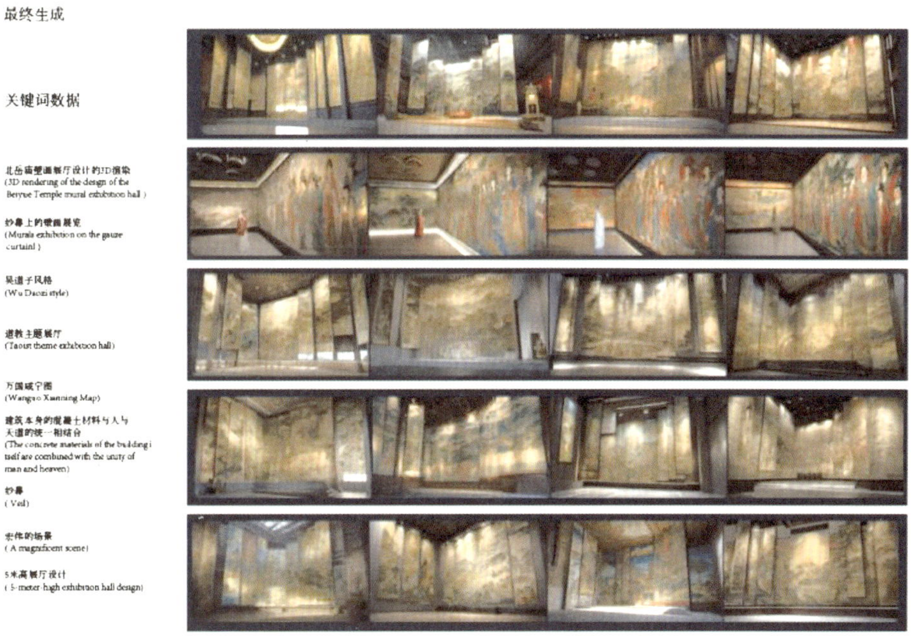

图 5　最终生成图

图 6　人物面部细节及服饰

（三）以“云行雨施”展示空间设计为例的生成式人工智能效果图生成设计

“云行雨施”主要描绘了天庭中各路神仙的人物形象，壁画的左半部分有风中摇摆的松树、暗石、湍急的水流和巨浪，周围云层环绕，给人一种风雨奔腾的感觉。壁画通过塑造鬼伯正义、威猛的形象，让观者的内心深感震撼。此壁画在经过多年的洗礼后，已变得模糊不清，如果贸然做文物修复，怕会画蛇添足，所以决定采用人工智能技术，以数字化的形式重现这一巨作。

1. 前期资料收集与分析

（1）相关信息资料分析

首先，通过文献查阅和艺术研究，深入挖掘“云行雨施”这一主题所蕴含的文化内涵与神话传说。此壁画布局分为三部分，人物和山水各占画面的一半，左面为山水，右面的人物则分为上、下两层，上层是天宫雷部诸神，下层是山川地祇。在墙壁的正中间有一条长达 6.4 米的苍龙，体态蜿蜒，既是人物与山水的分割线，也在某种程度上预示了画面的主题。苍龙龙头偏小，头部长满尖刺，须发柔眉，两目晶莹，有吞云吐雾之势，注视着左下方的白色水浪。苍龙的四爪像苍松劲枝一样有力，仿佛想要冲出墙面，凶猛且充满活力。传说龙是兴云降雨之神，把龙画在墙壁的正中间，是为了点出壁画的主题，同时将左边的山水与右边的人物衔接起来。在壁画的左上角排列着 13 位神灵，东岳星君和南岳星君手持圭板，分别身着青色和红色衣服，正在命令上天诸神为老百姓降下一场及时雨，旁边是头戴七梁通天冠、身着帝服的两位星君，以及执斧的武士、执钺的随从、执圭的天神等。接着，我们需要确定艺术创作的方向，包括色彩与风格的选择、人物形象的设计，以及自然景观的表现手法，力求真实还原古代的艺术美感。此外，还需要考虑运用现代数字化技术，如虚拟现实和增强现实，打造互动性强、沉浸式的观展体验。最后，通过与相关领域专家的合作及社区参与，确保设计方案的准确性和教育意义。这一系列步骤旨在构建一个既具有历史文化价值又充满现代科技魅力的数字化展厅，让每一位参观者都能深刻感受到“云行雨施”的神秘与美妙。

（2）词频分析

根据词频统计结果，确定出现频率最高的关键词有龙（217 次）、天神（126 次）、雨（97 次）云（68 次）。基于高频关键词构建描述想要生成的画面的提示词

(prompt）文本，具体描绘了天庭中各路神仙的人物形象，他们正在调兵遣将，准备为百姓降下一场及时雨，据此总结出初代提示词：Clouds swirling above a waterfall, bamboo and stone elements in a minimalist setting, with a majestic dragon dividing the scene between nature and celestial beings, inspired by traditional Chinese landscape painting.

2. 与人工智能共创

（1）细化关键词并进行出图监控分析

根据壁画的特点和设计理念，进一步优化关键词，使其更符合设计意图。例如，对于“Dragon”（龙），可以进一步描述为“Majestic dragon with sharp spikes and a gentle gaze”（威严的龙，长满尖刺，目光温柔）；对于“Pine trees”（松树），可以进一步描述为“Swaying pine trees with a gentle stream flowing through the forest”（在森林中摇曳的松树，有溪流缓缓流过）。基于优化后的关键词构建描述想要生成的画面的提示词（prompt）文本，提示词应尽可能详细地描述想要生成的画面，包括情节、人物形象、环境特点等，构建的提示词文本为：Clouds swirling above a waterfall, natural scenery with swaying pine trees and dark rocks, a majestic dragon dividing the scene between nature and celestial beings, inspired by traditional Chinese landscape painting. The dragon has a small head with sharp spikes, gentle eyes, and a powerful presence, looking down at the white waves below. Its claws are like strong branches, ready to burst out of the wall, fierce and full of vitality. On the left side of the dragon, there are 13 celestial beings, including the East and South Mountain Spirits, dressed in green and red robes, commanding the heavens to send rain for the people. Beside them are two star deities wearing imperial robes and seven-mu hats, along with axe-bearing warriors, axe-carrying attendants, and other celestial beings, all surrounding the star deities. In the left half of the mural, there are swaying pines, dark rocks, rushing water, and giant waves, surrounded by clouds, creating a sense of wind and rain surging.

在本项目中，我们选择了具有较高性能的预训练模型 RoBERTa，确保了编码质量。随后，我们将编码后的向量输入生成器模型中，指导其不断生成符合描述的图像。生成器模型采用了 Stable Diffusion 架构，该模型能够根据编码后的提示词生成图像。与此同时，我们还使用了一个判别器模型来评估生成的图像是否真实可信。如果生成的图像未能达到理想预期，如在本次设计中，初步生成的图像对提示词“Landscape painting”（山水画）、“Waterfall”（瀑布）等的表现不足，则需要进行迭代优化。我们根据初步评估的结果，对关键词进行了调整。例如，将“Landscape painting”替换为“Surging river and pine trees”，同时加入“Dark rocks”（暗石）作为新的元素。通过关键词优化，我们可以使描述更加具体和详细，以便生成器能够更好地理解我们的意图。然后，对调整后的关键词进行重新编码，再次输入生成器模型中进行图像生成。具体来说，在迭代优化的过程中，我们决定增加对河流、松树和暗石的具体描述，如“Surging river meandering through a serene landscape”（湍急的河流蜿蜒流过宁静景观）、“Tall pine trees standing proudly along the riverbank” （高耸的松树骄傲地挺立在河岸边）、“Large dark rocks scattered throughout the scene”（场景中散落着大块的暗色岩石）等。通过这些更具体和生动的描述，生成器能够更好地理解和表现我们的构想。如果经过多次迭代仍然无法达到满意的效果，我们会考虑进一步优化提示词本身，如增加更多的细节描述或调整句子结构。根据评估结果，调整提示词的内容，使其更加准确地反映我们的需求。之后，对调整后的提示词进行编码，并再次输入生成器模型中进行图像生成。这个过程会持续进行，直到生成的图像满足设计要求为止。最终确定的关键词是：The design of the Beiyue Temple mural exhibition hall has the murals on the gauze curtain, clouds rotating above the waterfall, bamboo and stone elements in a minimalist environment, and a majestic dragon divides the scene into nature and immortals, inspired by traditional Chinese landscape painting. The dragon has a small head with sharp thorns, gentle eyes, and a strong sense of existence. It looks down on the white waves below. Its claws are like solid branches, ready to rush out of the wall at any time, fierce and full of vitality. On the left side of the dragon are thirteen immortals, including Dongshan God and Nanshan God, dressed in green and red robes, directing the sky to send rain to the people. Next to them were two star gods wearing royal robes and seven-acre hats, as well as warriors carrying axes and attendants carrying axes. The pictures were played on the screen. Chinese Taoist immortals, Taoist culture. 最终生成图如图 7 所示，图像细节如图 8 所示。

图 7　最终生成图

图 8　图像细节

通过技术与设计手段的融合，最终创造出了一个既符合设计理念又充满艺术氛围与文化韵味的数字化展厅，成功实现了项目目标，并为传统文化的传承与推广开辟了新的路径。北岳庙数字化展厅设计项目不仅是一次技术上的创新尝试，更是一次对于如何利用现代科技手段促进社会文物保护与传播的重要探索。它不仅为参观者提供了全新的体验方式，也为未来类似的项目提供了宝贵的参考案例。

总而言之，人工智能与文物保护及设计的融合开辟了社会文物保护的新纪元。借助这些先进的技术手段，我们不仅能够更有效地保护和修复珍贵的历史文物，还能够以创新的方式让这些文物走进大众视野，激发更多人对社会文物的热爱与尊重。随着技术的不断发展和完善，未来的人工智能技术将在文物保护领域发挥更大作用，促进文化的传承与发展。

参考文献

［1］潘国刚．文物社会价值的实现与文物保护规划［D］．昆明：昆明理工大学，2008.

［2］谢琳．南宁市低级别不可移动文物保护利用现状与对策研究——以市（县）级文物保护单位为例［D］．南宁：广西民族大学，2023.

［3］蔡田庆．国家大遗址保护荆州片区文化遗产廊道网络构建研究——以文物保护单位为例［D］．荆州：长江大学，2023.

［4］杨雅儒．AIGC 机器创作时代非遗元素该怎样融入文创设计［J］．环球人文地理，2023（24）：106-108.

［5］田雨薇．探究吴道子及北岳庙壁画中的绘画语言［D］．大连：辽宁师范大学，2020.

［6］陈瑞瑞，郑仲元．人工智能背景下河北省传统美术类非遗保护研究［J］．新楚文化，2024（07）：43-45.

民族文化遗产保护视域下的古中山国遗址数字化传承设计研究

古中山国遗址作为我国重要的历史遗址之一，承载着丰富的民族文化遗产和历史记忆。然而，随着社会的快速发展和城市化进程的加速推进，古中山国遗址所面临的保护和传承挑战日益严峻。传统的保护手段已经无法完全满足对古遗址的保护需求，因此数字化传承设计成为一种重要的解决途径。数字化传承设计结合了现代科技手段，可以对古中山国遗址进行全方位、多角度的记录和保护。通过数字化技术，有利于实现对古中山国遗址的高精度三维建模、虚拟展示、在线教育等多种功能，为民族文化的传承和普及提供了全新的可能性。因此，本文进行了对古中山国遗址数字化传承设计的相关研究，旨在充分挖掘遗址的历史价值，推动其文化遗产的传承与保护，促进传统民族文化与现代技术的结合，为实现古遗址的可持续发展提供参考思路。

一、古中山国遗址概述

（一）遗址来源

中山国是春秋战国时期白狄族鲜虞部建立的诸侯国，从陕西发源并逐渐东迁至河北省中南部地区（今河北省平山县），与同处于河北大地的燕、赵齐名。中山国是一个在史籍中语焉不详的古国，没有专门的史书，只能通过考古及附近邻国的史书记载来研究。相关资料显示，中山国位于今太行山东麓河北省中南部，凭借勇猛善战的游牧精神，以千乘之躯纵横捭阖于万乘强国之中，实力仅次于战国七雄。1974 年，中山王族墓和中山古城遗址被发现，出土 1.9 万余件文物，自此揭开了中山国神秘的面纱。作为战国时期 12 个诸侯强国中，唯一由北方游牧民族白狄族鲜虞部建立的国家，因城中有山，而名中山国。《战国策》中说“万乘之国七，千乘之国五”，其中的“千乘之国”就包括中山国。公元前506年，“中山”之名第一次作为国名载入史册。中山国在与中原列强的争雄抗衡中，经历多次兴灭，都城多次易地，加之史载不详，两千多年来，战国中山国成为鲜为人知的“神秘王国”。20世纪70年代，河北省文物部门对中山国墓葬展开挖掘，出土了为数庞大的车马坑与陪葬墓，发掘出的文物都具有北方民族文化特色，与战国晚期的赵国、魏国文物相近，同时也出现了许多反映游牧民族特色的帐幕构件，以及具有明显北方少数民族文化风格的青铜饰品，在世界各国展出时引起不小轰动。

图1　中山王族墓发掘现场

（二）遗址内容

古中山国遗址内有大量的古代文物和建筑遗迹，包括古代墓葬、遗址、遗迹等（见表1），这些文物和遗迹为研究中山国的政治、经济、文化等提供了重要线索。从其出土的铜、陶、金银、玉石、玛瑙等大量精美的艺术品文物来看，中山国手工业生产发达，能工巧匠众多，灵寿古城内发现的手工作坊遗址具有一定规模，官营作坊有专门的生产管理机构，许多文物上皆刻、铸有器物的制造年代、督造官吏和工匠姓名。

表 1 古中山国遗址内容主要分类

主要类别	主要内容	内容映射
古代墓葬	墓室、棺椁、陪葬品等	反映了古代中山国人民的葬俗和葬礼习俗
遗址遗迹	城墙、宫殿、庙宇等	展示了古代中山国的建筑风格和规模
艺术文物	陶器、青铜器、玛瑙等	反映了古代中山国的生产、生活和文化水平
铭文碑刻	方壶铭文、大鼎铭文等	记录了古代中山国的历史事件、人物事迹等重要信息

（三）保护现状

中山国的历史文化深厚而激荡，如今中山古城遗址的保护工作并没有完全结束。过去对中山古城遗址的保护主要是在改善保护环境、安装监控系统、修建保护围墙、埋设界碑界桩、加固城墙护坡等基础层面，基本保护了古城遗址的完整性，但遗址仍然存在自然侵蚀和人为破坏等现象。自 2012 年起，根据国家文物局批复的《中山古城遗址保护规划》开始正式构建中山古城考古遗址公园，试图将其建设成为一个兼具保护、科研、教育、参观等四大功能的公共文化栖息地。2017 年，中山古城遗址公园被国家文物局批准为第三批国家考古遗址公园立项单位，目前园区内共有战国中山王厝墓展示区、中山古城遗址博物馆、桓公墓遗址展示区、战国中山古城址展示区等 14 个子项目。如今，随着数字技术、数字博物馆概念的不断延伸，利用数字化技术成为古中山国遗址保护的重要手段，在古中山国遗址的保护和研究中发挥着越来越重要的作用，为遗址的保护、传承和利用提供了新的思路和方法。

二、民族文化遗产保护视域下的古中山国遗址数字化传承的价值

（一）文化价值

民族文化遗产保护视域下的古中山国遗址数字化传承具有重要的文化价值。古中山国遗址是中国历史中重要的文化遗产，通过数字化手段，可以更加生动、直观地向公众展示中山国的历史与文化，加深民众对于民族历史的认识和尊重，促进民族文化的传承与发展。数字化传承可以帮助更多人了解和接触中山国的文化，增强民族文化认同感，进而增强社会凝聚力。对于促进社会稳定、构建和谐

社会具有积极作用。通过数字化技术，可以有效记录和保存古中山国遗址的细节和特色，为保护文化多样性提供了新的途径和手段。

（二）艺术价值

民族文化遗产保护视域下的古中山国遗址数字化传承中具有较强的艺术价值。古中山国遗址中包含了丰富的艺术元素，如青铜器、雕刻、玛瑙、陶器等，数字化可以使这些艺术作品以高清形式被展示和传播，让更多人能够欣赏到古代艺术的魅力。同时，数字化不仅仅是对古中山国遗址的简单复制，还可以与现代技术相结合，如虚拟现实、增强现实等，为艺术创作和表现提供新的可能性，促进传统艺术与现代科技的融合与创新。

（三）经济价值

民族文化遗产保护视域下的古中山国遗址数字化传承具有现实的经济价值。古中山国遗址数字化传承项目本身就是一种新的旅游资源，通过数字化展示，可以更容易地在全球范围内进行展示和分享，有助于增强国际文化交流与合作，提升国家文化软实力，吸引更多游客，促进当地旅游业的发展，带动相关产业链的经济增长。同时，古中山国遗址的数字化传承还可以作为一种文化产品进行推广，通过版权运营、文化衍生品开发等方式，实现文化资源的经济价值，促进文化产业的发展，对于推动社会文化发展和经济增长具有重要意义。

三、民族文化遗产保护视域下的古中山国遗址数字化传承设计内容

（一）历史背景资料

在民族文化遗产保护视域下，古中山国遗址数字化传承设计内容应当全面覆盖遗址的历史、文化、艺术等多个方面，以确保其丰富的文化价值得到有效保存和广泛传播。从历史背景资料传承来看，古中山国遗址数字化传承的设计内容应围绕中山国简介、历史事件及历史人物进行数字化资源收集，介绍中山国的发展背景、历史沿革、地理位置等基本信息，利用现有的文献资料及中山成公墓碑刻铭文记录的中山国重要历史事件、政治变迁、经济发展、对外关系等，将其作为数字资源库建设的素材来源。

（二）文化遗产整理

中山国通过商贸、战争等方式与华夏民族进行了长期的文化交流，在此过程中吸收了很多华夏民族的特色。从文化遗产资料传承来看，古中山国遗址数字化传承设计内容可从古中山国遗址的发现、文物展示、文化解读等方面进行数字化保护。以中山王鼎为例，此鼎为奉祀宗庙的礼器，鼎身刻有铭文 469 字，记述了中山国讨伐燕国、开辟疆土这一事件。通过文化遗产资料数字化保护传承，针对中山国的宗教信仰、礼仪习俗、艺术风格、科技成就等文化特色，利用数字化展示的方式进行深入解读，可以为古中山国遗址数字化保护做好充足的资料准备。

图 2　中山王鼎外观

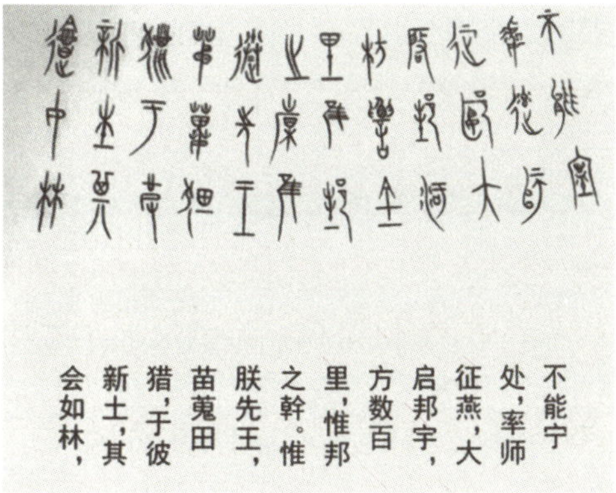

图 3　中山王鼎鼎身铭文

（三）文物作品与手工艺展示

古中山国遗址中拥有诸多文物作品，以中山王族墓出土的 1000 余件玉器为例，有玉环、玉璧、玉璜、玉佩、玉带钩、玉饰、玉片等，玉质莹润，造型生动，工艺细腻，鲜明地反映出中山国玉器的独特风格，代表了战国时期玉器制作的最高水平。除此之外，各类文物作品更是数不胜数。利用数字技术不仅可以重现中山国的艺术作品，如壁画、青铜器等，还可以提供艺术风格和制作技巧的分析。利用三维建模技术，可以对中山国的主要遗址、建筑群进行虚拟重建，展现其历史面貌。通过虚拟现实技术，可以模拟中山国人民的日常生活场景，如居住环境、节庆活动等，增强沉浸感。利用三维动画虚拟展示方式，可以展示中山国特有的手工艺技术，如青铜铸造、玉石雕刻等。

（四）数字化档案与数据库

数字化档案与数据库是将所有关于古中山国遗址的研究报告、文物资料、文化解读等内容建立数字化档案，便于管理和检索。通过建立在线数据库平台，可以帮助研究人员、学生和公众轻松访问有关古中山国遗址的数字化资料，并支持在线学习和研究。同时，利用数字化手段可以开发以中山国历史文化为主题的在线教育课程，采用互动问答、游戏化学习等方式，提高大众的学习兴趣。通过设计虚拟体验活动，如虚拟考古发掘、文物修复工作坊等，可以让公众参与到中山国文化遗产的保护与传承中。通过对数字化档案与数据库的构建，可以使传承保护的内容更具体，不仅能够为古中山国遗址的保护与研究提供强有力的支持，还能够让更多的人了解和学习中山国丰富的历史文化，促进民族文化的传承与发展。

四、民族文化遗产保护视域下的古中山国遗址数字化传承设计难点

（一）资料辨伪——真实性和完整性的保证

在民族文化遗产保护视域下，古中山国遗址的数字化传承设计面临着多方面的难点。古中山国遗址作为中国历史上的重要遗址之一，承载着丰富的历史、文化和艺术价值，其数字化传承不仅是技术问题，更是文化传播和保护的问题。因此，真实性和完整性的保证是设计难点之一。如何在数字化的过程中保持遗址信息的真实性和完整性，是设计过程中的一个主要挑战。需要精确记录遗址的每一个细节，包括颜色、形状、尺寸等，确保数字化结果尽可能地反映实际情况。为此，应采用高精度的三维扫描技术和摄影测量技术，确保数据采集的准确性。同时，结合专家的考古研究成果，确保遗址的历史背景、文化内涵等信息的真实性和完整性得到有效传达。

（二）技术难点——来自技术的挑战及传播的有效性

古中山国遗址的数字化传承设计需要依托先进的技术手段，包括三维重建、虚拟现实、增强现实等，而这些数字化技术的应用面临着高成本、技术复杂性等问题。同时，随着融媒体和自媒体的快速发展，如何通过数字化手段有效地传播

中山国的文化遗产，让公众能够在互动体验中获得深刻的文化理解和认同，是当下古中山国遗址数字化传承的另一个重要挑战。为此，应加大技术研发投入，探索成本效益较高的数字化方案。同时，加强与高校、科研机构的合作，利用其在人工智能、计算机视觉等领域的研究成果，提高技术应用的效率和效果。通过开发互动性强、内容丰富的数字化展示平台，如虚拟博物馆、在线教育资源等，利用故事化、游戏化等手段提高用户的参与度和体验感，利用社交媒体等网络平台进行宣传推广，扩大中山国文化传播的影响力。

（三）法理挑战——遗址保护与数字展示的平衡

在进行古中山国遗址数字化设计的过程中，需要考虑对遗址本身的保护，避免在数字化测量和复原过程中对遗址造成损害，同时也需要面对相关法律法规的约束，以及文化伦理的考量。通常情况下，在数字采集阶段，采用非接触式的数字化技术进行数据采集，可减少对遗址的物理干扰。在数字化展示设计中，通过注重遗址保护的原则和要求，可确保数字化进程不会对遗址本身的价值和环境造成负面影响。设计者需要深入研究相关法律法规，确保数字化传承项目符合国家文物保护的法律框架。在尊重文化多样性和遗产原真性的基础上，妥善处理文化伦理问题，保护好文化遗产的尊严和价值。

五、民族文化遗产保护视域下的古中山国遗址数字化传承设计案例

从民族文化遗产保护角度出发，古中山国遗址数字化传承设计应充分结合冀中地区的地域文化，以展示遗址出土的珍贵文物为数字化任务。为此，以金大陆文化产业（集团）有限公司（以下简称金大陆公司）设计的3D中山国王陵虚拟文物陈列馆为例，分析其如何利用数字化手段实现对古中山国遗址的数字化传承与文化保护。

（一）设计构思

为了促进中山国古城遗址的保护和开发，并配合历史纪录片《中山国》的拍摄，金大陆公司承担了中山国王陵文物虚拟陈列馆的设计制作任务，向大众展示了中山国的古老文化。中山国王陵文物虚拟陈列馆坐北朝南，外形模仿春秋战国

时期台榭式宫殿的建筑形式建模而成，共分为地上和地下两部分。陈列馆采用展柜、展台、灯箱、图板等多种形式，全方位地对中山国的历史文化和出土的精美文物等进行了展示。

（二）设计过程

前期设计。金大陆公司收集了中山国相关的历史文献、考古报告、图纸等资料，为虚拟化设计提供基础信息。仅收集的各类文物高清大图就多达 1650 张，口述史涵盖了录音 381 分钟、视频 785 条，前期设计的资料准备工作做得非常充分，并且内容翔实。同时，专门建立了相关的评估小组，针对古中山国遗址现状，评估了当前对其实施数字化、三维建模、虚拟现实、增强现实等技术的可能性，最终选择了适合的技术路线，明确了该项目虚拟化开发的目标受众、传播目的和预期效果。先后对中山国王陵遗址进行了实地勘测，使用三维扫描等技术获取遗址的精确数据，整理和数字化历史文献资料，为后续虚拟重建提供参考，并对采集到的文物数据进行清洗、格式转换等。

中期设计。基于采集的数据和历史资料，使用 Maya、Unity3D 等三维建模软件对古中山国遗址及其文物进行精确建模。根据历史背景和考古发现，设计了中山国王陵文物陈列馆虚拟场景、虚拟导览路线、信息点点击等。利用虚拟现实、增强现实或其他数字展示技术，将三维模型和虚拟场景转化为可交互的虚拟体验，进行内部测试和用户体验测试，收集反馈信息，并对虚拟体验进行优化调整。根据测试反馈，对虚拟场景、交互设计等进行优化，确保良好的用户体验。

后期设计。通过网络平台、专题展览等方式，向公众展示虚拟化成果，结合教育资源，开发相关的教学活动和材料，促进中山国文化的传承和传播。根据新的考古发现或技术进步，对虚拟化内容进行更新和扩充。

（三）展示内容

中山国王陵虚拟文物陈列馆的地上一层分为东、西两厅，分别展示了中山国历史文化发展脉络、中山古城遗址的保护发展等内容。陈列馆中厅是复原的中山国议政大殿，这里既是国王接见各国使臣的地方，也是举行宴饮歌舞的地方。大殿为整个展陈的开端，参照已有的研究成果设置有榻、屏、幄、幔，殿内的陈设力求准确客观地反映当时宫殿的内部情景。大殿的内部陈设以中线为轴，左右对称分布，两侧装饰有青铜图案的方柱，以概括的斗拱形式承托了顶部框架结构，左、右两侧的案几上陈列有中山国出土的精美器物，这些景观可以帮助观众多方位了解中山国的盛况。

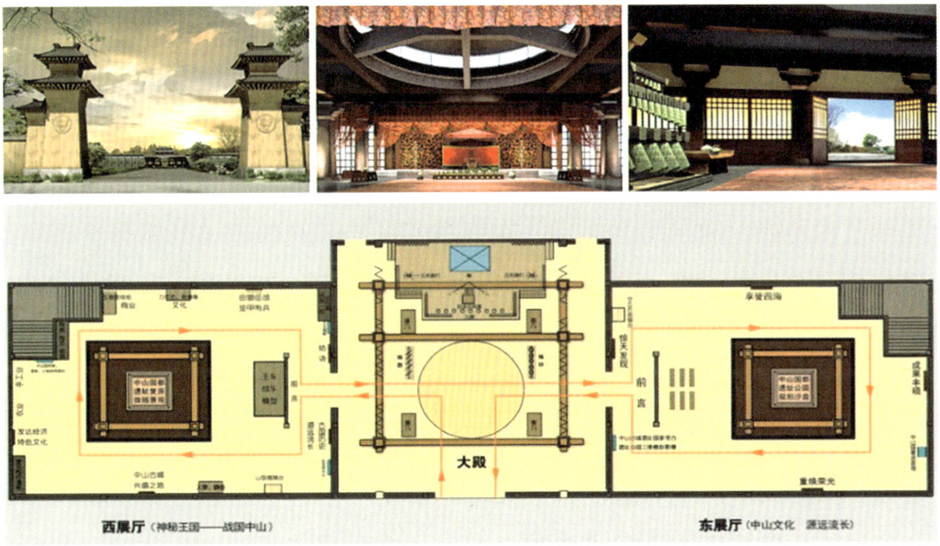

图 4　中山国王陵虚拟文物陈列馆 3D 效果图

（四）展示方式

观众利用手机应用程序扫描二维码即可进入虚拟陈列馆，其视角沿甬道进入，左侧沿墙的图文介绍了中山国王厝及墓室的发掘情况。通过对古中山国遗址发掘过程的展示，从历史、建筑、经济文化和军事等四个方面着力展示了中山国的历史文化。先后介绍了中山国兵强马壮、武器装备精良、战车轻便灵活等历史状况，以及在与魏、齐、燕、赵等国征战时屡克劲敌，以强大实力跻身强国之列，重现了中山国灿烂的文化、发达的手工业，以及逆境生存的胆识和勇气。以数字化的方式复原呈现了中山王厝墓中的建筑形式，还原了其结构特征，达到了中山建筑文化可感、可看、可知、可学的效果。

六、民族文化遗产保护视域下的古中山国遗址数字化传承设计策略

（一）突出文化属性，构建线上虚拟遗址环境

从民族文化遗产保护现状来看，文化遗产的数字化传承关键在于突出文化属性，因而构建线上虚拟遗址环境是将传统文化遗产与现代数字技术相结合的具体实现过程，这种方式不仅可以为公众提供更加便捷的访问方式，也能够在更大范围内推广和传播中国的文化遗产。首先，设计者应深入研究遗址的历史背景、文化意义和艺术特征，确保线上环境的内容真实可靠。利用相关技术分析古中山国遗址的文化属性，包括建筑风格、雕刻艺术、文物造型等方面，以便在虚拟环境中准确再现。其次，结合遗址的历史和文化背景，通过虚拟导游、信息标签等方式，选择合适的平台和技术框架，如 WebVR、Unity3D 等，确保虚拟环境的稳定性和兼容性。将开发完成的虚拟环境部署到线上平台，通过网站、移动应用等多种渠道向公众开放。讲述与遗址相关的故事和历史事件，通过在虚拟环境中设计加入文物展示、传统艺术表演等内容，展示古中山国遗址的文化内涵。最后，设计互动游戏、虚拟体验活动等，增加用户的参与度和兴趣。开发适合不同年龄段用户的互动游戏，利用中山国的虚拟遗址环境进行文化教育，为文化遗产的保护和传播开辟新的途径。

（二）讲好中国故事，以三维可视化设计呈现

从前期分析的案例中不难发现，民族文化遗产数字化传承是将传统文化与现代科技相结合的创新方式，在设计中应将中国故事通过三维可视化的形式生动呈现出来，增强古中山国遗址故事的表现力和感染力，为大众提供一种全新的文化体验方式。首先，精选古中山国遗址中具有代表性和教育意义的中国故事，可以是历史事件、民间传说或文化成就等。围绕选定的故事，编写详细的脚本，包括场景设定、人物对话、时间背景等。脚本需要结合三维可视化的特点，突出视觉效果和故事情节的连贯性。其次，根据脚本的需求，使用三维建模软件，如 Blender、Maya 等，创建古中山国遗址故事中的人物、场景、道具等元素，高度还原古中山国遗址的细节，以确保最终效果的沉浸感，并为模型添加动作和表情，制作流畅的动画片段。动画制作应该注重细节和情感表达，使故事情节生动、感

人。为三维模型添加纹理和颜色，提高场景的真实感和视觉效果。纹理设计需要考虑到材质的历史和文化特性，确保与故事背景相匹配。通过调整光线、阴影和反射等效果，进一步增强场景的立体感和氛围。最后，精心挑选和制作背景音乐、环境声音和特效声音，增强观众的沉浸感和情感共鸣。选择合适的声音演员进行角色配音，确保声音表达与人物性格、情感和场景氛围相匹配。将制作完成的动画片段进行剪辑组合，根据脚本流程调整顺序，添加转场效果。在观众测试的基础上，对细节进行调整和优化，确保最终成品的质量和观感。

（三）感知沉浸体验，深度还原历史遗产文物

为了使大众感知沉浸体验，并深度还原历史遗产文物，可采取一系列的数字化和技术手段，让观众在虚拟环境中体验到仿佛身临其境的感觉，从而更加深刻地理解和感受历史文化遗产的价值。首先，完成古中山国遗址数字化框架及精细的数字建模环境建设后，可通过增强现实头盔和手持控制器，让用户可以在虚拟环境中自由移动、观察和互动，从而获得沉浸式的体验。结合三维建模和历史研究，精心设计和重现历史场景，让用户能够体验到中山国时期的环境和氛围。其次，与中山古城遗址公园充分合作，在现实中的遗址公园内，利用增强现实技术，用户可以通过智能手机或平板电脑，看到虚拟信息或重现的历史场景与现实世界的叠加，增强体验的真实感。结合增强现实技术，可以提供丰富的解说内容和互动问答，增加教育性和趣味性。结合 3D 视觉效果与高质量的音频，如背景音乐、解说、环境声音等，可以提升体验的丰富性和真实感。最后，提供定制化的体验路线和互动内容，满足不同用户的兴趣和需求，确保不同年龄和技术背景的用户都能轻松使用。通过虚拟导览、角色扮演等方式，讲述与遗产文物相关的历史故事和文化背景，增强教育意义。

七、结语

在民族文化遗产保护视域下，古中山国遗址的数字化传承设计研究具有重要意义。数字化传承设计不仅可以帮助我们更好地保护古中山国遗址，还可以为文化遗产的传承和发展提供新的思路和方法。通过数字化展示，我们可以让更多的人参与到对古中山国遗址的保护和传承中来，让这一文化遗产得到更广泛的关注和认可。通过对古中山国遗址的数字化保护和传承，可以更好地记录和展示这一

珍贵的历史遗产，让更多的人了解和重视中山国的文化财富。在本文的研究中，深入探讨了数字化技术在古中山国遗址保护中的应用，提出了一系列切实可行的设计思路。在未来的工作中，相关人员将继续深化古中山国遗址数字化传承设计研究，不断完善数字化展示平台，拓展传承渠道，推动古中山国遗址文化的传承。

目前，古中山国遗址的数字化传承设计正处在一个快速发展的阶段，面对未来，需要不断探索和创新，充分利用新技术，加强跨学科合作，提高互动性和参与性，实现智能化与个性化服务，以可持续的方式保护和传承这一宝贵的民族文化遗产。

参考文献

［1］李雅雯．中山国遗址出土文物中所见的田猎元素［J］．收藏家，2024（02）：96-101.

［2］梁正伟．构造与识图：中山国犀足蟠螭纹铜筒形器的纹饰构成研究［J］．中国美术，2024（01）：20-22.

［3］刘艳菲，郎剑锋．三晋与东周王室、中山国、燕国量制问题研究［J］．江汉考古，2023（04）：102-111+138.

［4］黄雪琦，祖倚丹，刘卫华，阴建华．战国中山国青铜器蟠螭纹审美特征探析［J］．辽宁丝绸，2023（03）：55-56.

［5］王杰，刘业炜．战国中山国纹饰图形的再现创新设计研究［J］．设计，2023，36（04）：4-6.

［6］代晴，吴帆．战国时期中山国文字整理与艺术特征研究［J］．东方收藏，2022（11）：23-25.

［7］王峥．论《战国策》中山国的人物形象及其辞令表达［J］．安康学院学报，2022，34（05）：90-97.

［8］刘卫华．战国中山国的手工业管理体制：从青铜器铭文视角分析［J］．收藏家，2022（08）：57-66.

［9］胡金华，孔玉倩，冯红梅，郭晓明．从中山国灵寿古城窖藏货币的合金成分看中山国铸币的相关问题［J］．中国国家博物馆馆刊，2022（09）：74-99.

［10］李佳梦，唐邦城．战国中山国蜻蜓眼式玻璃珠的初步研究［J］．文物鉴定与鉴赏，2022，223（04）：86-89.

［11］杨谷旸，王欢欢．文化产业视域下中山国文化活化利用研究［J］．文化产业，2022（01）：136-138.

［12］郭瑞锦，郝庆云．论中山国文化是河北省会主要历史文化源头［J］．绥化学院学报，2020，40（08）：93-95.

［13］郝沁源，王晓琨．战国中山国研究的回顾与展望［J］．北方文物，2020（04）：91-97.

［14］郭瑞锦．“中山国文化”的源起与弘扬价值探究［J］．文化创新比较研究，2020，4（14）：80-81.

［15］张子鹏．战国中山国体育文化研究［D］．兰州：西北民族大学，2022.

［16］王媛媛，侯智国．内蒙古古迹遗址数字化保护平台的设计研究与实现［J］．文物鉴定与鉴赏，2024，274（07）：13-17.

［17］朱轩樱．助力苏州常熟红色遗址的数字化微场景开发［J］．炎黄地理，2023（10）：89-91.

［18］张承约，张蓝心，叶萱．数字化助力良渚古城遗址公园活化发展［J］．文化产业，2023（26）：148-150.

［19］马力．沉浸式遗址类博物馆：数字化赋能研学教育［J］．中国教育网络，2023（08）：79-80.

［20］张毅，柴铁锋，崔航，赵华，杨柳青．遗址公园数字化建设发展趋势研究［J］．建筑经济，2023，44（A1）：35-41.

河北省神庙剧场建筑遗产保护现状调查研究报告

戏剧艺术作为一块中国文化瑰宝，已有数千年历史。由于物质层面的缺失，或许这种艺术形式已然无法被我们所直观关注。即便如此，在当下中国土地上依旧存有大量的古代戏台，这些戏台既是拉近我们与祖先距离的桥梁，也是我们探究古代戏剧文化的重要媒介，由此来看，意义非凡。而其中相对于普通戏台、皇家戏台而言，在中国传统民俗文化的影响下，神庙剧场得以成型。相较于前两者，神庙剧场在民俗图腾崇拜与乡土敬神情节的影响下，其自身的民族意味和文化遗迹更为明显，而通过对神庙剧场的研究与调查，更易于揭开中国传统文化的面纱。

自宋金时期以来，中国戏曲艺术逐渐形成并成熟，演艺舞台的建设也逐渐成熟，中国古代的剧场大致可以分为商业性剧场和神庙剧场、宫廷剧场、私家园林剧场、临时性剧场等几种类型。其中，神庙剧场是中国古代剧场中绵延不绝、范围最广、数量最多的剧场类型。神庙作为一种具有特殊文化意义的演艺空间，在历史上不仅为民众提供了观看戏曲的场所，还承载了传统戏剧、民俗等非物质文化遗产。神庙剧场由会馆剧场、庙宇剧场、宗祠剧场等构成，在古代社会，神庙剧场既是文化演出的重要场所，也是民间集体文化仪式的重要展示平台，有着十分重要的意义。

一、河北省神庙剧场的调查概况

笔者通过对相关书籍、史志资料、居民口述等开展调研，对河北地区的神庙剧场建筑进行了统计。《中国戏曲志·河北卷》记载："明清以来，河北各地大量建造了庙宇戏楼，全省约有数千座，遍及各地，即使边远地区亦不乏见……存留至今者，以清代所建居多，或原建于明，后经清代重修。"同时还详细记载了蚕沙口天后宫戏楼、张家口关帝庙戏楼、内丘牛王庙戏楼等13座神庙剧场建筑及其演出信息。张家口历史文化丛书《张家口独特的古戏楼》中记载：明清时期张家口地区的古戏楼保有量处于高峰期，总数约为 3000 座，20 世纪中叶得以保存下来的有 1400 余座。这些各类记载中的神庙剧场建筑因历史久远，并多废弃不再使用，以及自然损毁等原因，有的已不复存在，有的移作他用，有的在修复过程中改变了原有建筑形态。经笔者近年来的调研考察，目前所能搜集考察到的河北省境内的神庙剧场共有 439 座，数量在全国居于中上等。其中，金元时期建筑 2 座，明代建筑 19 座，清代建筑 405 座，其余均为民国时期建筑。部分神庙剧场建筑目前仍保存完好，其中不乏多座河北省文物保护单位，广泛分布于河北省各个村镇乡间，至今仍作为传播传统戏曲文化的场所在使用。河北地区的神庙剧场不仅在建筑风格上古朴端重，在建筑材料与文化遗产维度也极具价值。其中，张家口地区灯影戏台的分布极具特色，为河北地区文化的拓展与传承贡献了重要价值。笔者在借鉴前人及同行经验的基础上，通过细致的整理形成了河北地区神庙剧场的以下报告。

（一）河北省神庙剧场的地域分布

通过对河北地区神庙剧场的分布进行统计可以发现，河北地区神庙剧场的建设有以下特征。

其一是相对集中的建设。如河北省张家口市蔚县地区共存有 212 座神庙剧场、河北省保定市涞源地区共存有 36 座神庙剧场、河北省石家庄市井陉地区共存有 22 座神庙剧场、河北省邯郸市武安地区共存有 19 座神庙剧场，这表明由于河北地区农耕文明发达，易于形成较为集中的文化形式，因其自身的传播能力不足，故而易于形成较为集中的神庙剧场聚集地。

其二是神庙剧场的建设往往出现在山区。在河北地区所出现的神庙剧场中，大量的神庙剧场集中于河北省的西部地区，即西依太行山脉所建设，其中以蔚县、武安、井陉等地区为主。究其原因，一方面，从文化地理学的角度来看，山区由于出行不便，因此生产相对集中，同时不易于受到外界影响，在古代生产力低下的状态中，易于将对未来的期许汇集成为对于超自然神力的崇拜，因此易于形成对于神灵的信仰，并以此形成了成群的神庙剧场。另一方面，河北省的西部地区临近山西省，相较于被誉为文物大省的山西省而言，河北西部地区的神庙剧场容易受到“近朱者赤”的文化影响，甚至在古代时期，河北居民有一部分是由山西地区迁徙而来的移民，因此也易于形成神庙剧场。

（二）河北省神庙剧场的属性与功能

通过对史料的借鉴与分析可以发现，在古代社会，河北地区的神庙剧场具有以下属性与功能。

其一是祭祀与宗教功能。在中国古代社会，剧场常与宗教仪式相结合，正如王国维在《宋元戏曲考》中所载："歌舞之兴，其始于古之巫乎？巫之兴也，盖在上古之世……巫之事神，必用歌舞。"由此可见，戏剧艺术的兴起有一部分原因是巫与神。况且自商代起，占卜便已然成为国人心中的集体意识，故而形成了国人通过戏剧来表现神话故事和宗教信仰的习俗。因此，神庙剧场被民众赋予了向神灵传达信仰和精神的功能。从河北省神庙剧场的神庙属性来看，民俗神系居多，且具有地域差异，因此剧场的布局也有所差异。在统计到的河北省神庙剧场建筑中，能够分清祭祀神灵的剧场较多的为龙王庙、关帝庙、奶奶庙等。以神庙剧场分布较多的蔚县地区为例，在 212 座神庙剧场中，有 7 座剧场所祭祀的神灵无法考证，有 63 座剧场是为祭祀龙王所建的龙王庙或龙神庙，有 59 座剧场是为祭祀关帝而建的关帝庙，有 22 座为真武庙附属建筑，有 21 座为观音庙附属建筑，奶奶庙剧场仅有 10 座。而在承德市丰宁满族自治县所存的神庙剧场中，祭祀的神灵主要以关帝为主，龙王庙较少出现。在河北地区的神庙剧场中常常出现的龙王庙与奶奶庙，寄托着河北人民对于风调雨顺的期盼之情，然后通过神庙剧场的建设与戏剧作品的演出来表达这份深情。

其二是娱乐与社交功能。随着时间的推移，戏剧艺术的娱神功能逐渐消退，娱人功能逐渐兴起，并以此形成了古代戏剧作品的娱乐属性，如戏台规则的规范、观戏楼的兴起等，都从侧面反映出神庙剧场的娱乐属性。不过在河北地区的神庙剧场中，娱乐属性相较于其他地区而言略微轻薄一点儿。从现存的建筑遗迹来看，未发现带有十分明显娱乐属性的剧场建构，这或许是由于河北地区临近京师，对娱乐因素采取下压态势，故而未能建设风格化极强的神庙剧场。

（三）河北省神庙剧场的文化特征

通过对史料和民俗文化的借鉴可以发现，河北地区神庙剧场的文化特征有以下几点。

其一是多元化的符号崇拜。在河北地区出现的神庙剧场中，龙王庙、关帝庙、三官庙与奶奶庙居多，从中可以发现河北地区的文化崇拜并不仅仅集中于一两个维度，而是呈现出多元化的发展态势，并且这些庙宇的建设也从侧面反映出对河北省在地属性的强化。例如，大量集中于蔚县地区的关帝庙，一方面，这些关帝庙显示出河北地区“忠君报国、励志奉献”的儒家思想。另一方面，蔚县地区在明代时隶属山西大同府，并且在晋南移民与蔚县商人的影响下，使得其将山西地区的关帝崇拜加持在河北地域的神庙剧场中，丰富了河北地区神庙剧场的文化特色。

其二是重民式的建筑风格。此处的“重民”并非重视民生之意，而是指民俗风格强化与贵族意识减弱。在“礼”文化的影响下，中国的房屋建设与选材有着严格的等级限制，梁思成先生言道为“屋顶等第制度，明清仍沿前朝之制，以四阿（庑殿）为最尊，九脊（歇山）次之，挑山又次之，硬山为下”，而在河北地区现存的神庙剧场中，大多是硬山顶或者卷棚硬山顶的建筑形制，未多见庑殿顶与歇山顶，同时又常常以单檐示众。由此可见，其建筑形式注重民俗民用的特征。当然，这或许是因为河北西部山区生产力较为低下，且干旱缺水，为了节约建筑成本而未能选用较好形式的屋顶与材料建设。

其三是灯影戏台的建设。不同于其他的戏台建设，灯影戏台于国内所存极少，然而在河北地区现存的戏台中，灯影戏台的数量却十分惊人，共考察到 5 座灯影戏台。由于所演出的戏剧为皮影戏，所以这些戏台的建构往往并不宏大，体量较小。这些戏台的出现表明了河北地区皮影戏的发展，为我国神庙剧场的研究与讨论提供了宝贵的素材。

二、河北省神庙剧场存在的问题和建议

（一）河北省神庙剧场存在的问题

河北省神庙剧场体量较大，不过由于缺乏有效的修缮与维护，当下存在着一些问题。

1. 未能有效地参与旅游业整合

通过对河北省神庙剧场的调查可以发现，当下神庙剧场存在的一大问题是未能有效地参与现代旅游业整合。由于受到当代媒介的影响，旅游者往往倾向于选

择符合自身需求，或者有现代科技产物注入的旅游形式。然而，神庙剧场缺乏科技水平的加持和传统文化的当代改编，因此未能有效地参与旅游业的整合，这直接导致神庙剧场在当代文化语境中的落寞。此外，电影艺术的出现对戏剧作品产生了直接的影响，导致当代年轻人对传统的戏剧艺术失去兴趣，进而使得神庙剧场无法进入年轻人的生活。无法被纳入旅游产业的神庙剧场自然而然地失去了当代财政的支持和旅游者资金维度的支撑，最终面临无法转型、无法维持的困境。

2. 破损、废弃与被改造的窘境

首先，由于风吹日晒和自然灾害等原因，使得神庙剧场的基体与结构出现了不同程度的损害，其中破损较为严重的主要集中在涞源地区，其破损问题集中体现为面临坍塌的窘境，如沿村五道庙戏楼、北韩村观音庙戏楼、太平关村观音殿戏楼等。其次，废弃也是当下河北省神庙剧场在发展转型过程中不得不面临的一个问题，如上官村南堡真武庙戏楼、胜芳戏楼等。最后，被改造为民房、仓库的神庙剧场亦不在少数，这些神庙剧场往往在“崇人而非崇神”的历史语境变迁中逐渐丧失了其自身的文化属性，而被迫改造成为人服务的场所，如天长镇北关村崔府君庙戏台被改造为小学、浮图村真武庙戏楼被改造为民房等。

（二）关于河北省神庙剧场发展的建议

河北省神庙剧场所面临的窘境已经严重影响到了其自身的发展地位，因此笔者根据当下神庙剧场的发展状况，拟定了如下建议。

1. 科技赋能神庙剧场

当下受众已然不再习惯于朴素的文化鉴赏，在面对如何打破文化鉴赏这一命题时，许多新兴的形式给予了明确的答案，即科技赋能的形式。在科技赋能的基础上，可以进一步拓展传统文化的输出路径。例如，通过虚拟现实和增强现实技术，观众可以在剧场中沉浸式体验演出效果；利用增强现实眼镜，观众可以看到虚拟的场景元素和角色，增强故事的表现力；现代的灯光和音响系统可以提供高度定制化的效果，营造出独特的演出氛围。这些科技因素的出现可以极大程度地赋能地方戏剧文化的发展，为地方戏剧文化提供新的蓝海。

2. 修复与重塑神庙剧场

面对破败的神庙剧场，当务之急是对其进行修复和重塑，因为任何的产业发展都要建立在物质修复的基础之上，因此如何修缮神庙剧场就成了破局的关键。

从当前掌握的资料情况来看，河北省神庙剧场的问题集中在被改造与破败等方面，且大量问题集中于屋面与主体结构，因此可以采用较为科学的物质材料，在原有建筑结构的基础上对其进行物质层面的修复与重塑。

神庙剧场遗存是中国建筑遗产中的一个十分重要的类型，其具备中国传统文化传播和延伸的功能性，应当受到重视并认真研究，应当受到保护和开发利用，这对于保护和传承中国戏曲文化，尤其是地方民俗与戏曲文化具有重要的现实意义，同时在建设美丽乡村、增强民族认同感等方面也具有重要意义。

河北省神庙剧场建筑情况

序号	名称	地点	庙宇	年代	概况
1	东关村城隍庙戏楼	石家庄市井陉县天长镇东关村	城隍庙	不详，清乾隆四十五年（1780年）重修	河北省文物保护单位
2	吴家垴村关帝庙戏台	石家庄市井陉县天长镇吴家垴村	关帝庙	不详，清代建筑	保存较好
3	北关村崔府君庙戏台	石家庄市井陉县天长镇北关村	崔府君庙	不详，清代建筑	保存较好，小学占用
4	常坪村西坡官房戏楼	石家庄市井陉县南峪镇常坪村西坡	龙王庙	不详，清嘉庆二十四年（1819年）重修	保存较好
5	常坪村东坡官房戏楼	石家庄市井陉县南峪镇常坪村东坡	全神庙	清道光三年（1823年）	保存完好
6	北横口村寺门戏楼	石家庄市井陉县秀林镇北横口村	兴善寺、龙王庙	不详，民国十年（1921年）重修	保存完好
7	北横口村观音堂戏楼	石家庄市井陉县秀林镇北横口村	观音堂	清雍正十年（1732年）	保存一般，后部已残破
8	于家村清凉阁戏台	石家庄市井陉县于家乡于家村	清凉阁	不详，清代建筑	河北省文物保护单位
9	于家村全神庙戏台	石家庄市井陉县于家乡于家村	全神庙	清康熙十三年（1674年）	河北省文物保护单位
10	于家村观音阁戏楼	石家庄市井陉县于家乡于家村	观音阁	清康熙十四年（1675年）	河北省文物保护单位

续表 1

序号	名称	地点	庙宇	年代	概况
11	头泉村鸳鸯戏楼	石家庄市井陉县上安镇头泉村	三元祠、南海老母庙	清雍正四年（1726 年）	保存完好
12	小作村龙王庙戏楼	石家庄市井陉县小作镇小作村	龙王庙	不详，清嘉庆十三年（1808 年）重修	保存良好
13	头泉村马王庙戏楼	石家庄市井陉县上安镇头泉村	马王庙	清乾隆六年（1741 年）	保存较好
14	小龙窝村樊氏宗祠戏楼	石家庄市井陉县天长镇小龙窝村	樊氏宗祠	不详，清乾隆年间重修	已重修翻新，保存完好
15	桃林坪村大王庙戏楼	石家庄市井陉县小作镇桃林坪村	大王庙	清同治元年（1862 年）	保存较好
16	乏驴岭村五道庙戏楼	石家庄市井陉县天长镇乏驴岭村	五道庙	清乾隆二十三年（1758 年）	保存较好
17	辛庄村龙王庙、奶奶庙戏楼	石家庄市井陉县辛庄乡辛庄村	龙王庙、奶奶庙	清代	保存较好，2019 年翻新
18	小梁江村龙王庙戏楼	石家庄市井陉县南障城镇小梁江村	龙王庙	清康熙年间	保存较好
19	南张村龙王庙戏楼	石家庄市井陉县秀林镇南张村	龙王庙	清代	保存较好
20	狼窝村戏楼	石家庄市井陉县于家乡狼窝村	—	清代	保存较好
21	沙窑村全神庙戏楼	石家庄市井陉县小作镇沙窑村	全神庙	清代	保存一般
22	塔寺坪村戏楼	石家庄市井陉县南王庄乡塔寺坪村	—	清代	保存一般
23	见守村关帝庙戏楼	石家庄市赞皇县赞皇镇见守村	关帝庙	清乾隆二十九年（1764 年）	保存状况不详
24	张家口关帝庙戏楼	张家口市桥西区堡子里鼓楼北街	关帝庙	始建于明代，清代重修	保存完好，书院巷小学占用
25	张家口山西会馆戏楼	张家口市桥西区税司街北口	关帝庙	清初建筑	改做民房

续表 2

序号	名称	地点	庙宇	年代	概况
26	张家口财神庙戏楼	张家口市桥西区北关街	财神庙	明末清初	现为民房，保存一般
27	张家口营城子戏楼	张家口市桥西区明德北街	真武庙	清初建筑	改做仓库
28	南庄村龙王庙戏楼	张家口市桥东区姚家庄镇南庄村	龙王庙	民国三年（1914 年）	保存较好
29	唐家庄村戏楼	张家口市下花园区定方水乡唐家庄村	—	清中晚期建筑	保存较好
30	常家庄村戏楼	张家口市下花园区定方水乡常家庄村	—	清中晚期建筑	保存较好
31	二台子村龙王庙戏楼	张家口市宣化区二台子村	龙王庙	清代晚期	保存完好
32	大慢岭村龙王庙戏楼	张家口市宣化区侯家庙乡大慢岭村	龙王庙	清代晚期	保存一般
33	贾家营村龙王庙戏楼	张家口市宣化区贾家营镇贾家营村	龙王庙	清末民初	保存较好
34	周家窑村龙王庙戏楼	张家口市宣化区李家堡乡周家窑村	龙王庙	清中晚期建筑	保存较好
35	葛峪堡村城隍庙戏楼	张家口市宣化区东望山乡葛峪堡村	城隍庙	清中晚期建筑	保护较好
36	石分村圣母庙戏楼	张家口市宣化区崞村镇石分村	圣母庙	清中晚期建筑	保存较好
37	分水口村马王庙戏楼	张家口市宣化区崞村镇分水口村	马王庙	民国二年（1913 年）	保存较好
38	羊圈沟村三官庙戏楼	张家口市宣化区塔儿村乡羊圈沟村	三官庙	清代	颓败不堪
39	羊圈沟村龙王庙戏楼	张家口市宣化区塔儿村乡羊圈沟村	龙王庙	民国初年	保存较好
40	旧羊屯村龙王庙戏楼	张家口市万全区郭磊庄镇旧羊屯村	龙王庙	清光绪九年（1883 年）	保存较好

续表 3

序号	名称	地点	庙宇	年代	概况
41	东红庙村龙王庙戏楼	张家口市万全区孔家庄镇东红庙村	龙王庙	清中晚期建筑	保存较好
42	沙家庄村龙王庙戏楼	张家口市万全区万全镇沙家庄村	龙王庙	清末	保存较好
43	黑石堰村戏楼	张家口市万全区高庙堡乡黑石堰村	—	清代	保存较好
44	李虎庄村老爷庙戏楼	张家口市万全区高庙堡乡李虎庄村	老爷庙	清咸丰十一年（1861年）	保存较好
45	怀安城真武庙大殿戏楼	张家口市怀安县怀安城镇	真武庙	明永乐十七年（1419年）	保存一般
46	转枝莲村老爷庙戏楼	张家口市崇礼区四台嘴乡转枝莲村	老爷庙	清咸丰二年（1852年）	保存较好，位于学校内
47	南山窑村戏楼	张家口市崇礼区白旗乡南山窑村	—	清中晚期建筑	保存较差，屋面已毁
48	喇北营村龙王庙戏楼	张家口市崇礼区高家营镇喇北营村	龙王庙	清末	保存一般
49	喇南营村戏楼	张家口市崇礼区高家营镇喇南营村	陀罗庙	清光绪年间	保存一般
50	羊坊堡村龙王庙戏楼	张家口市赤城县马营乡羊坊堡村	龙王庙	清中晚期建筑	保存较好
51	向阳村戏楼	张家口市赤城县雕鹗镇向阳村	—	清中晚期建筑	保存较好
52	井儿洼村关帝庙戏楼	张家口市赤城县田家窑镇井儿洼村	关帝庙	明后期	保存完好
53	长伸地村戏楼	张家口市赤城县后城镇长伸地村	—	清代	保存完好
54	小饮马泉村戏楼	张家口市蔚县南留庄镇小饮马泉村	关帝庙、龙王庙	清道光年间	保存完好，尚存舞台题记若干
55	牛大人庄村关帝庙戏楼	张家口市蔚县南杨庄乡牛大人庄村	关帝庙	清同治年间	保存完好

续表 4

序号	名称	地点	庙宇	年代	概况
56	下平油村戏楼	张家口市蔚县杨庄窠乡下平油村	泰山庙	民国时期	保存较好
57	九宫口村观音殿戏楼	张家口市蔚县南杨庄乡九宫口村	观音殿	清晚期	保存一般
58	九宫口村真武庙戏楼	张家口市蔚县南杨庄乡九宫口村	真武庙	清晚期	保存较好
59	九宫口村龙王庙戏楼	张家口市蔚县南杨庄乡九宫口村	龙王庙	清同治年间	保存较好
60	上苏庄村三元宫、观音殿戏楼	张家口市蔚县宋家庄镇上苏庄村	三元宫、观音殿	清光绪年间	保存完好
61	上苏庄村三义庙、关帝庙戏台	张家口市蔚县宋家庄镇上苏庄村	三义庙、关帝庙	清代	保存较好
62	山门庄村戏楼	张家口市蔚县柏树乡山门庄村	龙王庙	清光绪二十六年（1900年）	保存完好
63	赵家寨村戏楼	张家口市蔚县黄梅乡赵家寨村	马王庙	清代	保存一般
64	蔚县关帝庙戏楼	张家口市蔚县城南关	关帝庙	清代	保存完好
65	曹町村东堡戏楼	张家口市蔚县南留庄镇曹町村	伽蓝庙	清嘉庆年间	保存较好
66	北方城村戏楼	张家口市蔚县涌泉庄乡北方城村	龙王庙	清中期	保存完好
67	大蔡庄村关帝庙戏楼	张家口市蔚县吉家庄镇大蔡庄村	关帝庙	明代	保存完好
68	西古堡戏楼	张家口市蔚县西古堡南瓮城	马王庙	清顺治年间	河北省文物保护单位
69	宋家庄穿心戏楼	张家口市蔚县宋家庄堡南门内	真武庙	明嘉靖年间	保存完好
70	小探口村穿心戏楼	张家口市蔚县宋家庄镇小探口村	关帝庙	清雍正十一年（1733年）	保存完好

续表 5

序号	名称	地点	庙宇	年代	概况
71	苑家庄村灯影台	张家口市蔚县涌泉庄乡苑家庄村	龙王庙	清代	保存较好
72	白中堡村灯影台	张家口市蔚县南留庄镇白中堡村	关帝庙、观音殿	清乾隆十七年（1752年）	保存一般
73	代王城三面戏楼	张家口市蔚县代王城三村十字路北侧	财神庙、龙王庙、灶王庙	清代	戏台东、南、北三面现已用木板封死，明间、次间均绘有戏曲人物画，台基之上、戏台周围现已用铁栅栏围护
74	穆家庄上堡村双面戏楼	张家口市蔚县西合营镇穆家庄上堡村	—	清乾隆年间	戏台已用木板封死，明间、次间均绘有戏曲人物画，台基之上、戏台周围现已用铁栅栏围护
75	常平仓仓神庙戏楼	张家口市蔚县蔚州镇常平仓	仓神庙	明代	保存状况不详
76	西陈家涧村戏台	张家口市蔚县涌泉庄乡西陈家涧村	关帝庙、观音殿	明末清初	保存较好
77	单堠村关帝庙戏楼	张家口市蔚县南留庄镇单堠村	关帝庙	清乾隆十八年（1753年）	保存较好
78	白河东村龙王庙戏楼	张家口市蔚县南留庄镇白河东村	龙王庙	清代	保存一般
79	崔家寨村关帝庙戏楼	张家口市蔚县涌泉庄乡崔家寨村	关帝庙	清代	保存较好
80	重泰寺戏楼	张家口市蔚县涌泉庄乡崔家寨、阎家寨	重泰寺	清中晚期	河北省文物保护单位
81	白草村真武庙戏楼	张家口市蔚县白草村乡白草村	真武庙	清光绪三十一年（1905年）	保存较好
82	黄家庄村堡门戏楼	张家口市蔚县涌泉庄乡黄家庄村	—	清代	保存较好
83	独树村龙亭戏楼	张家口市蔚县涌泉庄乡独树村	龙王庙	清代	保存较好
84	北阳庄村关帝庙戏楼	张家口市蔚县涌泉庄乡北阳庄村	关帝庙	清代	2014 年原址重修

续表 6

序号	名称	地点	庙宇	年代	概况
85	宿鸦涧村戏楼	张家口市蔚县涌泉庄乡宿鸦涧村	关帝庙、龙王庙、观音殿、马王庙	明代	屋顶现已坍塌
86	连寨场村关帝庙戏楼	张家口市蔚县涌泉庄乡连寨场村	关帝庙	清代	保存一般
87	陡涧子村奶奶庙戏楼	张家口市蔚县涌泉庄乡陡涧子村	奶奶庙	清代	保存较好
88	汤庄子村关帝庙戏楼	张家口市蔚县涌泉庄乡汤庄子村	关帝庙	清代	保存一般
89	涌泉庄村龙王庙戏楼	张家口市蔚县涌泉庄乡涌泉庄村	龙王庙	清代	保存一般
90	卜北堡村文昌阁戏楼	张家口市蔚县涌泉庄乡卜北堡村	文昌阁	清代	保存完好
91	卜北堡村观音庙戏楼	张家口市蔚县涌泉庄乡卜北堡村	观音庙	清光绪年间	保存较好
92	任家涧村关帝庙戏楼	张家口市蔚县涌泉庄乡任家涧村	关帝庙	清代	保存较好
93	辛庄村关帝庙戏楼	张家口市蔚县涌泉庄乡辛庄村	关帝庙	清代	2012 年原址重修
94	西大云町村三官庙戏楼	张家口市蔚县宋家庄镇西大云町村	三官庙	清代	保存较好
95	大固城村关帝庙戏楼	张家口市蔚县宋家庄镇大固城村	关帝庙	清代	保存较好
96	崔家庄村灯影楼	张家口市蔚县宋家庄镇崔家庄村	诸神祠	清雍正二年（1724 年）	保存较好
97	邢家庄村奶奶庙戏楼	张家口市蔚县宋家庄镇邢家庄村	奶奶庙	清代	保存较好
98	吕家村真武庙戏楼	张家口市蔚县宋家庄镇吕家村	真武庙	始建于明代，民国九年（1920 年）重修	现仅存台基和断壁
99	吕家村龙神庙戏楼	张家口市蔚县宋家庄镇吕家村	龙神庙	清代	现已不存，2004 年焚毁

续表 7

序号	名称	地点	庙宇	年代	概况
100	大探口村忠王庙戏楼	张家口市蔚县宋家庄镇大探口村	忠王庙	清代	保存较好
101	朱家庄村龙王庙戏楼	张家口市蔚县宋家庄镇朱家庄村	龙王庙	清代	戏台正面加隔扇门封闭，现做储物间使用
102	辛落塔村龙王庙戏楼	张家口市蔚县宋家庄镇辛落塔村	龙王庙	清代	保存较好
103	王良庄村奶奶庙戏楼	张家口市蔚县宋家庄镇王良庄村	奶奶庙	清代	保存较好
104	石荒村关帝庙戏楼	张家口市蔚县宋家庄镇石荒村	关帝庙	清康熙三十七年（1698年）	保存较好
105	郑家庄村关帝庙戏楼	张家口市蔚县宋家庄镇郑家庄村	关帝庙	清代	戏台前檐加木板封闭，现做储物间使用
106	北口村关帝庙戏楼	张家口市蔚县宋家庄镇北口村	关帝庙	清代	保存一般
107	邀渠村三官庙戏楼	张家口市蔚县宋家庄镇邀渠村	三官庙	清代	保存较好
108	西柳林堡村关帝庙戏楼	张家口市蔚县宋家庄镇西柳林堡村	关帝庙	清代	保存较好
109	大宁村关帝庙戏楼	张家口市蔚县涌泉庄乡大宁村	关帝庙	清代	保存较好
110	嗅水盆村真王庙戏楼	张家口市蔚县宋家庄镇嗅水盆村	真王庙	清代	保存较好
111	李家绫罗村龙王庙戏楼	张家口市蔚县下宫村乡李家绫罗村	龙王庙	清代	保存一般
112	筛子绫罗村三清观戏楼	张家口市蔚县下宫村乡筛子绫罗村	三清观	清代	保存一般
113	北凌罗村观音殿戏楼	张家口市蔚县下宫村乡北凌罗村	观音殿	清代	保存一般
114	东庄头村龙王庙戏楼	张家口市蔚县下宫村乡东庄头村	龙王庙	清代	保存一般

续表 8

序号	名称	地点	庙宇	年代	概况
115	西庄头村龙王庙戏楼	张家口市蔚县下宫村乡西庄头村	龙王庙	清咸丰七年（1857 年）	保存一般
116	苏贾堡村关帝庙戏楼	张家口市蔚县下宫村乡苏贾堡村	关帝庙	清代	保存一般
117	苏田堡村堡门戏楼	张家口市蔚县下宫村乡苏田堡村	—	清代	20 世纪 80 年代倒塌，仅存台基
118	苏邵堡村龙王庙戏楼	张家口市蔚县下宫村乡苏邵堡村	龙王庙	清代	保存一般
119	苏官堡村奶奶庙、三官庙戏楼	张家口市蔚县下宫村乡苏官堡村	奶奶庙、三官庙	不详	2003 年倒塌，2009 年村民郭库独自出资修建
120	浮图村玉泉寺戏楼	张家口市蔚县下宫村乡浮图村	玉泉寺	清咸丰二年（1852 年）	现已不存
121	浮图村真武庙戏楼	张家口市蔚县下宫村乡浮图村	真武庙	清代	1965 年左右改建为民房
122	孟家庄村龙王庙戏楼	张家口市蔚县下宫村乡孟家庄村	龙王庙	清代	保存较好，尚存舞台题记若干
123	南马庄村北堡关帝庙戏楼	张家口市蔚县下宫村乡南马庄村	关帝庙	清代	1957 年左右改建为民房
124	南马庄村南堡关帝庙戏楼	张家口市蔚县下宫村乡南马庄村	关帝庙	清代	“文化大革命”前改建为民房
125	上宫村南堡真武庙戏楼	张家口市蔚县下宫村乡上宫村	真武庙	清代	2008 年被毁
126	上宫村中堡灯影台	张家口市蔚县下宫村乡上宫村	老爷庙	清代	“文化大革命”后自然坍塌
127	周家庄南堡村关帝庙戏楼	张家口市蔚县下宫村乡周家庄南堡村	关帝庙	清代	保存较好
128	千字村三官庙戏楼	张家口市蔚县暖泉镇千字村	三官庙	清代	2014 年培修
129	西古堡村地藏寺戏楼	张家口市蔚县暖泉镇西古堡村	地藏寺	清顺治年间	保存较好

续表 9

序号	名称	地点	庙宇	年代	概况
130	沙子坡村老君观戏楼	张家口市蔚县暖泉镇沙子坡村	老君观	清代	2004 年原址重修
131	逢驾岭村关帝庙戏楼	张家口市蔚县蔚州镇逢驾岭村	关帝庙	清代	保存较好
132	李堡子村六神庙戏楼	张家口市蔚县蔚州镇李堡子村	六神庙	清代	保存较好
133	太平庄村关帝庙戏楼	张家口市蔚县蔚州镇太平庄村	关帝庙	清代	戏台位于村民新建房屋夹缝之中，舞台前台已用砖砌封
134	纸店头村关帝庙戏楼	张家口市蔚县蔚州镇纸店头村	关帝庙	清代	保存一般，民房占用
135	苟家浅村关帝庙戏楼	张家口市蔚县南岭庄乡苟家浅村	关帝庙	清代	破坏严重
136	李家浅村龙王庙戏楼	张家口市蔚县南岭庄乡李家浅村	龙王庙	清代	破坏严重
137	北岭庄村龙王庙戏楼	张家口市蔚县南岭庄乡北岭庄村	龙王庙	清代	保存一般，舞台题记若干
138	西方城村观音殿戏楼	张家口市蔚县南岭庄乡西方城村	观音殿	清代	戏台于 2006 年左右由大队卖给私人，后被私人拆除，现仅存遗址
139	营子堡村龙神庙戏楼	张家口市蔚县陈家洼乡营子堡村	龙神庙	清代	1977 年移至现在的位置，保护一般
140	任家堡村关帝庙戏楼	张家口市蔚县陈家洼乡任家堡村	关帝庙	清代	保存一般，台口现已加木板封闭，现做杂物间使用
141	李家楼村龙王庙戏楼	张家口市蔚县陈家洼乡李家楼村	龙王庙	清代	保存一般
142	北水头村龙王庙戏楼	张家口市蔚县陈家洼乡北水头村	龙王庙	清代	保存一般
143	许家营村龙王庙戏楼	张家口市蔚县陈家洼乡许家营村	龙王庙	清代	保存一般，台口现用泥墙封住，现做杂物间使用
144	田家坡村关帝庙、奶奶庙戏楼	张家口市蔚县陈家洼乡田家坡村	关帝庙、奶奶庙	清代	保存一般

续表 10

序号	名称	地点	庙宇	年代	概况
145	利台庄村关帝庙戏楼	张家口市蔚县西合营镇利台庄村	关帝庙	清代	保存一般
146	莲花池村圣母庙戏楼	张家口市蔚县西合营镇莲花池村	圣母庙	清代	保存一般
147	穆上堡村关帝庙戏楼	张家口市蔚县西合营镇穆上堡村	关帝庙	清代	保存一般
148	东辛店村观音殿戏楼	张家口市蔚县西合营镇东辛店村	观音殿	清代	保存一般，尚存舞台题记若干
149	东庄村关帝庙戏楼	张家口市蔚县西合营镇东庄村	关帝庙	清代	保存一般
150	北大坪村龙王庙戏楼	张家口市蔚县西合营镇北大坪村	龙王庙	清代	保存一般
151	西大坪村龙王庙戏楼	张家口市蔚县西合营镇西大坪村	龙王庙	清代	保存一般
152	西上碾头村关帝庙、龙神庙戏楼	张家口市蔚县西合营镇西上碾头村	关帝庙、龙神庙	清代	保存一般
153	横涧村玄帝宫戏楼	张家口市蔚县西合营镇横涧村	玄帝宫	清代	保存一般
154	三关村三圣宫戏楼	张家口市蔚县西合营镇三关村	三圣宫	清代	保存一般
155	西辛庄村真王庙戏楼	张家口市蔚县西合营镇西辛庄村	真王庙	清代	保存一般，现做杂物间使用
156	夏源村关帝庙戏楼	张家口市蔚县西合营镇夏源村	关帝庙	清代	保存一般
157	水东堡村关帝庙戏楼	张家口市蔚县南留庄镇水东堡村	关帝庙	清代	保存一般
158	水西堡村观音殿戏楼	张家口市蔚县南留庄镇水西堡村	观音殿	清乾隆十五年（1750年）	保存较好
159	白河东村奶奶庙戏楼	张家口市蔚县南留庄镇白河东村	奶奶庙	清代	保存一般

续表 11

序号	名称	地点	庙宇	年代	概况
160	北宁堡村观音庙戏楼	张家口市蔚县南留庄镇北宁堡村	观音庙	清代	保存一般
161	白南堡村三官庙戏楼	张家口市蔚县南留庄镇白南堡村	三官庙	清代	保存一般
162	曹町村真武庙戏楼	张家口市蔚县南留庄镇曹町村	真武庙	清代	保存较差
163	埚串堡村关帝庙戏楼	张家口市蔚县南留庄镇埚串堡村	关帝庙	清代	保存一般
164	涧楞村戏楼	张家口市蔚县南留庄镇涧楞村	—	清代	保存一般
165	南留庄村奶奶庙戏楼	张家口市蔚县南留庄镇南留庄村	奶奶庙	清代	保存较好
166	史家堡村关帝庙戏楼	张家口市蔚县南留庄镇史家堡村	关帝庙	清道光年间	戏台损毁严重，西次间基本倒塌
167	北门子村关帝庙戏楼	张家口市蔚县代王城镇北门子村	关帝庙	清代	保存一般
168	代王城镇二村戏楼	张家口市蔚县代王城镇二村	五道庙	清代	保存较好
169	马家寨村龙王庙戏楼	张家口市蔚县代王城镇马家寨村	龙王庙	清代	保存一般
170	南门子村关帝庙戏楼	张家口市蔚县代王城镇南门子村	关帝庙	清代	保存一般
171	石家庄村真武庙戏楼	张家口市蔚县代王城镇石家庄村	真武庙	清代	保存一般
172	新家庄村戏楼	张家口市蔚县代王城镇新家庄村	—	清代	保存一般
173	张南堡村真武庙戏楼	张家口市蔚县代王城镇张南堡村	真武庙	清代	保存较差，前后山墙已毁
174	张中堡村关帝庙戏楼	张家口市蔚县代王城镇张中堡村	关帝庙	清代	保存一般

续表 12

序号	名称	地点	庙宇	年代	概况
175	代王城一村龙王庙戏楼	张家口市蔚县代王城镇代王城一村	龙王庙	清代	保存一般
176	大德庄村戏楼	张家口市蔚县代王城镇大德庄村	—	清代	保存一般
177	大水门头村龙王庙戏楼	张家口市蔚县代王城镇大水门头村	龙王庙	清代	保存一般
178	水北二村玉皇阁戏楼	张家口市蔚县代王城镇水北二村	玉皇阁	清代	保存一般
179	北庄头村三官庙戏楼	张家口市蔚县杨庄窠乡北庄头村	三官庙	清代	保存较好，尚存舞台题记若干
180	东深涧村真武庙戏楼	张家口市蔚县杨庄窠乡东深涧村	真武庙	清代	保存一般
181	胡家庄村真武庙戏楼	张家口市蔚县杨庄窠乡胡家庄村	真武庙	清代	保存一般
182	李家庄村三官庙戏楼	张家口市蔚县杨庄窠乡李家庄村	三官庙	清代	保存较好，尚存舞台题记若干
183	南德胜庄村龙王庙戏楼	张家口市蔚县杨庄窠乡南德胜庄村	龙王庙	清代	保存较好
184	下瓦窑村龙王庙戏楼	张家口市蔚县杨庄窠乡下瓦窑村	龙王庙	清代	保存一般，戏台后檐墙现已坍塌
185	寨里村三官庙戏楼	张家口市蔚县杨庄窠乡寨里村	三官庙	清代	屋顶、东侧山墙及前檐已毁
186	嘴子村龙王庙戏楼	张家口市蔚县杨庄窠乡嘴子村	龙王庙	清代	保存一般，尚存舞台题记若干
187	长巷太平村观音殿戏楼	张家口市蔚县吉家庄镇长巷太平村	观音殿	清代	保存一般
188	祁家庄村观音庙戏楼	张家口市蔚县吉家庄镇祁家庄村	观音庙	清代	保存一般
189	西贤庄村龙王庙戏楼	张家口市蔚县吉家庄镇西贤庄村	龙王庙	清代	保存一般

续表 13

序号	名称	地点	庙宇	年代	概况
190	东贤孝村观音殿戏楼	张家口市蔚县吉家庄镇东贤孝村	观音殿	清代	保存一般
191	大张庄村关帝庙戏楼	张家口市蔚县吉家庄镇大张庄村	关帝庙	清代	保存一般
192	小辛柳村龙神庙戏楼	张家口市蔚县吉家庄镇小辛柳村	龙神庙	清代	保存一般
193	小辛柳村观音殿戏楼	张家口市蔚县吉家庄镇小辛柳村	观音殿	清代	保存一般
194	八里庄村关帝庙戏楼	张家口市蔚县吉家庄镇八里庄村	关帝庙	清代	保存一般，尚存舞台题记若干
195	东上碾头村关帝庙戏楼	张家口市蔚县吉家庄镇东上碾头村	关帝庙	清代	保存较好
196	陶家堡村真武庙戏楼	张家口市蔚县桃花镇陶家堡村	真武庙	清代	保存一般
197	小羊圈村龙神庙戏楼	张家口市蔚县桃花镇小羊圈村	龙神庙	清代	保存一般
198	张家梁村龙王庙戏楼	张家口市蔚县桃花镇张家梁村	龙王庙	清代	保存一般
199	谢家庙村龙神庙戏楼	张家口市蔚县桃花镇谢家庙村	龙神庙	清代	保存一般
200	太宁寺村关帝庙戏楼	张家口市蔚县桃花镇太宁寺村	关帝庙	清代	保存一般
201	马官营村龙王庙戏楼	张家口市蔚县桃花镇马官营村	龙王庙	清代	保存一般
202	榆林沟村龙神庙戏楼	张家口市蔚县桃花镇榆林沟村	龙神庙	清代	保存一般
203	扯业辛庄村龙神庙戏楼	张家口市蔚县桃花镇扯业辛庄村	龙神庙	清代	保存一般
204	赤崖堡村卧龙庵戏楼	张家口市蔚县桃花镇赤崖堡村	卧龙庵	清代	保存一般

续表 14

序号	名称	地点	庙宇	年代	概况
205	窠堡村关帝庙戏楼	张家口市蔚县常宁乡庄窠堡村	关帝庙	清代	保存一般
206	范家堡村龙神庙戏楼	张家口市蔚县常宁乡范家堡村	龙神庙	清代	保存一般，两侧山墙戏曲壁画保存完整，尚存舞台题记六条
207	安庄村龙神庙戏楼	张家口市蔚县常宁乡安庄村	龙神庙	清代	保存较好
208	黄土梁村龙王庙戏楼	张家口市蔚县常宁乡黄土梁村	龙王庙	清代	保存较好
209	西金河口村龙王庙戏楼	张家口市蔚县常宁乡西金河口村	龙王庙	清代	保存一般
210	上寺村龙王庙戏楼	张家口市蔚县常宁乡上寺村	龙王庙	清代	保存较好
211	塔头村永安寺戏楼	张家口市蔚县常宁乡塔头村	永安寺	清代	保存一般
212	后堡村龙神庙戏楼	张家口市蔚县白乐镇后堡村	龙神庙	清代	年久失修，自行坍塌，现仅存遗址
213	东樊庄村关帝庙戏楼	张家口市蔚县白乐镇东樊庄村	关帝庙	清代	保存一般
214	东樊庄村阎王殿戏楼	张家口市蔚县白乐镇东樊庄村	阎王殿	清代	保存一般
215	南柳枝水村观音殿戏楼	张家口市蔚县白乐镇南柳枝水村	观音殿	清代	保存较差，戏台屋顶开始出现坍塌
216	天照疃村观音殿戏楼	张家口市蔚县白乐镇天照疃村	观音殿	清代	保存一般
217	西高庄村龙王庙戏楼	张家口市蔚县柏树乡西高庄村	龙王庙	清代	保存较好
218	南康庄村关帝庙戏楼	张家口市蔚县柏树乡南康庄村	关帝庙	清代	保存一般，尚存舞台题记四条
219	王家庄村关帝庙戏楼	张家口市蔚县柏树乡王家庄村	关帝庙	清代	保存一般

续表 15

序号	名称	地点	庙宇	年代	概况
220	王家庄村真王庙戏楼	张家口市蔚县柏树乡王家庄村	真王庙	民国七年（1918 年）	保存完好
221	庄窠村观音殿戏楼	张家口市蔚县柏树乡庄窠村	观音殿	清代	保存一般
222	永宁寨村真武庙戏楼	张家口市蔚县柏树乡永宁寨村	真武庙	清代	保存一般
223	柏树村奶奶庙戏楼	张家口市蔚县柏树乡柏树村	奶奶庙	清代	保存较好
224	松枝口村奶奶庙戏楼	张家口市蔚县柏树乡松枝口村	奶奶庙	清代	保存较好
225	山门庄村龙王庙戏楼	张家口市蔚县柏树乡山门庄村	龙王庙	清代	戏台于 2014 年由村民王治世自费培修，现保存较好
226	卧羊台村龙王庙戏楼	张家口市蔚县柏树乡卧羊台村	龙王庙	清代	保存一般
227	西黎元村真王庙戏楼	张家口市蔚县柏树乡西黎元村	真王庙	清代	保存一般
228	东黎元村龙王庙戏楼	张家口市蔚县柏树乡东黎元村	龙王庙	清代	保存一般
229	王喜洞村龙王庙戏楼	张家口市蔚县草沟堡乡王喜洞村	龙王庙	清代	保存一般
230	东店村龙王庙戏楼	张家口市蔚县草沟堡乡东店村	龙王庙	清代	保存一般
231	曹庄子村三清殿戏楼	张家口市蔚县草沟堡乡曹庄子村	三清殿	清代	保存完好
232	草沟堡村真王庙戏楼	张家口市蔚县草沟堡乡草沟堡村	真王庙	清代	保存一般
233	东庄子村关帝庙戏楼	张家口市蔚县草沟堡乡东庄子村	关帝庙	清代	2012 年附近居民不慎失火烧毁，正在重建中
234	白庄子村龙王庙戏楼	张家口市蔚县草沟堡乡白庄子村	龙王庙	清代	保存一般

续表 16

序号	名称	地点	庙宇	年代	概况
235	大酒务头村三官庙戏楼	张家口市蔚县白草村乡大酒务头村	三官庙	始建于明代	保存一般
236	韩家湾村龙王庙戏楼	张家口市蔚县白草村乡韩家湾村	龙王庙	清代	保存一般
237	白草村真王庙戏楼	张家口市蔚县白草村乡白草村	真王庙	清代	保存一般
238	五岔村三官庙戏楼	张家口市蔚县白草村乡五岔村	三官庙	清代	保存一般
239	钟楼村关帝庙戏楼	张家口市蔚县白草村乡钟楼村	关帝庙	清光绪三十一年（1905年）	保存一般
240	钟楼村三教寺戏楼	张家口市蔚县白草村乡钟楼村	三教寺	清前期	保存一般
241	大弯村戏楼	张家口市蔚县阳眷镇大弯村	—	清代	保存一般
242	鹿骨村龙王庙戏楼	张家口市蔚县阳眷镇鹿骨村	龙王庙	清代	保存一般
243	北堡村窑神庙戏楼	张家口市蔚县阳眷镇北堡村	窑神庙	清代	保存一般
244	南堡村忠王庙戏楼	张家口市蔚县阳眷镇南堡村	忠王庙	清代	保存较好
245	丰富村观音殿戏楼	张家口市蔚县阳眷镇丰富村	观音殿	清嘉庆年间	保存较好
246	瓦房村关帝庙戏楼	张家口市蔚县阳眷镇瓦房村	关帝庙	清代	保存较好
247	赵家窑村奶奶庙戏楼	张家口市蔚县阳眷镇赵家窑村	奶奶庙	清代	保存较好
248	豹峪村关帝庙戏楼	张家口市蔚县阳眷镇豹峪村	关帝庙	清代	保存较好
249	麦子疃村真王庙戏楼	张家口市蔚县南杨庄乡麦子疃村	真王庙	清代	保存一般

续表 17

序号	名称	地点	庙宇	年代	概况
250	东北江村龙王庙戏楼	张家口市蔚县南杨庄乡东北江村	龙王庙	清代	保存较好
251	南柳河口村玉皇阁戏楼	张家口市蔚县南杨庄乡南柳河口村	玉皇阁	清代	保存一般
252	北柳河口村关帝庙戏楼	张家口市蔚县南杨庄乡北柳河口村	关帝庙	清代	保存一般
253	西北江村观音殿戏楼	张家口市蔚县南杨庄乡西北江村	观音殿	清代	保存一般
254	杨庄村关帝庙戏楼	张家口市蔚县北水泉镇杨庄村	关帝庙	清代	保存较好
255	南柏山村三官庙戏楼	张家口市蔚县北水泉镇南柏山村	三官庙	清代	保存完好
256	北柏山村龙王庙戏楼	张家口市蔚县北水泉镇北柏山村	龙王庙	清代	保存较好，戏台左右山墙和后台均有舞台题记
257	南井头村泰山庙戏楼	张家口市蔚县北水泉镇南井头村	泰山庙	清代	台口现已加木板封闭，将戏台作为杂物间使用
258	烟墩庄村龙王庙戏楼	张家口市蔚县黄梅乡烟墩庄村	龙王庙	清代	保存一般
259	黄梅村三官庙戏楼	张家口市蔚县黄梅乡黄梅村	三官庙	清代	保存一般
260	赵家寨村马神庙戏楼	张家口市蔚县黄梅乡赵家寨村	马神庙	清代	保存一般，前后台均出现坍塌
261	常胜疃村真武庙、观音庙戏楼	张家口市蔚县黄梅乡常胜疃村	真武庙、观音庙	清代	保存一般
262	定安县村龙王庙戏楼	张家口市蔚县黄梅乡定安县村	龙王庙	清代	保存较好
263	定安县村灯影台	张家口市蔚县黄梅乡定安县村	龙王庙	清代	保存较好
264	西洼村真王庙戏楼	张家口市蔚县黄梅乡西洼村	真王庙	清代	保存一般

续表 18

序号	名称	地点	庙宇	年代	概况
265	柏木瓜村关帝庙戏楼	张家口市蔚县黄梅乡柏木瓜村	关帝庙	清代	保存一般
266	黑埚村龙神庙戏楼	张家口市蔚县黄梅乡黑埚村	龙神庙	清代	保存较好
267	木井村龙神庙戏楼	张家口市蔚县黄梅乡木井村	龙神庙	清代	保存一般
268	北袁营村真武庙戏楼	张家口市怀来县桑园镇北袁营村	真武庙	清代	保存较好
269	五营堡村戏楼	张家口市怀来县狼山乡五营堡村	真武庙、龙王庙、马王庙	清代	保存较好
270	鸡鸣驿城关帝庙戏楼	张家口市怀来县鸡鸣驿城	关帝庙	清代	保存较好
271	鸡鸣驿城龙王庙戏楼	张家口市怀来县鸡鸣驿城	龙王庙	清代	保存较好
272	陈家铺村龙王庙戏楼	张家口市怀来县存瑞镇陈家铺村	龙王庙	清代	保存较好
273	前郝窑村半戏台	张家口市怀来县桑园镇前郝窑村	—	清末民初	保存一般
274	宝峰寺戏楼	张家口市涿鹿县谢家堡乡宝峰寺	宝峰寺	清中期	保存较好
275	甘庄村戏楼	张家口市涿鹿县保岱镇甘庄村	—	清晚期	保存较好
276	大斜阳村真武庙戏楼	张家口市涿鹿县卧佛寺镇大斜阳村	真武庙	清代	破败不堪
277	大斜阳村三官庙戏楼	张家口市涿鹿县卧佛寺镇大斜阳村	三官庙、佛殿、龙王庙	清代	保存完好，现已改建为学校
278	辛店村龙王庙戏楼	张家口市涿鹿县大堡镇辛店村	龙王庙	清晚期	保存完好
279	下洪寺村戏楼	张家口市涿鹿县保岱镇下洪寺村	—	清代	保存完好

续表 19

序号	名称	地点	庙宇	年代	概况
280	开阳堡关帝庙戏楼	张家口市阳原县开阳堡	关帝庙	清中晚期	保存一般
281	开阳堡奶奶庙戏楼	张家口市阳原县开阳堡	奶奶庙	清中晚期	保存较好
282	双塔村戏楼	张家口市阳原县揣骨疃镇双塔村	—	清晚期	保存完好
283	上回村戏楼	张家口市阳原县要家庄乡上回村	—	清晚期	保存较好
284	浮图讲村戏楼	张家口市阳原县浮图讲乡浮图讲村	—	清代	保存较好
285	东大柳树村	张家口市阳原县东井集镇东大柳树村	—	清代	保存一般
286	凤山村关帝庙戏楼	承德市丰宁满族自治县凤山镇凤山村	关帝庙	清雍正七年（1729年）	河北省文物保护单位
287	两家村慈云庵戏楼	承德市承德县两家满族乡两家村	慈云庵	清雍正六年（1728年）	保存完好，承德县重点文物保护单位
288	头沟村关帝庙戏楼	承德市承德县头沟镇头沟村	关帝庙	清道光二十五年（1845年）	承德县重点文物保护单位
289	兴隆山村敖龙寺戏楼	承德市承德县头沟镇兴隆山村	敖龙寺	清代	保存较好
290	西村关帝庙戏楼	承德市丰宁满族自治县黄旗镇西村	关帝庙	清雍正七年（1729年）	保存状况不详
291	东村普济寺戏楼	承德市丰宁满族自治县黄旗镇东村	普济寺	清康熙六年（1667年）	近年来在前台东边增砌封墙，西边增建耳房，前脸增加封板，使前台可以形成一个封闭空间
292	小辽东村关帝庙戏楼	承德市丰宁满族自治县天桥镇小辽东村	关帝庙	清代	保存较好
293	西官营村戏楼	承德市丰宁满族自治县西官营乡西官营村	—	清宣统年间	保存状况不详
294	化吉营村戏楼	承德市丰宁满族自治县选将营乡化吉营村	—	清雍正年间	保存完好

续表 20

序号	名称	地点	庙宇	年代	概况
295	朱首营村戏楼	承德市丰宁满族自治县凤山镇朱首营村	—	始建于清雍正年间，光绪年间被烧毁，1962 年重建	保存较好
296	十八里汰村戏楼	承德市隆化县韩麻营镇十八里汰村	什巴尔台行宫	清康熙四十二年（1703 年）	河北省文物保护单位
297	隆化镇西十字街戏楼	承德市隆化县隆化镇	普尊寺	清乾隆十一年（1746 年）	隆化县重点文物保护单位，2003 至 2005 年，隆化县文物管理所对戏楼进行了全面维修
298	西三十家子村戏楼	承德市隆化县七家镇西三十家子村	—	清代道光十年（1830 年）	隆化县重点文物保护单位，戏楼有多处破损，亟待维修
299	西村戏楼	承德市隆化县荒地乡西村	—	清道光十七年（1837 年）	隆化县重点文物保护单位
300	七家村戏楼	承德市隆化县七家镇七家村	—	清同治七年（1868 年）	隆化县重点文物保护单位
301	东阿超村关帝庙楼	承德市隆化县步古沟镇东阿超村	关帝庙	清乾隆十五年（1750 年）	保存较好，隆化县重点文物保护单位
302	唐三营村九神庙戏楼	承德市隆化县唐三营镇唐三营村	九神庙	清康熙四十五年（1706 年）	隆化县重点文物保护单位
303	尹家营村保安寺戏楼	承德市隆化县尹家营乡尹家营村	保安寺	清乾隆八年（1743 年）	隆化县重点文物保护单位
304	章吉营村慈云寺戏楼	承德市隆化县章吉营乡章吉营村	慈云寺	清乾隆四年（1739 年）	隆化县重点文物保护单位
305	八达营村戏楼	承德市隆化县八达营乡八达营村	—	清乾隆十七年（1752 年）	隆化县重点文物保护单位
306	蚕沙口村戏楼	唐山市曹妃甸区柳滦南县柳赞镇蚕沙口村	天后宫	始建于金元时期，清乾隆年间重修	1968 年拆除
307	洪山口村戏楼	唐山市遵化市小厂乡洪山口村	城隍庙	明成化年间	河北省文物保护单位
308	胜芳戏楼	廊坊市霸州市胜芳镇	关帝庙	清乾隆年间	1963 年拆除
309	王交台村牛王庙戏楼	邢台市内丘县柳林镇王交台村	牛王庙	明末清初	有照棚，河北省文物保护单位

续表 21

序号	名称	地点	庙宇	年代	概况
310	后井村关帝庙戏楼	邢台市沙河市册井乡后井村	关帝庙	不详，最早重修于清乾隆五十年（1785 年）	保存状况不详
311	程阳村戏楼	邢台市临城县西竖镇程阳村	—	清光绪十二年（1886 年）	临城县重点文物保护单位
312	上坡村戏楼	邢台市邢台县将军墓镇上坡村	—	清代	邢台县重点文物保护单位
313	田家庄村戏楼	邢台市邢台县北小庄乡田家庄村	—	清代	保存一般
314	石善村戏楼	邢台市邢台县北小庄乡石善村	—	清代	保存一般
315	内阳村戏楼	邢台市邢台县将军墓镇内阳村	—	清代	保存一般，现做仓库使用
316	北店村戏楼	邢台市邢台县宋家庄乡北店村	—	清代	保存一般
317	北坡村戏楼	邢台市邢台县宋家庄乡北坡村	—	清代	保存一般
318	胡家楼村戏楼	邢台市邢台县宋家庄乡胡家楼村	—	清同治八年（1869 年）	保存一般
319	温暖河村戏楼	邢台市邢台县皇寺镇温暖河村	—	清代	保存一般
320	樊下曹村龙王庙戏楼	邢台市沙河市白塔镇樊下曹村	龙王庙	清代	保存一般
321	白错村戏楼	邢台市沙河市新城镇白错村	—	清代	保存一般
322	李马村戏楼	邢台市桥西区南大郭乡李马村	—	清代	保存一般
323	赵孤庄村戏楼	邢台市桥西区南大郭乡赵孤庄村	—	清代	保存一般
324	大汲店村戏楼	保定市竞秀区江城乡大汲店村	观音堂	清光绪十六年（1890 年）	保定市重点文物保护单位

续表 22

序号	名称	地点	庙宇	年代	概况
325	关岳行宫戏楼	保定市莲池区莲池南大街力高豪园内	关岳庙	民国六年（1917 年）	现为保定佛协办事处，戏台已用栏杆圈在院区，另作他用，保定市重点文物保护单位
326	淮军公所戏楼	保定市莲池区西关街道办事处淮军公所	淮军昭忠祠暨公所	清同治九年（1870 年）	河北省文物保护单位
327	东都亭村药王庙戏楼	保定市唐县都亭乡东都亭村	药王庙、真武庙	不详	屋顶已于 2012 年改建为彩钢瓦形式，现做学校仓库使用
328	葛公村戏楼	保定市唐县齐家佐乡葛公村	—	清代	唐县重点文物保护单位
329	南洪城村三官庙戏楼	保定市唐县齐家佐乡南洪城村	三官庙	清代	唐县重点文物保护单位
330	史家佐村五道庙戏楼	保定市唐县齐家佐乡史家佐村	五道庙	清代	唐县重点文物保护单位
331	侯合庄村老母庙戏楼	保定市唐县齐家佐乡侯合庄村	老母庙	清代	唐县重点文物保护单位
332	南大悲村戏楼	保定市顺平县大悲乡南大悲村	—	清代	保存一般
333	郭家庄村戏楼	保定市顺平县大悲乡郭家庄村	—	清代	保存一般
334	石门庄村戏楼	保定市顺平县河口乡石门庄村	—	清代	保存一般
335	东安阳村药王庙戏楼	保定市顺平县安阳乡东安阳村	药王庙	清代	保存一般
336	中高村孙膑庙戏楼	保定市易县高村乡中高村	孙膑庙	清代	保定市重点文物保护单位
337	东柳泉村老爷庙戏楼	保定市易县塘湖镇东柳泉村	老爷庙	清代	保存一般
338	东杜岗村奶奶庙戏楼村	保定市易县富岗乡东杜岗村	奶奶庙	清代	保存较好
339	东邵村奶奶庙戏楼	保定市易县凌云册乡东邵村	奶奶庙	清代	保存一般

续表 23

序号	名称	地点	庙宇	年代	概况
340	大盘石村观音庙戏楼	保定市易县紫荆关镇大盘石村	观音庙	清代	保存较好
341	曲村观音庙戏楼	保定市涞源县涞源镇曲村	观音庙	清代	保定市重点文物保护单位
342	沿村五道庙戏楼	保定市涞源县涞源镇沿村	五道庙	清代	保存较差，面临塌毁
343	北韩村观音庙戏楼	保定市涞源县涞源镇北韩村	观音庙、关帝庙	清代	保存较差，面临塌毁
344	张家村龙王庙戏楼	保定市涞源县涞源镇张家村	龙王庙、王家家庙	清代	保存一般
345	东夹山村老爷庙戏楼	保定市涞源县涞源镇东夹山村	老爷庙	清代	保存一般
346	西夹山村三官庙、观音殿戏楼	保定市涞源县涞源镇西夹山村	三官庙、观音殿	清代	保存较好
347	龙虎寺村神庙戏楼	保定市涞源县涞源镇龙虎寺村	神庙	清代	保存一般
348	太平关村观音殿戏楼	保定市涞源县涞源镇太平关村	观音殿、财神殿、玉皇殿	清代	保存较差，面临塌毁
349	小西庄村龙王庙戏楼	保定市涞源县涞源镇小西庄村	龙王庙、老爷庙	清代	保存一般
350	泰山宫山门舞楼	保定市涞源县涞源镇泰山宫	泰山宫	清代	保存较好，现已改建为仓库
351	井子会村戏楼	保定市涞源县水堡乡井子会村	—	不详	20 世纪 70 年代改建为磨坊
352	鲍家路村三义庙戏楼	保定市涞源县王安镇鲍家路村	三义庙	清代	保存较差，面临塌毁
353	南屯村观音庙、龙王庙戏楼	保定市涞源县南屯乡南屯村	观音庙、龙王庙	清代	保存较好
354	张家庄村五道庙戏楼	保定市涞源县南屯乡张家庄村	五道庙	清代	保存一般

续表 24

序号	名称	地点	庙宇	年代	概况
355	峨头村观音庙戏楼	保定市涞源县上庄乡峨头村	观音庙	清代	保存较差，面临塌毁
356	沙岭村龙王庙戏楼	保定市涞源县上庄乡沙岭村	龙王庙	清代	保存较好
357	下老芳村奶奶庙戏楼	保定市涞源县上庄乡下老芳村	奶奶庙	清代	保存较好
358	中庄村三官庙戏楼	保定市涞源县上庄乡中庄村	三官庙	清代	曾不慎失火，现仅存台基和两根角檐柱
359	中庄村财神庙戏楼	保定市涞源县上庄乡中庄村	财神庙	清代	戏台屋顶现已被拆毁
360	牌坊村三官庙戏楼	保定市涞源县北石佛乡牌坊村	三官庙、奶奶庙、五道庙	清代	保存一般，已废弃不用
361	木吉村关帝庙戏楼	保定市涞源县杨家庄镇木吉村	关帝庙	清代	保存较好，曾于2014年由大队出资进行重修
362	杨家庄村观音庙戏楼	保定市涞源县杨家庄镇杨家庄村	观音庙	清代	保存较好
363	袁家村奶奶庙戏楼	保定市涞源县东团堡乡袁家村	奶奶庙	清代	保存较好
364	汤子岭村三官庙戏楼	保定市涞源县东团堡乡汤子岭村	三官庙	清代	保存较差，面临塌毁
365	五节崖村老爷庙戏楼	保定市涞源县东团堡乡五节崖村	老爷庙	清代	保存一般
366	坡水村龙王庙戏楼	保定市涞源县留家庄乡坡水村	龙王庙	清代	保存一般
367	烧车村龙王庙戏楼	保定市涞源县留家庄乡烧车村	龙王庙	清代	保存一般
368	黑石沟村五道庙戏楼	保定市涞源县留家庄乡黑石沟村	五道庙	清代	保存一般
369	斜山村三官庙戏楼	保定市涞源县金家井乡斜山村	三官庙	清代	保存一般

续表 25

序号	名称	地点	庙宇	年代	概况
370	岳家庄村戏楼	保定市涞源县金家井乡岳家庄村	—	清代	保存较好
371	北坡底村三官庙、龙王庙戏楼	保定市涞源县金家井乡北坡底村	三官庙、龙王庙	清代	保存较差，面临塌毁
372	金家井村观音庙戏楼	保定市涞源县金家井乡金家井村	观音庙	清代	保存一般
373	梁家庄村关帝庙戏楼	保定市涞源县金家井乡梁家庄村	关帝庙	清代	保存较好
374	南坡底村龙王庙戏楼	保定市涞源县金家井乡南坡底村	龙王庙	清代	保存较好
375	孙家庄村五道庙戏楼	保定市涞源县金家井乡孙家庄村	五道庙	清代	保存较好
376	王家井村三官庙戏楼	保定市涞源县金家井乡王家井村	三官庙	清代	保存较好
377	北牛栏沟村三官庙、龙王庙戏楼	保定市涞源县金家井乡北牛栏沟村	三官庙、龙王庙	清代	保存较好
378	眺山营村戏楼	保定市满城区满城镇眺山营村	—	民国时期	屋顶坍塌，墙体改动颇大，毁坏严重
379	聂村药王庙戏楼	保定市涞水县义安镇聂村	药王庙	清代	大部分坍塌
380	印钞石村戏楼	保定市阜平县龙泉关镇印钞石村	—	清代	保存较好
381	西下关村龙泉院戏楼	保定市阜平县天生桥镇西下关村	龙泉院	清代	保存较好
382	野北村行善寺覵假楼	保定市曲阳县灵山镇野北村	行善寺	明代	河北省文物保护单位
383	西燕川村老君庙戏楼	保定市曲阳县灵山镇西燕川村	老君庙	清代	保存一般
384	郭家庄村老君庙戏楼	保定市曲阳县灵山镇郭家庄村	老君庙	清同治年间	保存较差，面临塌毁

续表 26

序号	名称	地点	庙宇	年代	概况
385	阳邑镇水神庙戏楼	邯郸市武安市阳邑镇	水神庙	明代	保存一般
386	龙务村戏楼	邯郸市武安市阳邑镇龙务村	歇堂	清乾隆年间	保存一般
387	土岭村戏楼	邯郸市武安市阳邑镇土岭村	老爷庙、奶奶庙	明代	保存一般
388	沙洺村玉皇庙戏楼	邯郸市武安市贺进镇沙洺村	玉皇庙	清前期	河北省文物保护单位
389	小屯村真武庙戏楼	邯郸市武安市大同镇小屯村	真武庙	清乾隆十八年（1753年）	保存一般
390	沙沟村戏楼	邯郸市武安市大同镇沙沟村	—	清代	保存一般
391	清化村关帝庙戏楼	邯郸市武安市康二城镇清化村	关帝庙	清代	保存较好
392	马家庄村关帝庙戏楼	邯郸市武安市马家庄乡马家庄村	关帝庙	清代	保存一般
393	葫芦峪村天地庙戏楼	邯郸市武安市矿山镇葫芦峪村	天地庙	清代	保存一般
394	洪山村龙王庙戏楼	邯郸市武安市矿山镇洪山村	龙王庙	清代	保存一般
395	门王庄村黑龙庙戏楼	邯郸市武安市活水乡门王庄村	黑龙庙	清代	保存一般
396	集乐村龙王庙戏楼	邯郸市武安市西寺庄乡集乐村	龙王庙	明代	保存一般
397	大汶岭村龙王庙戏楼	邯郸市武安市马家庄乡大汶岭村	龙王庙	清代	保存一般
398	长亭村戏楼	邯郸市武安市管陶乡长亭村	—	清代	保存一般
399	万谷城村五圣庙戏楼	邯郸市武安市管陶乡万谷城村	五圣庙	清代	保存一般

续表 27

序号	名称	地点	庙宇	年代	概况
400	北庄村戏楼	邯郸市武安市西寺庄乡北庄村	—	清代	保存一般
401	井沟村戏楼	邯郸市武安市西寺庄乡井沟村	—	清代	保存一般
402	南田村戏楼	邯郸市武安市北安乐乡南田村	—	清代	保存一般
403	仙庄村戏楼	邯郸市武安市伯延镇仙庄村	—	清代	现已毁坏，仅存石柱
404	后临河村龙王庙戏楼	邯郸市武安市贺进镇后临河村	龙王庙	清代	保存一般
405	赵庄村戏楼	邯郸市武安市石洞乡赵庄村	—	清代	现已毁坏，仅存石柱
406	百官村戏楼	邯郸市武安市石洞乡百官村	—	清代	保存一般
407	担岭村戏楼	邯郸市武安市石洞乡担岭村	—	清代	保存一般
408	城里村城隍庙戏楼	邯郸市涉县涉城镇城里村	城隍庙	明代	邯郸市重点文物保护单位
409	井店村成汤庙戏楼	邯郸市涉县井店镇井店村	成汤庙	明代	邯郸市重点文物保护单位
410	台西村真武庙戏楼	邯郸市涉县井店镇台西村	真武庙	民国十一年（1922 年）	保存较好
411	下池村关帝庙戏楼	邯郸市涉县更乐镇下池村	关帝庙	清康熙四十四年（1705 年）	保存较差
412	招岗村观音堂戏楼	邯郸市涉县涉城镇招岗村	观音堂	清同治八年（1869 年）	保存一般
413	田家嘴村官房戏楼	邯郸市涉县合漳乡田家嘴村	官房	清代	保存较差
414	索堡村戏楼	邯郸市涉县索堡镇索堡村	—	清代	保存一般

续表 28

序号	名称	地点	庙宇	年代	概况
415	水溢河村戏楼	邯郸市涉县西戌镇水溢河村	—	清代	保存一般
416	合漳乡戏楼	邯郸市涉县合漳乡	—	清代	保存一般
417	南郭口村戏楼	邯郸市涉县龙虎乡南郭口村	—	清代	保存一般
418	曹家庄村戏楼	邯郸市涉县龙虎乡曹家庄村	—	民国二十年（1931 年）	保存一般
419	西安居村戏楼	邯郸市涉县鹿头乡西安居村	—	清代	保存一般
420	上窑则村五圣庙戏楼	邯郸市涉县偏店乡上窑则村	五圣庙	清代	保存一般
421	满市口村关帝庙戏楼	邯郸市涉县更乐镇满市口村	关帝庙	清代	保存一般
422	田家咀村龙王庙戏楼	邯郸市涉县合漳乡田家咀村	龙王庙	清代	保存一般
423	东瓦池村戏楼	邯郸市涉县关防乡东瓦池村	—	清代	保存一般
424	西瓦池村关帝庙、观音堂戏楼	邯郸市涉县关防乡西瓦池村	关帝庙、观音堂	清代	保存一般
425	古台村戏台	邯郸市涉县关防乡古台村	—	清代	保存一般
426	王家村关帝庙戏台	邯郸市涉县关防乡王家村	关帝庙	清代	保存一般
427	后岩村祠堂戏台	邯郸市涉县关防乡后岩村	祠堂	清代	保存一般
428	木口村戏楼	邯郸市涉县鹿头乡木口村	—	民国时期	保存一般
429	韩庄村奶奶庙戏楼	邯郸市磁县陶泉乡韩庄村	奶奶庙	清代	保存一般
430	北岔口村戏楼	邯郸市磁县陶泉乡北岔口村	—	清代	保存一般
431	岗西村奶奶庙戏楼	邯郸市磁县北贾壁乡岗西村	奶奶庙	清康熙十一年（1672 年）	保存一般

续表 29

序号	名称	地点	庙宇	年代	概况
432	刘屯头村戏楼	邯郸市磁县岳城镇刘屯头村	—	清代	保存一般
433	冶子村戏楼	邯郸市磁县都党乡冶子村	—	清代	保存一般
434	南界城村戏楼	邯郸市峰峰矿区界城镇南界城村	—	清代	保存一般
435	柳条村戏楼	邯郸市峰峰矿区界城镇柳条村	—	清代	保存一般
436	金村玉皇庙戏楼	邯郸市峰峰矿区和村镇金村	玉皇庙	清代	保存一般
437	北牛叫村戏楼	邯郸市邯郸县康庄乡北牛叫村	—	清代	保存一般
438	圣井岗村奶奶庙戏楼	邯郸市邯郸县户村镇圣井岗村	奶奶庙	元代	保存一般
439	三岔口村戏楼	秦皇岛市青龙满族自治县原南杖子乡三岔口村	—	清代	保存较好

参考文献

［1］车文明．中国戏曲文物志一·戏台卷（上）［M］太原：三晋出版社，2016.

［2］赖伟鸿．神庙剧场：作为一种非物质文化遗产文化空间［J］民间文化论坛．2023（2）：127-137.

［3］中国戏曲志编辑委员会，《中国戏曲志·河北卷》编辑委员会．中国戏曲志．河北卷［M］北京：中国 ISBN 中心，1993.

［4］邓幼明．张家口独特的古戏楼［M］北京：党建读物出版社，2006.

［5］王国维．宋元戏曲史［M］北京：中华书局，2015.

［6］梁思成．梁思成文集（三）［M］北京：中国建筑工业出版社．1985.

河北省社会文物人才队伍建设研究报告

如今，随着一批保护文物影视节目的出现，如《我在故宫修文物》《国家宝藏》等，掀起了一波又一波的“文博热”。荧幕上，“文物医生”用匠心和妙手演绎“化腐朽为神奇”的绝活儿，细腻地展现了中华文化的精妙。荧幕外，原本冷门的文物保护专业逐渐成为一个备受关注的职业。但是，敦煌研究院名誉院长樊锦诗谈道：“由于我国文物保护专业人才不足，文物保护的科技水平也有待加强，大量文物保护难题因缺乏科技支撑而无法得到及时、有效解决。多年来，为了缓解文物科技人才供不应求的矛盾，文物行业只能从其他学科‘借人’来用。”

我国现有的文物保护人才与文物数量不甚匹配，其中具备精湛修复技艺和较高知识水平的文物大师更为稀缺，而河北省的文物保护同样也面临着文物人才稀缺的现状。习近平总书记在四川考察期间强调了文物保护工作的重要性，并提出了加强人才队伍建设的要求。

本课题研究旨在以服务河北省社会文物保护利用发展为宗旨，以人才就业为导向，以提高人才培养质量为核心，培养具有国家情怀、工匠精神和创新能力的文物保护人才，进而解决河北省社会文物保护人才后继乏人的问题。

一、课题研究的实际应用价值

关于本课题研究的实际应用价值，其深远意义不仅体现在对当前文物保护与传承工作的直接推动上，更在于为河北乃至全国的文化遗产保护事业提供宝贵的人才支撑与智力支持。

（一）提升文物保护与管理的专业化水平

文物作为历史的见证和文化的载体，其保护与管理工作具有高度的专业性和技术性，本课题研究首先着眼于提升文物保护与管理队伍的专业化水平。通过深入分析当前社会文物人才队伍的现状，包括人才数量、结构、专业技能等方面的问题，本课题研究能够提出针对性的改进措施。例如，加强文物保护专业教育与培训，提高从业人员的专业素养和业务能力；优化人才结构，引进和培养一批具有国际视野和高端技能的文物保护专家；建立健全人才激励机制，激发文物工作者的积极性和创造力。上述措施的实施，将显著提升河北省文物保护与管理的专业化水平，为文化遗产的永续传承提供有力保障。

（二）促进文化遗产的传承与创新

本课题研究不仅关注文物的保护与修复，更重视文化遗产的传承与创新。通过培养一支既懂传统技艺又具备创新思维的人才队伍，本课题研究能够推动文化遗产的活化利用和创造性转化。例如，利用现代科技手段对文物进行数字化保护和展示，让更多人能够便捷地了解和感受文化遗产的魅力；鼓励文物工作者参与文化创意产品的开发与设计，将传统文化元素融入现代生活之中，实现文化遗产的创造性转化。上述努力不仅有助于传承和弘扬中华优秀传统文化，还能够为文化产业发展注入新的活力。

（三）助力文化旅游融合发展

河北省作为一个历史文化悠久的省份，拥有丰富的文物资源和旅游资源，本课题研究对于推动河北省文化旅游融合发展具有重要意义。一方面，通过加强文物旅游人才的培养和引进，可以提升旅游景区的文化内涵和服务品质；另一方面，可以利用文物资源开发特色文化旅游产品，打造具有地方特色的文化旅游品牌。上述举措将吸引更多游客前来河北旅游观光，从而促进文化旅游产业的快速发展。同时，文化旅游的融合发展也将为文物保护工作带来更多的资金支持和社会关注，形成文物保护与旅游发展的良性循环。

（四）为政策制定提供科学依据

政策制定是推动文物事业发展的重要保障，本课题研究能够为政府及相关部门制定科学合理的政策提供重要依据。通过对文物人才队伍建设现状的深入分析和研究，可以揭示出制约文物事业发展的关键因素和瓶颈问题。在此基础上，本课题研究可以提出针对性的政策建议，如加强文物保护法律法规建设、完善人才培养和引进机制、加大财政投入力度等。上述政策建议将为政府及相关部门制定科学合理的政策提供有力支持，推动文物事业的持续健康发展。

（五）推动京津冀协同发展

在京津冀协同发展这一国家重大战略背景下，本课题研究具有重要意义。通过加强京津冀地区文物人才队伍的协同合作与互动交流，可以实现资源共享、优势互补和共同发展。例如，可以共同举办文物保护与修复技术培训班、文化遗产研究与保护项目等活动，促进三地文物工作者之间的学习与交流；可以联合开展文物考古发掘与保护项目，共同推动文化遗产的保护与传承工作。上述举措将有助于推动京津冀地区文物事业的协同发展，为构建京津冀世界级城市群提供有力支撑。

（六）增强社会认同感和文化自信

文物是连接民族文化的过去与未来的桥梁，本课题研究有助于增强社会公众对文化遗产的认同感和文化自信。通过加强文物保护与传承工作的宣传和教育力度，可以提高社会公众对文化遗产的认识和了解；通过举办各种形式的文化活动和展览展示活动，可以让更多人亲身感受文化遗产的魅力和价值。上述努力将有助于激发社会公众对文化遗产的热爱和保护意识，形成全社会共同关注和支持文化遗产保护的良好氛围。同时，增强公众的社会认同感和文化自信也将为河北乃至全国的文化繁荣发展注入新的动力。

综上所述，本课题研究的实际应用价值体现在多个方面。它不仅有助于提升文物保护与管理的专业化水平、促进文化遗产的传承与创新、助力文化旅游融合发展，以及为政策制定提供科学依据，同时还将在推动京津冀协同发展、增强社会认同感和文化自信等方面产生深远影响。

二、研究方法和统计结果

（一）研究思路

在理清目前有关文物保护人才培养的理论成果和实践经验的基础上，通过调查、访谈等方法了解河北省社会文物保护人才培养现状、存在的问题及原因，以分析数据为依据，提出培养路径，建设“学科融合＋科技赋能＋政策保障”三位一体的协同育人模式，从理论和实践两个层面为推进河北省文物保护人才队伍建设提供支持。

（二）主要研究方法

主要研究方法包括文献法、经验总结法、社会调查与实证案例分析相结合的方法，了解文物保护行业需求、影响人才培养的因素等，结合数智赋能，探索人才培养实施路径。

1. 理论研究与实证研究相结合的方法

在探讨社会文物保护人才队伍建设的过程中，文物保护理论研究与实证研究的结合显得尤为重要。一方面，理论研究为实证研究提供了坚实的理论基础和科学依据，使得实证研究更加具有针对性和实效性；另一方面，实证研究为理论研究提供了丰富的实践案例和反馈信息，有助于进一步完善和丰富理论研究成果。这一结合不仅为文物保护工作提供了坚实的理论基础、最新研究成果和前沿动态，还通过深入现场、实践验证和不断优化，对文物保护人才建设队伍进行了详细的调查和分析，了解人才建设队伍的现实需求，推动了文物保护技术的创新与发展。

2. 文献研究与调查访谈法

在社会文物人才队伍建设的研究中，通过广泛搜集、整理并学习国内外相关文献，我们能够系统地掌握该领域的理论基础、历史脉络及最新研究成果。通过问卷调查、现场访谈、电话访谈等多种形式，我们能够深入了解社会文物人才队伍建设的实际情况、存在的问题，以及从业人员的真实需求与期望。通过综合运用这两种方法，我们能够全面、深入地了解社会文物人才队伍的现状与需求，为制定科学、合理的人才队伍建设策略提供有力的支持。

3. 问卷调查法

通过科学合理的抽样方法，确保问卷能够覆盖到不同地域、不同机构、不同岗位的文物工作者，使收集到的数据更加全面、客观。此外，为了提高问卷的回收率和有效性，还需要在问卷设计、发放、回收等各个环节做好充分的准备工作，如明确调查目的、简化问题表述、提供适当的激励机制等。通过问卷调查法收集到的数据可以为社会文物人才队伍建设提供有力的数据支持。一方面，可以基于数据分析结果识别出当前社会文物人才队伍中存在的短板与不足，为制定针对性的改进措施提供依据；另一方面，还可以根据数据反映出的趋势与规律预测未来社会文物人才队伍的发展需求与方向，为制定长远的人才发展规划提供参考。

（三）研究统计结果

1. 调查问卷统计结果

调查问卷数据显示，在有效填写的调查问卷中，女性占比70%，男性占比30%，其中18至25岁居多；涉及的职业类型有高校老师、文保专业技术人员、相关专业在校生，以及其他职业类型。

如图1所示，只有16.67%的人对文物保护工作“了解较多”，“了解一般”的人占比高达56.67%。

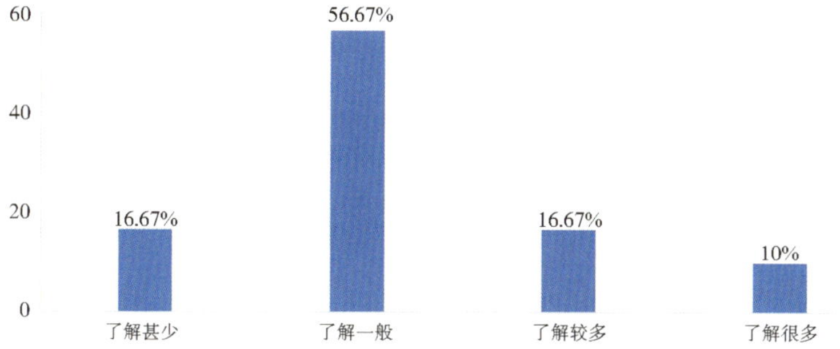

图1 调查问卷数据

如图2所示，80%的人认为当前河北省社会文物人才队伍建设存在的主要问题是缺乏社会支持和关注。

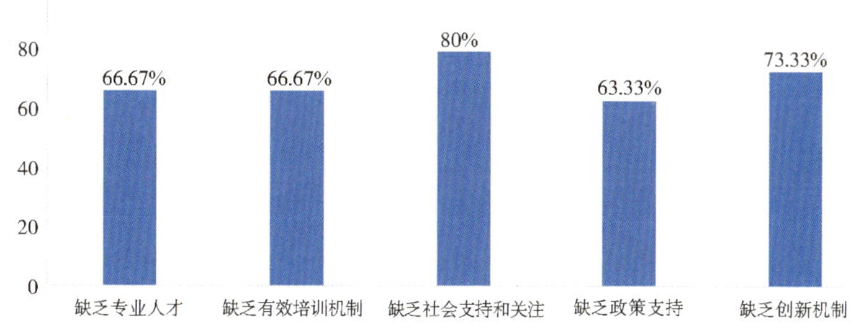

图2 调查问卷数据

如图 3 所示，70%的人认为河北省社会文物人才队伍建设缺乏文物保护理论专家，86.67%的人认为缺乏文物修复技术专家和文物管理与保护经验丰富者，90%的人认为缺乏社会宣传推广人才。

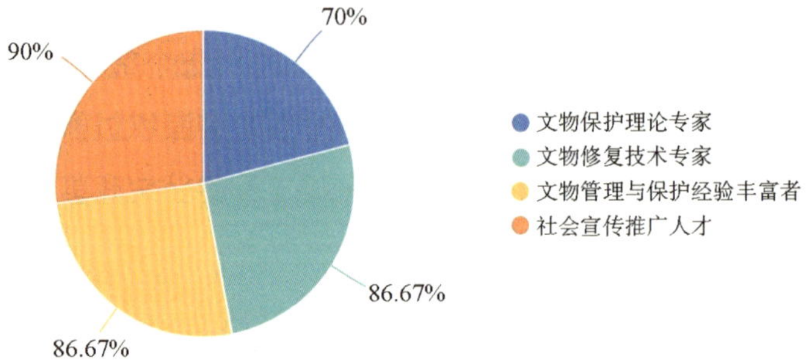

图 3　调查问卷数据

如图 4 所示，80%的人认为河北省社会文物人才队伍建设应该加强培训机制建设，83.33%的人认为应该加强资金投入，86.67%的人认为应该加强社会宣传，90%的人认为应该加强政策支持。

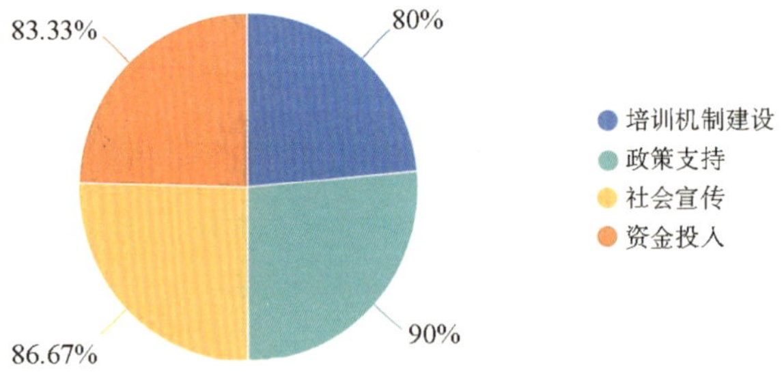

图 4　调查问卷数据

如图 5 所示，76.67%的人认为在河北省社会文物人才队伍建设的过程中创新能力很重要，83.33%的人认为专业技能和社会责任感很重要，90%的人认为应该注重培养团队合作精神。

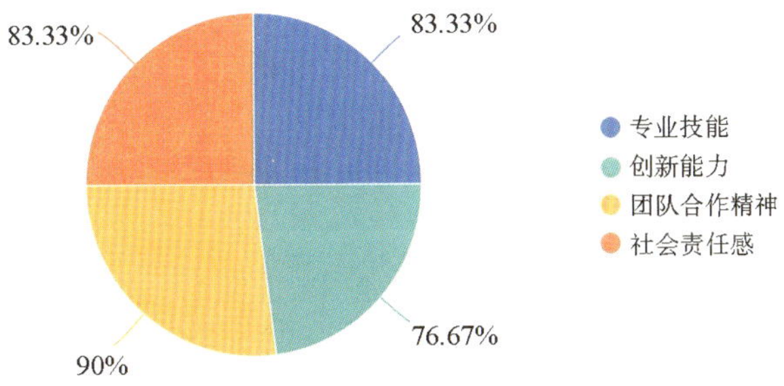

图 5　调查问卷数据

如图 6 所示，76.67％的人认为河北省社会文物人才队伍建设需要加强学术机构支持，80％的人认为需要加强行业实践，83.33％的人认为需要加强政府支持和公众支持，93.33％的人认为需要加强社会组织支持。

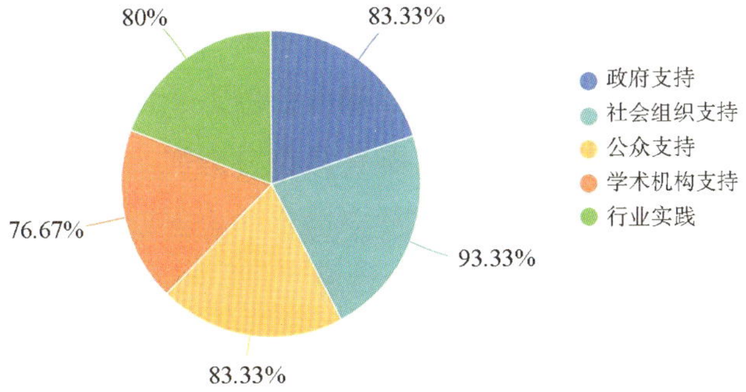

图 6　调查问卷数据

如图 7 所示，绝大部分人认为提高河北省社会文物人才队伍建设水平需要加强跨学科联动、科技赋能、行业实践、政策激励和教育培训。

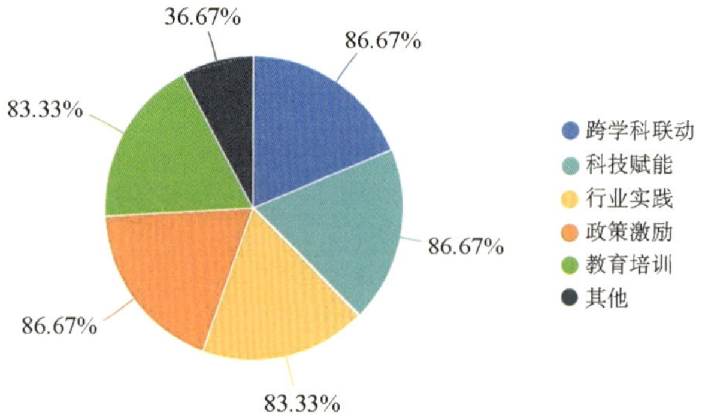

图 7　调查问卷数据

如图 8 所示，93.33％的人表示提高资金投入是加强科技在文物保护与修复领域应用的重要方面，90％的人认为加强科技在文物保护与修复领域的应用需要加大政策支持力度，也有相当比例的人认为加强科技应用需要促进产学研合作、培养专业人才和加强国际交流与合作。

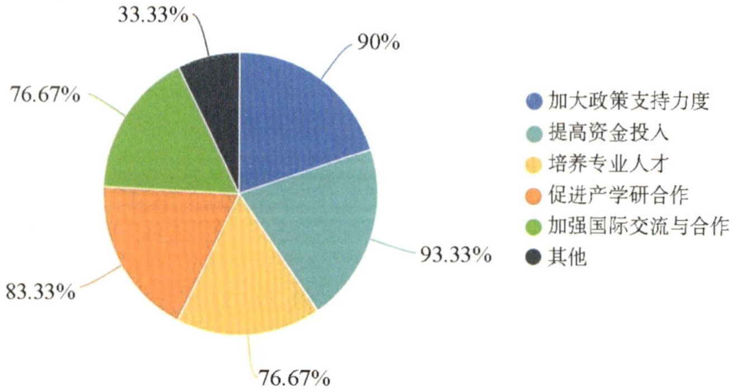

图 8　调查问卷数据

如图 9 所示，70％的人认为目前我国在文物保护与修复领域产学研结合不紧密、资金投入不足，76.67％的人认为技术水平不高，83.33％的人认为政策支持不够，90％的人认为专业人才缺乏。

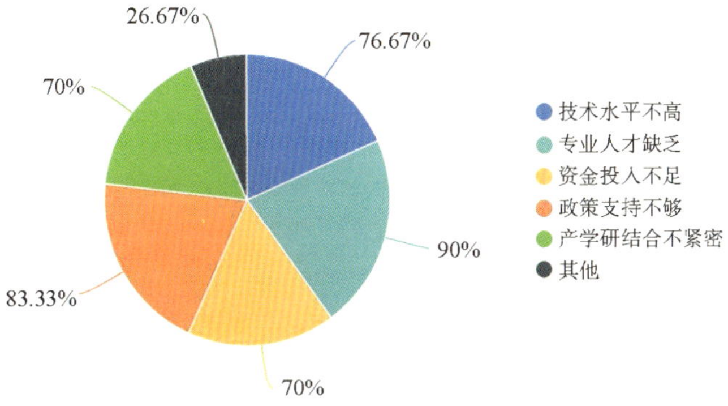

图 9　调查问卷数据

如图 10 所示，76.67%的人认为举办文物保护和修复展览可以提高公众文物保护与修复的参与度，80%的人认为可以通过开放文物保护和修复现场来提高公众文物保护与修复的参与度，83.33%的人认为开展文物保护教育活动和利用社交媒体宣传可以提高公众文物保护与修复的参与度。

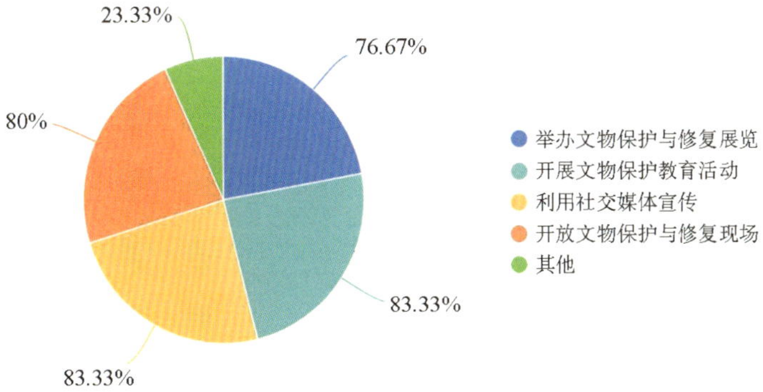

图 10　调查问卷数据

如图 11 所示，73.33%的人表示关于博物馆的文物保护措施可以请专家进馆共同研究，80%的人认为可以设立科研课题和设计馆内文物相关文创产品，93.33%的人认为可以开放馆藏文物信息。

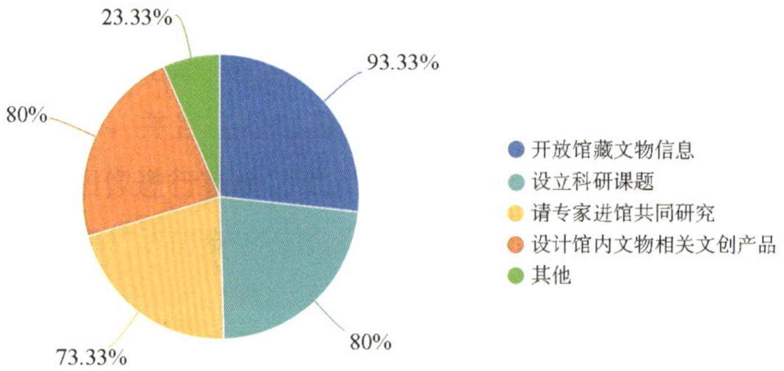

图 11　调查问卷数据

如图 12 所示，56.56%的人认为可以通过进行相关的文物保护系统化教育来有效提升大学生的文物保护意识，63.33%的人认为可以通过普及文物保护相关法律，66.67%的人认为可以通过发展旅游业和组织大学生实践体验（如参观博物馆、历史遗址等），80%的人认为应该举办相关历史主题文物展示，83.33%的人认为可以通过进行考古研究。

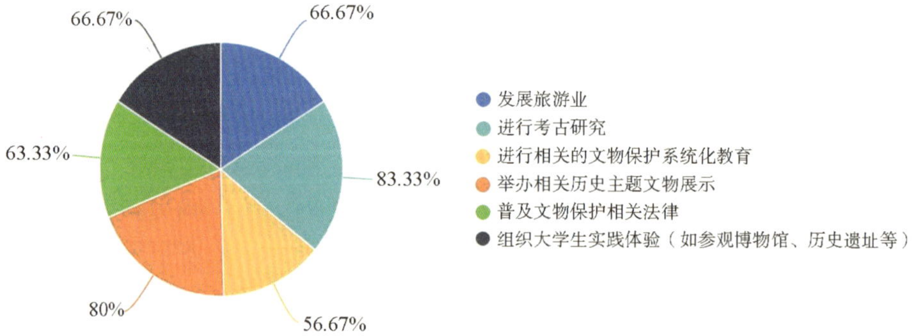

图 12　调查问卷数据

如图 13 所示，10%的人认为文物保护最重要的依靠力量是专业机构，20%的人认为人民群众是文物保护最重要的依靠力量，30%的人认为文物保护最重要的依靠力量是地方政府，40%的人认为国家是文物保护最重要的依靠力量。

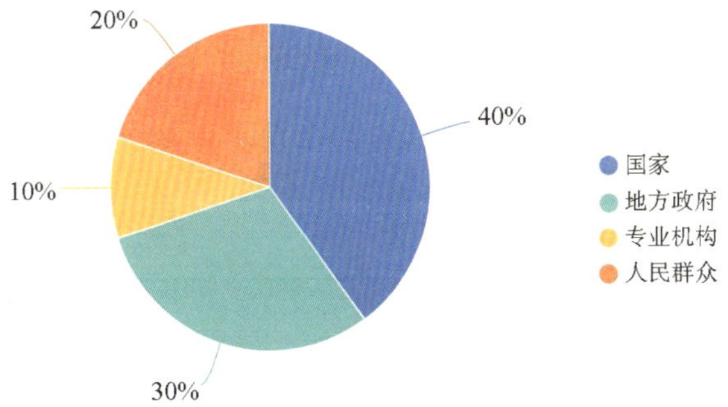

图 13 调查问卷数据

如图 14 所示，56.67%的人表示可以通过朋友或家人介绍了解文物保护信息，66.67%的人表示可以通过博物馆、文化遗产地等实地参观了解文物保护信息，76.67%的人表示可以通过报纸杂志和社交媒体了解文物保护信息，83.33%的人表示可以通过电视新闻了解文物保护信息。

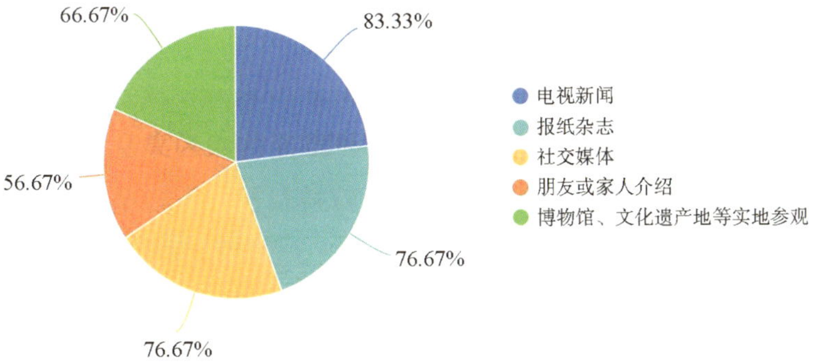

图 14 调查问卷数据

如图 15 所示，70%的人认为提高社会公众对文物保护的参与度应该设立奖励机制，80%的人认为应该提供志愿服务机会，83.33%的人认为应该举办相关活动，86.67%的人认为应该加强宣传教育。

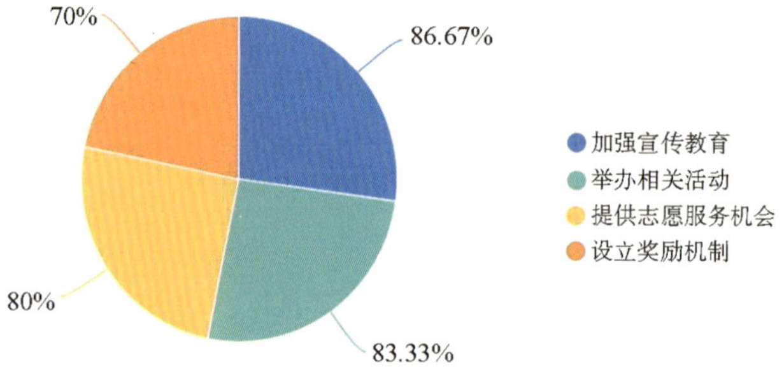

图 15　调查问卷数据

如图 16 所示，10％的人表示了解文物修复与保护专业并深入研究过，20％的人表示了解该专业的基本知识，33.33％的人表示对该专业不了解，36.67％的人表示了解该专业但尚未深入研究。

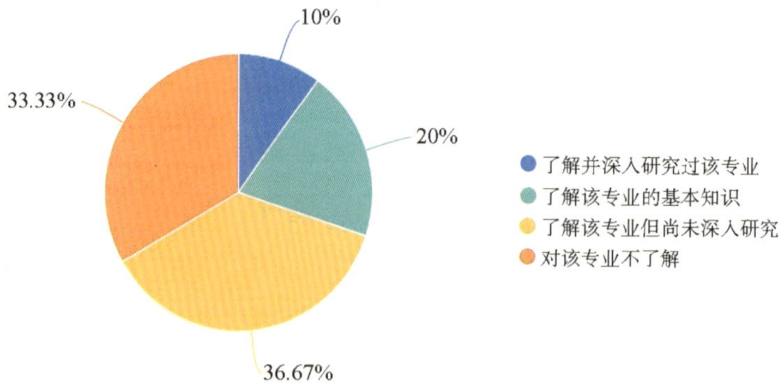

图 16　调查问卷数据

如图 17 所示，56.67％的人认为文物修复与保护专业的重要性体现在促进文物旅游产业的发展，70％的人认为体现在保护文化遗产，传承历史文化，以及还原文物原貌，使其能够展示出最佳状态，73.33％的人认为体现在研究文物的历史和价值，83.33％的人认为体现在提供文物修复与保护的专业服务。

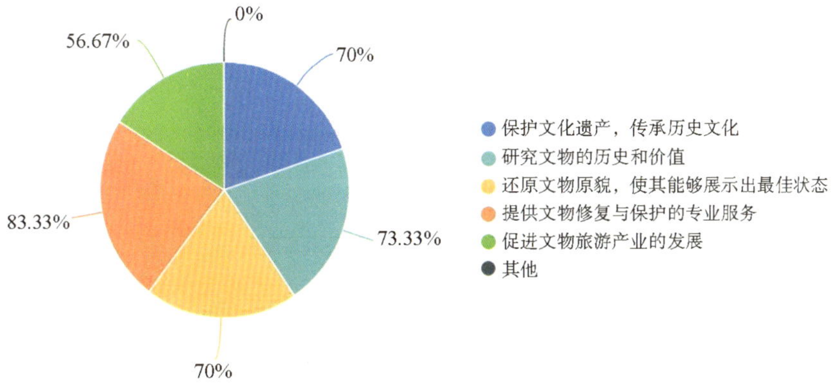

图 17　调查问卷数据

如图 18 所示，66.67%的人认为文物修复与保护专业需要具备化学和物理知识，70%的人认为应该具备文物保护法律法规知识，76.67%的人认为需要具备艺术修复技术，以及文物鉴定和评估知识，83.33%的人认为需要具备历史和文化知识。

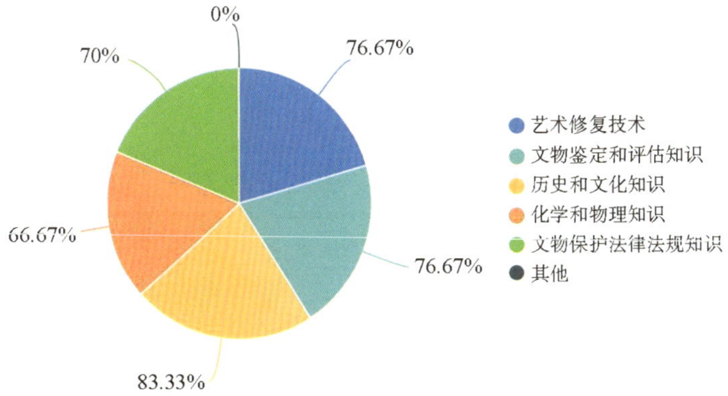

图 18　调查问卷数据

如图 19 所示，10%的人表示对文物修复与保护专业的就业前景完全不了解，20%的人表示有较为清晰的了解，26.67%的人表示不太了解，43.33%的人表示了解一些，但还需要进一步了解。

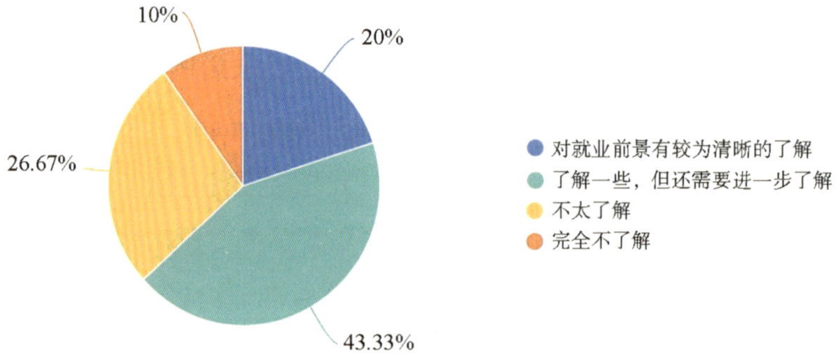

图 19 调查问卷数据

如图 20 所示，56.67%的人希望在文物修复与保护专业中从事文物展览策划与设计师的工作，63.33%的人希望从事文物鉴定师和文物研究员的工作，70%的人希望从事文物修复师的工作，76.67%的人希望从事文物保护员的工作。

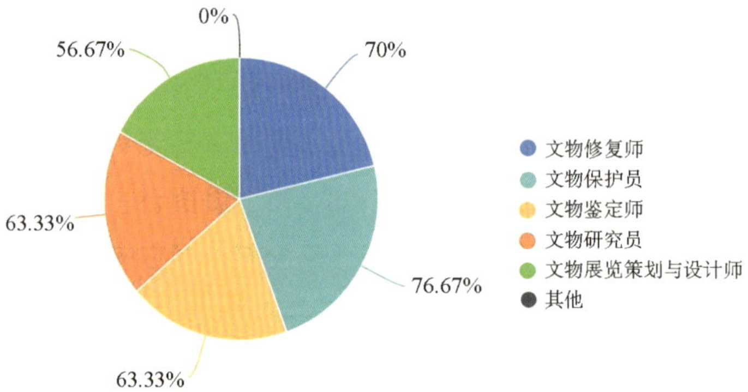

图 20 调查问卷数据

如图 21 所示，73.33%的人认为在文物修复与保护专业的学习和实践过程中会面临文物修复技术的复杂性、文物修复与保护工作的风险性、文物修复与保护工作的专业性要求和文物修复与保护工作的经费和资源限制，86.67%的人认为会面临文物修复与保护工作的耗时性。

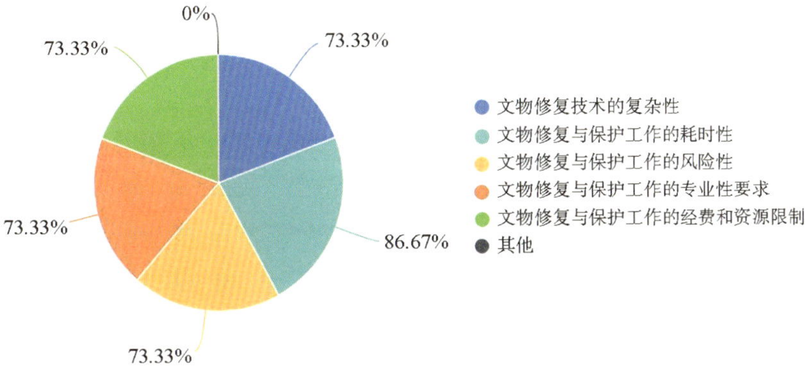

图 21　调查问卷数据

如图 22 所示，63.33%的人认为高校文物修复与保护专业毕业生在工作中的优点是工作弹性大、艺术审美能力强，66.67%的人认为优点是创新应用能力强，70%的人认为优点是实践操作能力强，73.33%的人认为优点是知识体系全面和专业可塑性强。

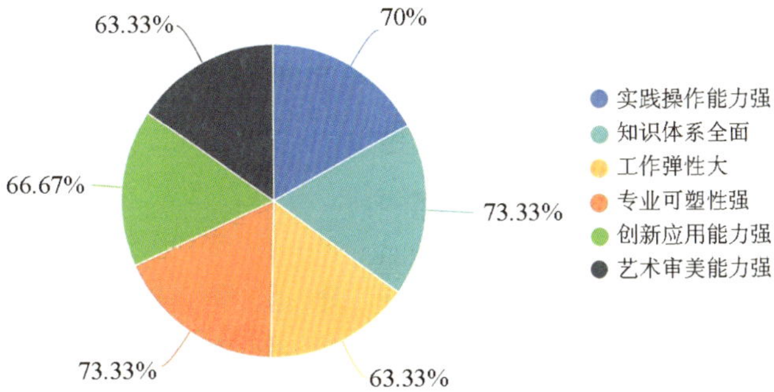

图 22　调查问卷数据

如图 23 所示，36.67%的人认为文物修复与保护专业人才就业岗位较多，43.33%的人认为一般，46.67%的人认为需求量少，56.67%的人认为发展前景良好。

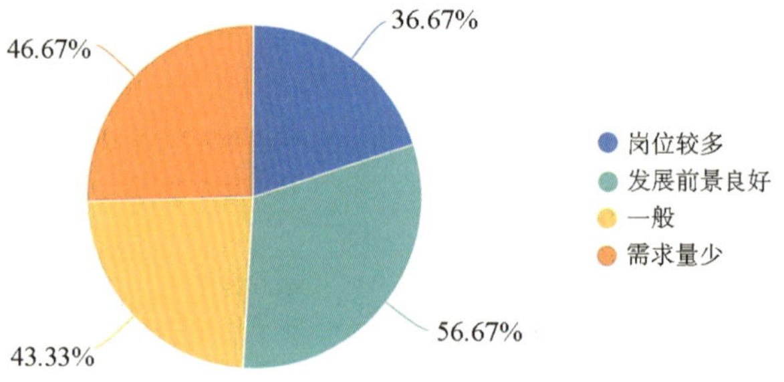

图 23　调查问卷数据

如图 24 所示，66.67％的人认为文物保护与修复专业毕业生应该具备团队协作能力和跨学科知识整合能力，76.67％的人认为应该具备文物鉴定能力，80％的人认为应该具备文物保护理论知识，90％的人认为应该具备文物修复技能。

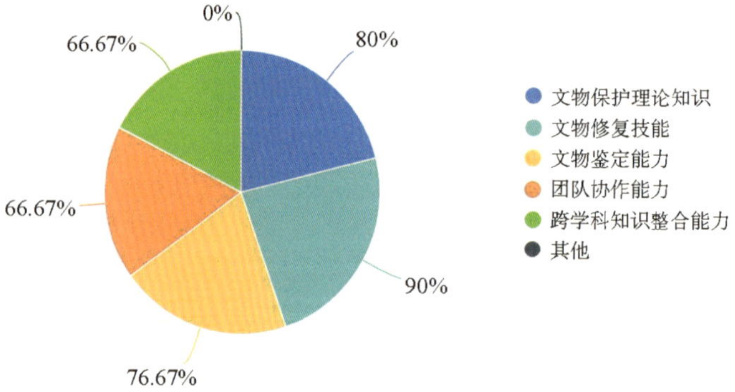

图 24　调查问卷数据

如图 25 所示，43.33％的人认为目前文物修复比较冷门的原因在于国内发展晚，水平有限，66.67％的人认为原因是专业性过强和宣传报道少，73.33％的人认为原因是牵涉范围太小，83.33％的人认为原因是距离生活远，日常接触不到。

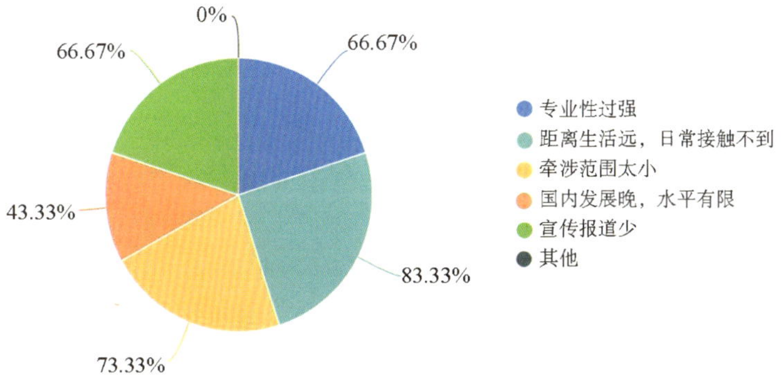

图 25 调查问卷数据

如图 26 所示，60%的人表示希望看到推文类型的科普推广资源，63.33%的人表示希望看到虚拟仿真和动漫卡通类型的科普推广资源，66.67%的人表示希望看到微电影和 PPT 式的科普推广资源，83.33%的人表示希望看到短视频类型的科普推广资源。

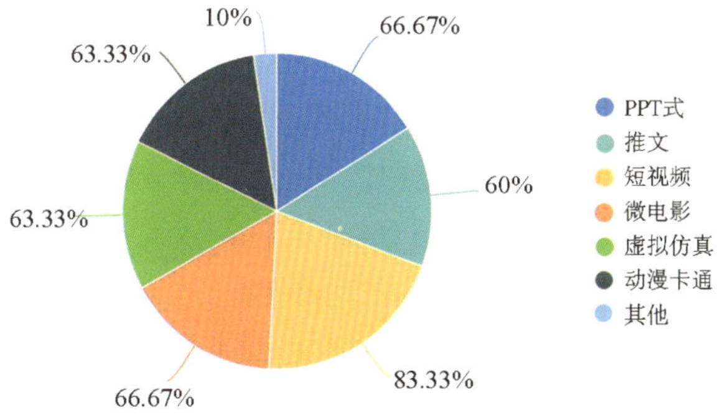

图 26 调查问卷数据

2. 对调查问卷数据和访谈结果进行汇总分析

通过对调查问卷数据和访谈结果进行汇总分析可以得知，加强河北省社会文物人才队伍建设需要政策、科技和高校的协同发力，建立“学科融合＋科技赋能＋政策保障”三位一体的协同育人模式。在培养目标方面，要强化顶层设计，以政策为引领，强育人，创品牌，培养适应能力强、综合素质高的复合型社会文物保护人才。在培养模式方面，要以“学科融合＋科技赋能”为支撑，求同存异，形成错位优势、差异优化发展的教学模式。在课程体系方面，要融合“文物＋各学科＋科技”知识综合传授、能力培养和素质提升为一体，形成一个完整的课程体系。在教学内容方面，要以思政教育为引领，以文物保护专业教育为重点，以科技创新为突破，增设与技能教育相关的核心课程。在培养效果方面，学生的家国情怀、工匠精神、适应能力应得到显著提升，不断为社会文物保护人才队伍注入新鲜血液。

三、研究内容

（一）河北省社会文物人才队伍的现状分析

1. 河北省社会文物人才规模

截至 2022 年，河北省共有社会文物相关单位约 2000 家，其中涉及文物考古、文物保护、博物馆、古玩市场等各个领域。在这些单位中，从事社会文物工作的人员约有 10 万人。

2. 河北省社会文物人才结构

河北省社会文物人才队伍的结构较为复杂，包括各类文物工作者、文物保护工程师、博物馆工作人员、古玩市场从业者等。其中，文物保护工程师和博物馆工作人员是社会文物人才队伍中的两大主体。文物保护工程师主要负责文物的保护、修复、鉴定、管理等工作，需要具备一定的文物保护知识、技能和实践经验。博物馆工作人员则主要负责博物馆的日常管理和展览策划等工作，需要具备一定的博物馆学知识、展览策划能力和人际交往能力。

3. 河北省社会文物人才素质

河北省社会文物人才队伍整体规模较大，结构较为复杂，素质较高，但在某些方面还存在一些问题。文物保护工程师和博物馆工作人员的学历水平普遍较高，但实际操作能力相对较弱，实践经验相对较少。此外，社会文物人才队伍中的人才分布不均，一些地区的文物保护和博物馆建设水平相对较低，需要进一步加强人才培养和引进工作，提高文物保护和博物馆建设水平，促进社会文物事业的健康发展。

（二）河北省社会文物人才培养模式研究

1. 河北省社会文物人才队伍培养模式设计原则

河北省社会文物人才队伍建设培养模式的目的是培养一批具有专业知识和实际操作能力、具备文物保护意识和责任感的文物人才。本课题研究应该以服务社会为出发点，注重培养学生的实践能力和综合素质，促进学生的全面发展。同时，应该注重传统文化的传承和保护，培养具有高度责任感和使命感的文物人才，具体应具备以下几个方面的能力。

第一，具备扎实的文物学、考古学、博物馆学等专业知识，能够独立进行文物的鉴定、评估、修复和保护工作。

第二，具备较强的文物保护意识和责任感，能够积极参与文物保护工作，为文物保护事业贡献自己的力量。

第三，具备良好的沟通能力和团队协作能力，能够有效地与政府部门、文物保护机构、社会公众等各方进行沟通和协作。

2. 河北省社会文物人才队伍培养模式设计内容

河北省社会文物人才队伍建设培养模式应该从以下几个方面的内容进行设计。

（1）与高校合作方面

社会文物人才的培养应重点加强理论与实践的结合。

第一，开展理论课程，包括文物学、考古学、博物馆学等基础理论知识，以及文物保护法律法规、文物保护技术、文物保护管理等专业理论知识。

第二，开展实践课程，包括文物保护实践、考古实践、博物馆实践等，让学生在实际操作中学习和掌握文物保护技能。

第三，开展素质课程，包括文化素质、艺术素质、外语素质等，提高学生的综合素质。

第四，开展学术交流，包括参加国内外文物保护领域的学术会议、研讨会、展览等活动，拓宽学生的视野和知识面。

（2）行业需求和政策指导方面

以政府为发展文物事业而颁发的相关制度文件为依据，结合社会文物市场行业的需要，对社会文物人才培养进行相关专业的引导。

（三）河北省社会文物人才队伍建设培养模式与途径的实施策略

河北省社会文物人才队伍建设应以服务社会、推动文化发展为核心，以培养高素质、专业化的社会文物人才为目标，注重培养实践能力和创新能力，提高综合素质，同时还要注重培养社会责任感和历史使命感。通过科学的教学方法和有效的教学手段，培养出具有良好专业素质和社会责任感的社会文物人才。

1. 人才队伍培养途径设计

（1）教学内容设计

教学内容应该贴近实际，且具有针对性和实用性，注重培养实践能力和创新能力，应该包括文物保护的基本知识、文物保护技术、文物保护管理等方面的内容。

（2）教学方法设计

教学方法应该根据实际情况和教学内容的特点，采用多种教学方法，如案例分析、实践操作、讨论交流等，以提高教学效果。

（3）师资队伍建设

师资队伍建设是实施策略的重要组成部分，应该注重培养教师的实践能力和教学水平，提高教师的专业素质和职业道德水平。

（4）实践教学设计

实践教学是培养实践能力和创新能力的重要手段，应该注重实践教学的设计和实施，包括实践教学的课程设计、实践教学的场地选择、实践教学的组织和管理等方面。

（5）教学评价设计

教学评价是衡量教学效果的重要手段，应该注重教学评价的设计和实施，包括评价标准的设计、评价方法的选择、评价结果的反馈等方面。

2. 人才培养实施策略的框架构建

实施策略的框架构建是实现河北省社会文物人才队伍建设的关键，人才培养、选拔、使用、激励等各个环节的有机结合，将有助于提升河北省社会文物人才队伍的整体素质。

第一，人才培养是实施策略框架构建的基础。我们需要制订长远的人才培养计划，通过系统的培训、教育、实践等方式，提高人才的专业技能和综合素质。

此外，我们还需要关注人才的个性化发展，尊重人才的多样性，为人才提供广阔的发展空间。

第二，选拔是实施策略框架构建的关键。我们需要建立公平、公正、公开的选拔机制，选拔出具备专业能力和综合素质的人才。同时，选拔过程应注重公平公正，避免人情世故等因素的干扰。

第三，使用是实施策略框架构建的核心。我们需要建立合理的人才使用机制，将人才安排到合适的岗位上，发挥其最大价值。同时，我们还需要关注人才的职业生涯规划，提供持续的职业发展机会，以提高人才的工作积极性和满意度。

第四，激励是实施策略框架构建的重要保障。我们需要建立有效的激励机制，激发人才的积极性和创造力。激励机制应注重公平、公正，避免偏袒和歧视。同时，激励机制应与人才的工作绩效、职业发展、社会贡献等因素挂钩，以提高激励的实效性。

（四）河北省社会文物人才队伍建设途径实践案例分析

河北省社会文物人才队伍建设是我国文物事业发展的重要组成部分，对于提高文物保护、研究、利用等方面的专业化水平具有重要意义。近年来，河北省部分单位在社会文物人才队伍建设方面取得了显著成效，为其他地区提供了有益的借鉴。下面通过分析部分成功案例，以期为我国社会文物人才队伍建设提供有益的启示。

1. 河北省文物研究所

河北省文物研究所作为我国重要的文物研究机构，一直以来都非常重视人才队伍建设。河北省文物研究所采取了一系列措施，如制定人才发展规划、优化人才引进机制、加强内部培训等，以提高队伍的整体素质。通过上述措施，河北省文物研究所培养了一批具有较高专业水平的文物保护、研究、利用等方面的人才。

2. 石家庄市文物保护研究院

在社会文物人才队伍建设方面，石家庄市文物保护研究院注重人才梯队建设，通过建立导师制度、制订青年人才培养计划、组织实践锻炼等途径，培养了一批具备较高专业素质的文物保护、研究、利用等方面的人才。此外，石家庄市文物保护研究院还与高校、科研院所等机构开展合作，加强人才交流，为社会文物人才队伍建设提供了有力支持。

3. 邯郸市文物考古研究所

在社会文物人才队伍建设方面，邯郸市文物考古研究所注重引进与培养相结合。一方面，邯郸市文物考古研究所通过招聘、引才等方式，引进了一批具有丰富实践经验和较高专业素质的人才。另一方面，邯郸市文物考古研究所通过设立专业课程、组织内部培训、提供学术交流机会等方式，培养了一批具备较高专业素质的文物保护、研究、利用等方面的人才。

4. 河北博物院

河北博物院采取了一系列措施来加强社会文物人才培养和人才队伍建设。

第一，河北博物院建立了一套完整的培训体系，包括内部培训、外部培训、在职培训等多种形式。通过多种形式的培训，河北博物院社会文物人才队伍的整体素质得到了全面提高。

第二，河北博物院注重人才培养的实践性。河北博物院建立了多个实践基地，如文物保护基地、考古基地等，让员工在实践中学习和成长。此外，河北博物院还与多所大学和研究机构建立了合作关系，共同开展人才培养和研究工作。

第三，河北博物院建立了完善的激励机制，鼓励员工不断学习和提高。河北博物院设立了多种奖励和表彰措施，如优秀员工奖、科技进步奖等，激发员工的积极性和创造力。

第四，河北博物院注重人才队伍的长期建设。河北博物院通过制订长期人才培养计划，对人才队伍进行长期的培养和管理，确保人才队伍的稳定性和可持续发展。

第五，河北博物院注重国际化人才培养。河北博物院与多个国际知名博物馆和研究机构建立了合作关系，广泛开展国际交流和合作，培养国际化人才。

综上所述，河北省部分单位在社会文物人才队伍建设方面取得了显著成效，为其他地区提供了有益的借鉴。这些成功案例表明，加强人才队伍建设是推动文物事业发展的重要途径。因此，各级文物部门应借鉴这些成功案例的经验，采取有效措施，加强人才队伍建设，为我国文物事业的发展贡献力量。

四、存在的问题

（一）人才总量不足

河北省的文物数量堪称庞大，种类亦是繁多，其中有许多在全国范围内都声名远扬，如巧夺天工的刘胜金缕玉衣、造型别致的长信宫灯等。然而，与之形成鲜明对比的是，文物保护专业人才的数量却极度匮乏，远远难以满足现实需求。相关权威且详尽的统计表明，在众多的文博单位当中，专业投身于文物保护工作的人员所占比例相对处于低位。尤其在一些基层地区和较为偏远的区域，文物保护人才更是稀缺至极。这种状况直接导致了大量的文物无法获得及时且有效的保护与研究。此次调查问卷数据显示，高达66.67%的人认为当前河北省社会文物人才队伍建设中存在的核心且主要的问题是专业人才的严重缺乏，其中涵盖了文物保护理论方面的专家、文物修复技术领域的专家、拥有丰富文物管理与保护经验的资深人士，以及善于进行社会宣传的专业人才。一些基层文博单位由于没有文物保护理论专家的指导，在文物的鉴定和研究方面常常陷入困境，难以准确判断文物的价值和历史意义。

在当前形势下，河北省社会文物人才队伍建设面临着诸多重大且艰巨的挑战，迫切需要借助多种灵活且有效的方式和手段来全方位、深层次地有效提升人才数量，全力促进人才队伍的全面化、系统化、科学化的全方位建设。

（二）人才结构失衡

近年来，河北省部分单位在人才队伍建设方面取得了显著成效，为其他地区提供了有益的借鉴。但当前河北省文物保护领域的人才结构仍然存在不合理的现象。一方面，专业分布不均衡，如考古、文物修复等核心专业人才相对匮乏，而管理、宣传等辅助性专业人才相对较多。另一方面，年龄结构呈现老龄化趋势，年轻一代的专业人才补充不足，导致行业发展缺乏创新活力和可持续性。

此次调查问卷数据显示，绝大多数人对于文物修复与保护专业知之甚少，部分就读于该专业的学生也需要对文物修复与保护专业的就业前景做进一步的深入了解。有46.67%的受访者表示文物修复与保护专业人才就业的岗位需求量较少，这导致行业发展缺乏应有的创新活力和可持续性。新鲜血液的缺失，意味着新观念、新技术的引入可能遭遇重重阻碍，导致整个行业难以跟上时代飞速发展的步伐。许多优秀的文物保护人才在积累了一定经验后，往往会基于对自身职业前景和生活质量的综合考量，选择转向其他行业或领域，这给文物保护事业带来了较大的损失，不仅体现在专业知识和技能的流失，还体现在多年积累的实践经验和宝贵的人脉资源的流失。

（三）人才质量亟待提升

文物保护人才的质量亟待提升，这已然成为当下文物保护领域面临的一个严峻且紧迫的难题。

一方面，随着文物数量的持续增加，以及文物种类的渐趋丰富，对文物保护人才的专业素养与综合能力提出了更高的要求。一些人员缺乏系统的专业知识和实践经验，在文物保护的过程中，应对诸如文物材质鉴定、病害分析、修复方案制定等复杂的技术难题时，往往束手无策。同时，在面对突发状况，如自然灾害对文物的损害、文物被盗等情况时，也缺乏迅速有效的应对能力。现有的部分文物保护人才在专业知识的深度和广度层面存在不足，难以精准判别文物的价值与历史意义，也难以拟定出科学合理的保护规划。

另一方面，实践操作技能的匮乏亦是一个显著的问题。在实际的文物保护工作中，诸如文物修复、保养等环节均需要精湛的技艺和丰富的经验。但部分文物保护人才由于缺少足够的实践经验，在遭遇复杂的文物保护任务时，常常显得捉襟见肘，无法确保文物保护工作的质量与成效。

同时，创新能力的欠缺也制约了文物保护人才质量的提升。在如今科技迅猛发展的时代，新技术、新方法层出不穷，然而部分文物保护人才却无法及时适应时代发展的节奏，欠缺将新技术运用到文物保护工作中的能力与意识。

此外，跨学科知识的融合能力同样有待强化。文物保护工作涉及历史学、考古学、化学、物理学等众多学科领域，需要文物保护人才拥有跨学科的视野及知识整合的能力。但在实际工作中，一些文物保护人才在这方面存在不足，影响了文物保护问题的全面分析与解决。

（四）产学研结合不紧密

当前，河北省在文物保护与修复领域还存在产学研结合不紧密的问题，这给行业的发展带来了一定的阻碍。

从“产”的角度来看，在文物修复与保护的实际工作中，需求多样且复杂。然而，由于产学研结合不紧密，产业界的实际需求无法及时、有效地反馈到学术研究和教育领域，导致研究和教育与实际应用存在脱节。例如，一些基层文物保护单位在处理紧急的文物损坏情况时，亟须实用的修复技术和解决方案，但学术界的研究成果却未能及时满足这些迫切需求。

从“学”的角度来看，高校和研究机构的教学与研究内容可能过于理论化，缺乏与实际产业的紧密联系。学生在学校学到的知识和技能在实际工作中难以迅速应用，需要经过一段时间的重新适应和学习。例如，在某些文物保护专业的课程设置中，对于最新的文物保护材料和技术的介绍不足，导致学生毕业后在面对市场上的新材料和新技术时感到陌生。

从“研”的角度来看，某些科研项目过于追求学术成果的发表，而忽视了成果的实际转化和应用价值。一些研究成果虽然在学术上具有创新性，但由于缺乏与产业的合作和推广，无法真正应用到文物修复与保护的实践中。

综上所述，要解决文物修复与保护领域产学研结合不紧密的问题，需要加强各方的沟通与合作，建立有效的协同机制，促进知识和技术的流通与转化，推动行业的健康发展。

五、改进措施

当前，河北省文物修复与保护人才队伍建设中存在人才数量不足、人才结构失衡、人才质量亟待提升、产学研结合不紧密等问题，针对以上问题，具体改进措施如下。

（一）加强人才培养体系建设

在当前文物保护工作日益重要的背景下，加强人才培养体系建设已成为当务之急。

第一，应加大对文物保护相关专业的教育投入。这不仅包括资金的投入，用于改善教学设施、购置先进的实验设备等，还应包括师资力量的投入，吸引更多具有丰富实践经验和深厚学术造诣的教师投身于文物保护教育事业。例如，高校应建立专门的文物保护实验室，配备高精度的检测仪器，为学生提供更好的实践条件。

第二，要积极鼓励高校增设与文物保护相关的专业和课程。高校应结合自身的学科优势和地域文化特色，开设具有针对性和实用性的课程，如地方特色文物的保护与研究等。此外，建立产学研相结合的培养模式也至关重要。学校可以与文物保护单位、博物馆等建立合作关系，为学生提供实习和实践的机会。例如，高校可以与当地的博物馆合作，帮助学生参与到博物馆的文物修复项目中，在实践中提升了自己的专业能力。

第三，设立专项奖学金和助学金具有重要意义。通过提供经济上的支持，可以吸引更多优秀学生报考文物保护专业。例如，某些沿海地区高校设立了高额的文物保护专业奖学金，吸引了众多优秀学子报考，为该专业注入了新鲜血液。

第四，加强在职人员的培训和继续教育不容忽视。积极搭建人才培育、技能培训和学术研究平台，为人才成长铺设坚实道路。定期组织专业技能培训，邀请业内专家进行授课和指导。还可以举办学术交流活动，帮助在职人员了解最新的研究成果和实践经验。例如，定期开展文物保护学术研讨会，邀请来自各地的专业人员分享经验和见解，促进知识的交流和更新。

通过综合实施以上多种措施，能够不断完善文物保护人才培养体系，为文物保护事业的发展提供坚实的人才支撑。

（二）优化人才结构

为了更有效地推进文物保护工作，应当依据实际需求，对人才结构进行科学合理的优化。

第一，根据文物保护工作的具体状况，精准调整专业人才的比例。充分考量各项工作的重要性和紧迫性，确保人才配置与工作任务的高度匹配。例如，在文物资源丰富且亟待深入研究的地区，应加大考古专业人才的比重；对于文物受损较为严重、修复任务艰巨的区域，应着重增加文物修复专业人才的数量。

第二，大力加强对考古、文物修复等核心专业人才的培养和引进力度。一方面，通过与高校、科研机构及社会组织进行合作，制订专项培养计划，为核心领域输送高质量的专业人才。另一方面，制定具有吸引力的人才引进政策，吸引国内外顶尖的考古和文物修复专家。

第三，通过内部培养和外部引进相结合的方式，壮大文物保护队伍，培养和集聚大量文物保护人才。在内部培养方面，应充分发挥老师傅的经验优势，以“传帮带”的方式让年轻同志迅速成长，这不仅能够传承技艺，还能够传承对文物保护的热爱和责任。在外部引进方面，应精准定位区域文化特色和馆藏特点，吸引众多能工巧匠和非遗传承人等特殊修复人才。此外，还可以聘请文物保护专家担任名誉职务，挖掘退休老专家的经验财富，为文物保护工作注入新的活力和智慧。

第四，建立灵活高效的人才流动机制至关重要。积极促进不同地区、不同单位间的人才交流与合作。通过开展联合项目、人才借调等方式，让文物保护人才在更广阔的平台上发挥作用，实现经验和技术的共享。推动河北省高校和科研机构与文物保护单位建立长期合作关系。高校和科研机构可以为文物保护单位提供技术支持和理论指导，而文物保护单位则可以为其提供实践基地和研究样本。例如，河北博物院与河北师范大学合作，设立了文物保护与修复专业，每年定向培养一定数量的专业人才。此外，可以开展文物保护志愿者招募计划，吸引众多社会人士参与，这些志愿者经过系统培训后可以成为文物保护的重要力量。与电商平台合作，借助其强大的销售网络和物流体系，推广河北文物相关产品。与科研机构建立合作，共同开展文物保护技术的研究和应用。同时，与制造商合作，生产高质量的文物保护设备和材料。

通过以上举措，能够构建一个更加合理、高效的文物保护人才结构，为文物保护事业的长远发展奠定坚实基础。

（三）提升人才队伍专业技能水平

为了切实提升文物保护人员的专业技能水平，需要采取一系列行之有效的措施。要借助河北省社会文物保护发展平台，打造“政＋校＋行”教育实践活动，打出“组合拳”，打造“矩形阵”，将文物保护资源有效融入人才培养的教学活动中。只有赓续文化基因，聚焦人才共育，才能破解文物保护人才断层难题。

第一，在文物保护事业中，政府扮演着至关重要的角色。为了切实推动文物保护人才队伍的建设，政府应当持续且强有力地加大政策支持和资金投入。在政策方面，政府应制定并完善一系列针对性强、具有可操作性的优惠政策。例如，出台针对文物保护专业人才的就业激励政策，给予在基层和艰苦地区从事文物保护工作的人员特殊津贴和补贴，提高他们的待遇水平，吸引更多人才投身其中。同时，建立健全文物保护人才的评价和晋升机制，为优秀人才提供广阔的职业发展空间，打破论资排辈的传统观念，让有能力、有成绩的人才能够脱颖而出。在资金投入方面，政府需要大幅度增加对文物保护人才培养的专项经费。这笔资金可以用于改善教学条件，建设现代化的文物保护实验室和实习基地，从而提供更优质的实践环境。还可以用于资助科研项目，鼓励高校和科研机构开展与文物保护相关的研究，推动技术创新和理论发展。例如，可以通过建立文物保护技术研究中心，以吸引众多优秀科研人员。此外，政府还可以设立文物保护人才培养的专项资金，用于资助学生的学费和生活费，减轻他们的经济负担，让更多有潜力的学生能够选择文物保护专业。同时，对文物保护单位和机构提供资金支持，用于开展人才培训、引进先进设备和技术、文物宣传等，增大社会支持和关注度。政府还可以通过设立专项资金、提供税收优惠等政策，鼓励企业参与到文物修复与保护的技术研发和产品创新中。

第二，不断加强与国内外先进文物保护机构的合作与交流具有重要意义。积极学习国内外专家在文物修复、保存和研究等方面的前沿技术和方法。在理念方面，合作交流有助于我们吸收国内外先进的文物保护理念，促使我们更加科学、合理地开展保护工作。在人才培养方面，合作交流为我们的文物保护人才提供了更广阔的学习和成长平台。可以选派人员到国外先进机构进行培训和实习，让他们亲身感受和学习国际一流的保护方法和管理经验。同时，吸引国外优秀人才带来新的思路和观点，促进人才的多元化发展。鼓励自主创新是提升专业技能水平的内生动力，可以设立专项科研基金，支持文物保护技术的研发和应用。鼓励文物保护人员结合实际工作中的问题和需求，开展创新性研究。文物保护工作并非一成不变，而是随着时间的推移和社会环境的变化而不断面临着新的挑战和机遇。在这样的背景下，鼓励文物保护人员积极开展创新性研究显得尤为重要。提高文物保护工作的科技含量是必然趋势，应充分利用现代科技手段，如大数据、人工智能、物联网等，对文物进行监测、分析和保护。加强人才的联合培养也是关键，高校可以邀请企业和文物保护单位的专家担任兼职教师，为学生传授实践经验，企业和文物保护单位可以接收高校学生进行实习或就业，共同培养既懂理论又有实践能力的专业人才。

第三，建立产学研相结合的监督和评估机制。定期对合作项目的进展和效果进行评估，及时发现问题并调整策略，确保合作的有效性和可持续性。

通过综合实施以上多种措施，能够切实加强文物修复与保护领域的人才队伍建设，推动文物保护事业的创新发展和技术进步。

六、结语

虽然河北省在社会文物修复与保护人才队伍建设方面取得了显著成效，但是也面临着一些挑战，未来还需进一步加强人才培养体系的建设，提高人才培养质量，以适应日益增长的文物修复与保护工作的需求。

要建设一支数量足、质量高、结构优的文物修复与保护人才队伍，需坚持党管人才原则，加强党的领导，强化人才培养体系顶层设计、整体规划和协同推进。高校应进一步加强相关专业建设，扩大招生规模，完善培养体系，培养更多高水平专业人才。文物保护修复机构需完善在职专业人员进修机制，加强多种方式的人才培养。同时，还需优化人才队伍结构，建立健全全方位、多层次育才体系，完善评价机制和激励机制，吸引更多人才参与，形成推动文物保护修复事业发展的强大合力。以服务河北省社会文物保护、利用、发展为宗旨，以人才就业为导向，以提高人才培养质量为核心，培养具有国家情怀、工匠精神和创新能力的文物保护人才，进而解决河北省社会文物保护人才后继乏人的问题，推动文物事业的高质量发展。

参考文献

[1] 曲新楠，王良智．高职文物修复与保护专业“1+2+3”人才培养模式的探索 [J]．中国文物科学研究，2020（03）：15-20.

[2] 程姗．博物馆文物管理中的文物保护措施分析 [J]．中国民族博览，2024（03）：250-252.

[3] 赵英辉，胡佳佳，杨梓丹，王晶．河北省文物修复专业人才需求及高校培养现状研究 [J]．艺术品鉴，2019（35）：158-159.

河北蔚县民间壁画富集区助力文旅高质量发展研究报告

一、蔚县民间壁画的艺术表现形式

（一）壁画的题材与内容

蔚县民间壁画的题材丰富多样，涵盖了日常生活、传统信仰、自然景观及历史传说等多个方面，充分反映了当地人民的生活状态和文化信仰。

图 1　百工图壁画

日常生活题材是蔚县民间壁画中最为常见的内容，描绘了农耕、节庆、婚嫁等场景，展现了农民的勤劳与乐观。例如，在百工图类型的壁画中，各种手艺人、商人、农夫等形象栩栩如生地再现了他们的工作和生活场景，具有很高的民俗学价值，为后人提供了丰富且生动的历史资料。

传统信仰是蔚县民间壁画的重要主题，许多作品围绕着民间信仰和宗教仪式展开，描绘了各种神祇和吉祥物。例如，龙、凤、财神等传统吉祥物经常出现在壁画中。在民间信仰方面，遍布蔚县的龙王庙壁画是一个典型的例子。龙王庙的壁画中绘有龙母、龙王和施雨图，以及农业和婚俗图等。这些壁画展示了人们对龙王降雨以保证农业丰收的祈求，体现了当地对农业的重视和对婚姻美满的祝愿。在戏台壁画中，常常绘有戏曲人物和封神传说等内容。这些壁画以生动的故事情节和丰富的人物形象为特色，展现了戏曲文化在民间生活中的重要地位，反映了人们对英雄人物和神话故事的崇拜与敬仰。

图 2　蔚县崔家寨关帝壁画（局部）

自然景观也是蔚县民间壁画的常见题材之一，这些壁画通常绘制于建筑的山花、象眼等区位，起到装饰性的作用。通过对山水、花鸟等自然景物的描绘，表现了人与自然和谐共生的理念。

（二）艺术风格与技法

图 3　黄家庄村龙王庙所用蓝色颜料

蔚县民间壁画通过生动的图像和色彩，展现了强烈的地方特色和鲜明的民族风情，既传承了传统艺术的精华，又融入了自然环境与人文景观，使得作品具有较强的叙事性和感染力。

图 4　独树村三官庙“贴纸绘金”技法

在艺术技法上，蔚县民间壁画主要采用手工绘制，古代工匠使用天然矿物颜料、早期人造颜料、植物染料、金属性材料等，使得壁画的色彩丰富绚丽，具有视觉冲击力。蔚县民间壁画的色彩运用极为丰富，常采用鲜艳且对比强烈的色调，这些颜色在壁画中互为映衬，形成生动的画面效果，增强了壁画的感染力。

在构图方面，蔚县民间壁画通常采用对称和均衡的布局，较为典型地体现出朝元图式、水陆图式、说法图式等传统壁画范式。作品的主要元素往往集中在画面的中央，周围的装饰性图案或背景色彩则起到衬托的作用，形成明显的视觉焦点。这种布局方式不仅增强了画面的整体性，也使观众的视线自然地聚焦于主题部分。例如，寺庙壁画中对宗教人物故事图的描绘，常采用“前景—中景—背景”这种层次分明的构图方式，使得画面在空间上更具立体感，营造出强烈的视觉效果和深远的空间感。对称性在蔚县寺观壁画的构图中扮演着至关重要的角色，它不仅是一种视觉艺术的表达手法，也深深植根于中国古典美学和哲学的深厚土壤之中。蔚县民间壁画的线条运用也颇具特色，艺术家们常使用流畅而富有韵律的线条，将各个元素巧妙连接，从而增强了画面的整体性。

（三）蔚县民间壁画的文化内涵

1. 壁画中的民俗文化

蔚县民间壁画作为地方文化的重要载体，深刻反映了丰富多彩的民俗文化，是当地居民生活方式、价值观念和传统习俗的真实写照。

图 5　卜北堡村戏台壁画中的封神形象

蔚县民间壁画中融入了大量的民间传说和历史故事，许多壁画都描绘了英雄人物、神话故事和历史事件，这些题材不仅增强了壁画的叙事性，也使其成为传承地方历史和文化的重要工具。从婚嫁习俗、丧葬仪式到农耕活动，壁画通过细致的描绘，使这些传统习俗得以生动展现。

蔚县民间壁画所承载的道德观念和价值观同样是其文化内涵的重要组成部分。许多壁画通过人物形象和场景设置，传达了勤劳、善良、孝敬等传统美德。这种潜在的道德教育功能，是对当地民众心灵的滋养。通过对壁画中民俗文化的深入研究，我们能够更好地理解和传承这一独特的文化遗产，推动地方文化的保护与发展。

图 6　卜北堡村龙王庙壁画中记录的民俗仪式

2. 壁画中的民间信仰表达

蔚县民间壁画不仅是地方文化的重要载体，更深刻反映了当地居民的民间信仰。

壁画中的宗教题材涵盖了道教、佛教及本土信仰的多元化表达。许多壁画描绘了重要神祇的形象，如马王、文曲星等，这些角色不仅是信仰的象征，还是民众对生活的寄托。通过生动的形象与场景，壁画展现了人们在日常生活中对神灵的依赖，象征着对丰收和家庭幸福的期盼。

壁画中融入了许多地方特色的信仰元素，如民间传说、历史故事和地方英雄的形象，这些元素丰富了壁画的叙事性，使其成为文化传承的重要工具。例如，关帝庙壁画描绘了关帝在保家卫国中的英勇事迹，这不仅激励了后代对英雄精神的追崇，也增强了社区的文化认同感。同时，蔚县的民间信仰还通过对自然元素的描绘表达了对自然与环境的敬畏。在壁画中，山水、花鸟等自然元素大多作为装饰、填充性图案，象征着人与自然和谐共生的理念，反映了农耕文化中人与自然的密切关系。

研究蔚县民间壁画中的民间信仰表达，不仅有助于深入理解当地的文化内涵，也为保护和传承地方文化提供了重要依据。通过系统研究这些壁画，我们能够揭示出其背后深刻的社会心理和文化逻辑，为推动文化旅游的发展提供理论支撑与实践借鉴。

二、壁画保护的方法与技术

蔚县民间壁画以其独特的艺术风格和丰富的文化内涵而闻名，然而许多壁画因年代久远、自然环境的影响和人为因素而出现了不同程度的损坏，部分壁画色彩褪色、图案模糊，并出现了剥落和龟裂，导致艺术价值和文化意义受到影响。针对上述问题，亟须制订全面的保护计划，整合相关资源，以提升蔚县民间壁画的保护和传承效果。

图 7　被切割的壁画

图 8　受损的壁画

图 9　起甲剥落的壁画

（一）数字化保护与科技创新

数字化保护是指将壁画的图像、色彩和肌理等信息进行数字化存储和分析，同时通过数字化技术实现对壁画的修复和还原，为壁画的保护和传承提供有效的解决方案。数字化保护的主要技术手段包括高分辨率摄影、三维扫描、数字化储存和备份、数字化复原、虚拟现实技术等。

数字化存储和备份技术可以将壁画信息转化为数字化形式，并存储在计算机或其他存储介质中。这种方式可以大大减少外界因素对壁画的损害，同时实现对壁画信息的多次备份和远程传输，确保信息的完整性和可靠性。例如，利用激光扫描和三维重建技术，可以实现对壁画信息的高精度扫描和采集，将壁画信息转化为数字化数据。这种技术不仅可以精确记录壁画的现状，还可以为后续的修复和保护提供翔实的数据支持。数字化复原技术是一种基于计算机技术和图像处理算法，对已经损毁或部分缺失的文物进行数字化还原和修复的方法。在明清壁画保护中，数字化复原技术可以通过对原始图像进行纹理分析、形态分析和色彩分析，将部分缺失的纹理、形态和色彩还原出来。例如，通过三维建模和可视化展示，可以更加直观地展示壁画的原貌和历史价值，增强公众对其文化价值的认知。数字化修复技术可以利用计算机技术，将壁画的数字图像进行处理和修复，以恢复其原有的形态和颜色。这种技术可以避免传统手工修复的风险，使得修复更加准确和安全。例如，基于图像处理的修复技术可以快速、准确地恢复壁画的原貌，而基于三维重建的修复技术则可以恢复出更加精细、真实的壁画形态和颜色。监测技术的应用也为壁画的保护提供了有效保障。利用环境监测设备，可以实时监控壁画所处环境的温湿度变化，及时发现潜在的风险因素，从而采取相应的预防措施。例如，通过监测设备的数据分析，可以制定出更合理的环境控制方案，以保持壁画保存环境的稳定性。这种科学的环境监控结合传统保护理念，可以在保护过程中实现科学管理与合理调控，确保蔚县民间壁画的可持续保护。

（二）材料科学的进步与应用

材料科学的进步使得保护修复材料的选择更加科学合理。使用环保型的保护剂和修复材料，可以有效降低对壁画原有艺术风格和材料的损害，从而实现更为持久的保护效果。

可逆性修复材料的应用是材料科学进步的重要体现之一。可逆性修复材料在壁画修复后，可以在不损害原有壁画的情况下，通过特定的方法将其去除。这类材料不仅具备良好的修复效果，还能够在必要时轻易地移除或更换，而不对原物品造成永久性损害。

在蔚县民间壁画的保护工作中，可逆性修复材料的应用至关重要。这些材料的使用使得蔚县民间壁画不仅可以得到有效的修复和保护，同时也为未来可能的修复工作留下更多的选择余地。

数字化保护与科技创新、材料科学的进步、监测技术的应用等多种手段的综合运用，构成了一个系统化的保护方案，可以有效应对未来保护工作中可能出现的各种挑战。

（三）壁画的传承与教育

1. 壁画艺术的传承现状

蔚县民间壁画的传承现状受到多方面因素的影响，整体传承链条面临断裂的风险。

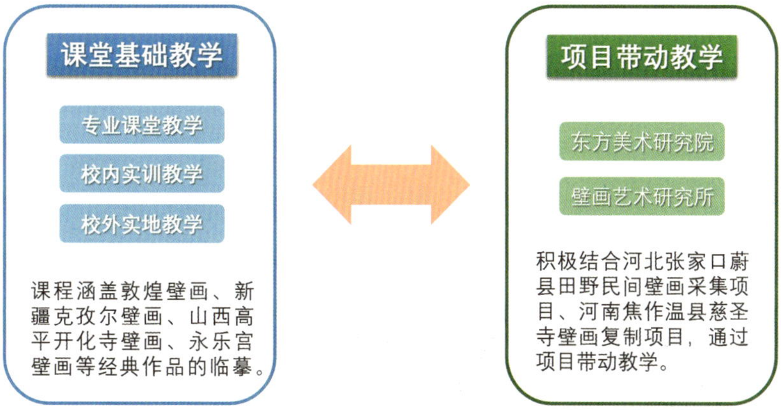

图 10　河北美术学院的教学转化方案

在蔚县民间壁画艺术的传承现状中，河北美术学院壁画艺术研究所和河北美术学院造型艺术学院壁画专业采取了以项目带动教学的模式。基于田野采集的数字化资源，河北美术学院积极将传统壁画材料课程融入教学过程中，推动学生对传统岩彩壁画的实际应用能力和技法水平的提升。以蔚县民间壁画中的“贴纸绘金”技法为例，该项目包括田野数据收集、数字化整理、技法复原和教学实践等四个步骤。通过这种实践性教学，学生不仅可以学习传统岩彩画的技艺，还能深入理解其文化背景和艺术特点，提升他们在保护与修复工作中的专业能力和创新能力。

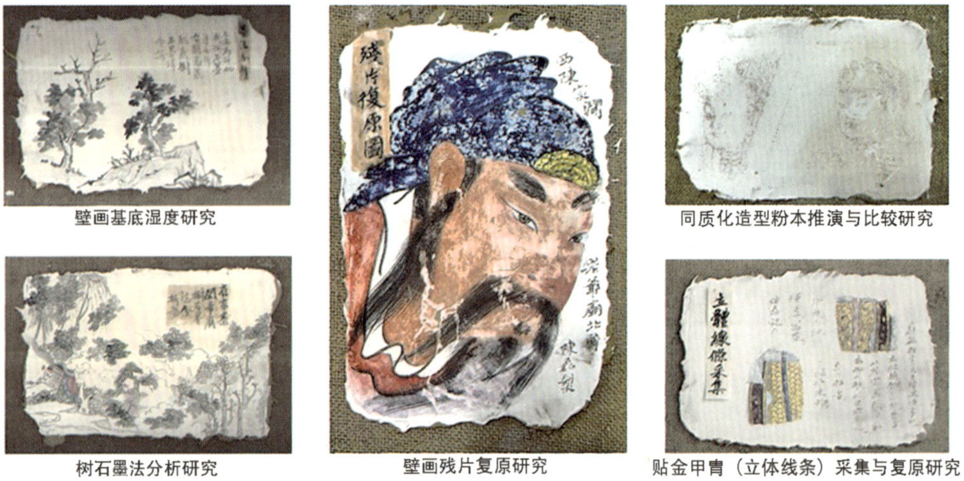

图 11　河北美术学院的蔚县壁画教育资源转化专题

如今，一些专业人士已经开始尝试将传统壁画与现代艺术形式相结合，通过新媒体与数字艺术的方式进行交互式壁画创作，使得壁画艺术的表现形式更加多样化，从而吸引更多年轻人的关注。这种创新也带来了对传统艺术精髓的挑战，如何在传承与创新之间找到平衡，仍是当前面临的重要课题。

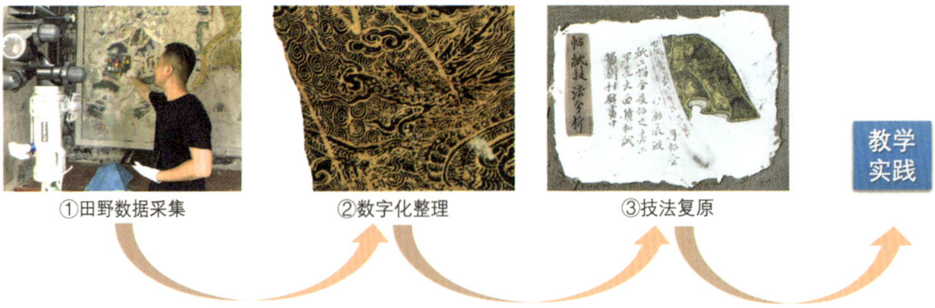

图 12　基于数字技术的教育转化实践

2. 壁画教育的现状与问题

目前专门针对壁画艺术的课程较为稀缺，许多学生在学习的过程中缺乏系统的壁画知识与技能培训，导致对传统壁画技法和艺术理念的认知不足，使得有意从事壁画创作的年轻人难以获得专业指导。同时，现有的壁画教育大多缺乏实际的创作实践和现场学习机会，导致学生对壁画艺术的感性认识和实践能力都相对薄弱。

总体而言，蔚县民间壁画的教育现状虽然存在一些积极因素，但依然面临课程设置不全、实践机会缺乏、创新能力不足和资源匮乏等多重问题。为了促进壁画艺术的可持续发展，亟须建立健全的壁画教育体系，加强与地方民间美术团体的合作，并积极探索创新的教育模式。

3. 壁画传承的策略与建议

为了有效推动蔚县民间壁画的传承与保护，需要实施多维度的培养策略。

首先，建立系统的壁画传承机制至关重要。第一，河北省内高校的艺术类专业应适当设立专门的壁画艺术培训课程，或开设相关选修课或工作坊，邀请有田野壁画采集及当代壁画创作经验的优秀壁画艺术家进行面对面指导。培训内容应包括传统技法、材料使用、艺术风格及文化背景等，确保参与者能够全面了解壁画艺术的精髓。第二，可以开展"师带徒"项目，鼓励年轻艺术家与老一辈艺术家一对一交流，从而实现经验的有效传承。第三，鼓励跨学科合作，地方高校、文化机构及艺术团体应当建立紧密的合作关系，共同开发关于蔚县民间壁画的研究项目和展览。第四，可以通过联合举办学术研讨会，邀请艺术、历史、文化等不同领域的专家进行交流，促进对壁画艺术的多角度理解与研究。第五，鼓励艺术家与社会学家、经济学家合作，探讨壁画在当代社会的多重价值，形成更为广泛的影响力。

其次，推动社区参与是促进壁画艺术传承的重要途径。可以定期组织社区艺术活动、壁画创作大赛等，鼓励居民参与其中。通过邀请当地居民和学校学生共同参与壁画的推广和创作，增强他们对本土文化的认同感。

最后，利用现代科技手段提升壁画的传承效果也尤为重要。应当积极推进壁画数字化档案建设，将壁画进行高清拍摄和记录，并在网络平台上建立虚拟博物馆，进行线上展览与教育。利用虚拟现实或增强现实技术，开发互动式应用，让人们能够更直观地体验壁画艺术和其背后的文化故事。

三、蔚县民间壁画在文旅产业中的开发与应用

（一）蔚县民间壁画的旅游资源开发现状

1. 壁画作为旅游资源的现状分析

蔚县民间壁画作为独特的地方文化艺术，近年来逐渐受到游客和研究者的关注，成为地方旅游颇具潜力的资源。然而，由于历史保护意识的不足，部分壁画缺乏合理有效的保护，不具备公开展示的条件。因此，尽管蔚县民间壁画数量众多，但有效保护与合理利用的矛盾依然突出。目前，蔚县在壁画的旅游开发上主要采取了文化旅游与乡村旅游相结合的方式。通过安排壁画专题考察，吸引少量专业化游客或主题访学团，缺乏系统的规划和深度的文化解读，游客在观赏壁画时往往缺乏对其历史和文化内涵的全面理解。此外，蔚县的旅游基础设施建设仍显不足，配套不够完善，影响了游客的体验。同时，蔚县在壁画旅游资源的利用方面多停留在表面，缺乏深入的文化体验项目。大多数游客在观光时缺乏互动与参与的机会，难以真正深入了解壁画所承载的文化内涵。

目前，蔚县民间壁画在美术学、民俗学等一定专业范围内取得了一定的知名度，但其市场推广力度仍显不足，市场营销与宣传推广方面仍需优化。要想充分挖掘利用这一独特的旅游资源，需要通过多渠道的市场推广，如社交媒体、旅游展会及文化交流活动等，增强对壁画旅游的宣传力度。但是如果没有科学的管理和合理的开发策略，过度的商业化可能会对壁画的保护造成威胁。因此，在推动将壁画作为旅游资源进行开发的同时，必须强化可持续发展理念，确保在实现文化遗产经济利益与文化遗产保护之间找到平衡。

2. 现有旅游项目及其效果评估

民俗文化节庆活动是蔚县旅游的核心，古堡、古建、壁画考察是蔚县文化旅游的特色。游客在专业向导或专家的带领下，参观各个村落的建筑和壁画，了解其历史背景与文化内涵。然而，该形式的游览多为团体自发，缺乏专门的组织和考据的学术基础，且在观赏过程中普遍反映缺乏深入的文化讲解，导致对壁画的理解较为肤浅。因此，尽管游客数量逐渐上升，但在文化体验的深度和满意度方面仍有待提升。

互动体验项目旨在让游客更直观地参与到文化活动中，通过亲身体验来增强

对相关文化、技巧、流程的理解。目前，蔚县文旅尚未开发出针对民间壁画的互动体验活动。

市场推广与宣传策略的有效性也是评估的重要方面。目前，蔚县在推广壁画旅游方面主要依赖传统媒体和周边地区的口碑传播，缺乏系统的市场营销策略，整体的市场推广力度仍显不足，这也进一步影响了实际的游客流量和项目效果。

（二）壁画旅游资源的开发策略

1. 壁画旅游线路的设计

在蔚县民间壁画旅游资源的开发过程中，合理的旅游线路设计是提升游客体验和促进文化传播的关键。

线路的整体结构应考虑到蔚县县域内壁画分布的地域特性。在强化文化旅游专线的专业性的同时，还要注重多条专线之间的联系，使所有路线可以连接起来，形成一个文化旅游整体。推荐的线路可以分为几个主要区域，如历史文化区、民俗体验区、艺术创作区等。在历史文化区，游客可以参观最具代表性的古老庙宇和传统民居，这些地方不仅展示了悠久的壁画艺术，还承载着丰富的历史故事。每个区域内的具体线路应注重细节和连贯性。以历史文化区为例，建议游客从某一历史悠久的村落出发，逐步游览该村的传统建筑，随后前往附近的村庄，探索不同风格和题材的壁画。这种逐步深入的方式，可以让游客在一个自然的氛围中体会到壁画的多样性和丰富性。在民俗体验区，可以设计互动性更强的旅游线路，鼓励游客参与到当地的民俗活动中，如龙王庙壁画中的祈雨流程体验、壁画中的传统民俗活动等。通过与当地居民的互动，游客不仅可以亲身感受到壁画背后的文化意义，也能提升对当地传统文化的认知与理解。在艺术创作区，可以聚焦于当代艺术家的壁画创作项目，通过引导游客参观创作现场，增强游客对壁画艺术的参与感和亲近感。这种设计不仅丰富了旅游体验，也为地方艺术创作提供了展示平台，促进了传统与现代的有机结合。

在线路设计中，配套服务也极为重要。建议在每个景点设置相关的解说员和信息标识，提供详细的壁画背景和艺术解读，帮助游客更深入地理解壁画所蕴含的文化内涵。同时，可以在沿途设立休息区和文化体验区，供游客休息和进行相关活动，提升旅游体验的舒适度和参与度。此外，线路设计应具有灵活性和可调整性，可以根据季节变化、节庆活动及游客反馈，适时调整和优化旅游线路。这种动态的线路设计方式，不仅可以吸引更多的游客前来蔚县参观，也能有效促进当地经济的发展与文化的传播。

2. 壁画主题文化活动的策划

在蔚县民间壁画旅游资源的开发中，策划一系列富有特色的壁画主题文化活动至关重要。

壁画创作体验活动可以是文化活动的核心内容之一。通过邀请游客参与现场壁画创作，让他们在专业人员的指导下，体验传统的壁画技法和创作流程。此外，可以组织定期的壁画创作大赛，鼓励当地居民和游客共同参与，最终将获奖作品展出，形成良好的艺术氛围。

壁画文化节的设立可以作为一年一度的重要活动。在文化节期间，可以开设专题壁画讲座，邀请艺术家和学者分享壁画的历史、艺术形式及其文化意义。同时，增加民间艺术表演和手工艺品展示，增强文化的多样性和趣味性。社区参与的文化活动能够有效增强地方居民对壁画保护和文化传播的积极性。例如，可以组织壁画故事会，邀请当地长者分享壁画背后的故事与民俗，促进代际间的文化传承。这不仅可以帮助游客更好地理解壁画的文化内涵，也能增强当地居民的文化自信与认同感。

在教育推广方面，可以开发针对学生的壁画知识普及课程，举办校园壁画创作活动，鼓励学生利用课余时间进行创作，培养他们的艺术兴趣和创造力。通过建立专门的壁画文化活动网站和社交媒体平台，定期发布活动信息、作品展示和参与者的创作经历，吸引更广泛的关注和参与。这不仅能够扩大活动的影响力，还能让更多的人了解蔚县的壁画文化，形成良好的传播效应。

3. 相关配套服务的开发

在蔚县民间壁画旅游资源的开发中，配套服务的完善与提升是确保游客满意度和促进可持续发展的关键。

导览服务是配套服务的核心基础，应当建立专业的学术导览团队，专门培训对壁画文化有深入了解的导游。此外，利用现代科技，可以开发手机应用程序，提供自助导览服务，包括多语言的音频讲解和虚拟现实体验，使游客可以在自由探索的同时，深入了解壁画的故事和技艺。

应建设完善的接待中心，提供信息咨询、休息区和购物区等功能。接待中心可以售卖与壁画相关的纪念品、地方特产及艺术衍生品，促进当地经济发展。与此同时，可以设置适合家庭和团体游客的多功能空间，组织各类文化活动和交流，增强游客的参与感。

考虑到壁画分布的区域性，建议与当地交通部门合作，提供专门的旅游班车服务，定期往返于主要壁画景点和旅游接待中心。通过优化交通线路，提升游客的出行便利性，使游客能够更轻松地访问各壁画景点，提升整体的游览体验。

餐饮服务的多样化同样重要，可以鼓励当地餐饮企业开发以壁画文化为主题的特色菜品或套餐，结合壁画元素进行创意设计，吸引游客的关注。建立区域性的特色餐厅，提供当地风味的美食，这不仅能够丰富游客的文化体验，还能够有效促进地方餐饮业的发展。

（三）壁画旅游资源的可持续发展

1. 壁画旅游资源开发的可持续性分析

从可持续性发展的角度来看，蔚县的壁画旅游资源开发必须注重保护地方文物环境。蔚县的壁画分布在古堡等历史文物密集区，在旅游开发的过程中，首要任务是确保游客活动不会对周边的文物系统造成破坏。因此，应采取一系列有效的文物保护措施，需要建立健全的游客管理制度，通过限制游客流量、规范游览路径等措施，减少游客对壁画周边文物遗存的干扰。例如，可以设立特定的观景平台和步道，引导游客有序参观，避免随意踏入敏感区域。

从经济可持续性的角度来看，蔚县民间壁画旅游资源的开发不仅要追求经济效益，还需要确保对当地经济的长期促进和社区的可持续发展。

首先，壁画旅游可以成为蔚县的经济新动能。通过吸引游客，特别是文化和历史爱好者，可以带动当地的旅游消费和服务业发展。其次，壁画旅游可以促进当地居民的就业和收入增长。通过培训和就业计划，当地居民可以参与到旅游业中，如作为导游、文化讲解员或进行手工艺品制作等，从而增加收入来源。最后，壁画旅游还可以带动相关产业的发展，如餐饮、住宿、交通等。蔚县当地可以利用壁画旅游的吸引力，发展符合当地特色和文化的民宿、特色餐饮等，增加游客的停留时间，提升游客的消费水平，间接促进整体经济的多元化发展。

从地方文化的可持续性发展角度来看，蔚县民间壁画的保护和利用不仅关乎文化遗产的传承，也涉及当地社区文化的自我认同和可持续发展。蔚县民间壁画作为地方性文化的重要组成部分，反映了当地历史、宗教信仰和艺术风格，是社区文化认同的核心。通过制定保护政策和开展文化教育活动，可以增强居民对壁画文化的理解和认同，培育地方文化的传承意识，从而促进社区的凝聚力和社会稳定。乡村旅游资源开发应注重原创性和特色化，避免同质化竞争。例如，通过挖掘和展示蔚县独特的壁画艺术，结合当地的民俗活动和传统手工艺，打造具有地方特色的乡村旅游品牌。这不仅能够吸引更多游客的关注，还能够提升当地居民对旅游业发展的参与度和支持度，促进经济和文化的双向融合发展。地方文化的可持续性发展还需要通过教育和社区参与机制的建立，培养和激发年轻一代对地方文化的兴趣和保护意识。通过学校课程的设置、文化节庆活动的举办，以及社区志愿者的培训，使年轻人能够深入了解和参与壁画的保护与传播工作，从而实现文化传承的代际延续和可持续发展。

2. 壁画旅游的经济效益与社会效益评估

在蔚县民间壁画旅游资源的开发中，评估其经济效益与社会效益是确保可持续发展的重要环节。经济效益主要体现在旅游收入、就业机会及相关产业的带动，而社会效益则关注文化传承、社区参与及居民生活质量的提升。

从经济效益的角度来看，随着壁画游览游客数量的增加，地方旅游收入显著提升，直接带动了餐饮、住宿、交通及纪念品等相关产业的发展。这种经济增长不仅为地方政府带来了税收，还为地方经济的多元化发展提供了机遇。此外，壁画旅游的兴起也促进了相关基础设施的建设，如交通、公共服务设施的改善，从而进一步提升了地区的整体经济活力。壁画旅游的发展也能够创造可观的就业机会。旅游业的蓬勃发展使得当地居民能够直接参与其中，这不仅有效降低了当地的失业率，也提高了居民的经济收入水平。

从社会效益的角度来看，壁画旅游的开发对当地文化传承与社会凝聚力增强产生了积极影响。通过旅游活动，越来越多的游客和当地居民能够深入了解和体验壁画这一独特文化，从而增强文化认同感。此外，壁画旅游的发展还促进了社区的团结，居民在共同参与保护和推广壁画的过程中，形成了更强的社区归属感和凝聚力。壁画旅游的可持续发展还能够改善居民的生活质量。随着旅游业的繁荣，地方政府有更多的财政收入可用于公共设施的建设与社会服务的提升，如教育、医疗等领域的投入。居民在享受经济收益的同时，也能感受到生活环境的改善和服务质量的提升。

3. 壁画旅游资源的长期保护与管理

在蔚县民间壁画旅游资源的可持续发展中，长期保护与管理是确保其文化价值的核心要素。

制度化保护机制的建立是长期保护的基础。地方政府应制定明确的壁画保护政策，建立专门的管理机构，负责壁画的日常维护与监测。通过实施分级管理，优先保护重要的壁画遗址，确保其不受环境和人为因素的侵害。同时，相关法律法规的完善，能够为壁画保护提供法律支持，打击破坏行为，提高社会对壁画保护的认知和重视。

定期监测与评估是保护工作的必要环节。建立专业的监测体系，定期对壁画的状态进行检查与评估，及时发现潜在的损害风险。通过科学的数据分析，制订相应的维护和修复计划，确保壁画的安全和完整。此外，引入现代技术手段，如数字化扫描和三维建模，为壁画的保护提供技术支持，帮助管理者更加科学地进行保护工作。

在壁画的保护过程中，公众参与是不可或缺的一部分。通过开展壁画保护的宣传教育活动，可以提高公众对壁画文化价值的认识，鼓励居民积极参与保护行动。建立志愿者团队，动员社区力量，共同保护和管理壁画，这能够增强地方居民的文化自豪感和责任感，从而形成良好的保护氛围。

可持续的旅游管理是实现壁画资源长期保护的重要保障。在旅游活动中，应通过限制游客数量、提升旅游质量等手段，避免过度开发和资源浪费。同时，鼓励发展文化旅游和生态旅游相结合的模式，促进经济与环境的协调发展，确保在保护与利用壁画旅游资源之间找到平衡。

蔚县民间壁画旅游资源的长期保护与管理需要通过科学合理的管理措施，确保壁画在未来依然能够传承其文化价值，为社会和经济的发展提供持续的动力。

四、结论

蔚县的民间壁画以其深厚的历史积淀和独特的艺术风格，展现了丰富的民俗文化和宗教信仰。这些壁画不仅在艺术表现上具有高度的审美价值，还承载着当地社区的集体记忆和文化认同。通过对蔚县民间壁画进行研究可以发现，其艺术风格多样，涵盖了宗教神话、历史传说、民间故事等多个主题，为地方文化的多样性和丰富性增添了独特的光彩。

在壁画保护与传承方面，本研究强调了保护与利用并重的原则。通过科学的保护措施和技术手段，如数字化记录、环境保护、修复技术等，有效地保护了壁画的物质形态和艺术风貌。同时，通过开展文化教育和公众参与活动，激发了当地居民对壁画文化的保护热情，推动了壁画传承的社会化进程。结合当地社区的需求和文化实践，形成了一系列可持续的壁画保护与传承机制，确保了壁画作为文化遗产的持续传承和活化利用。壁画在文旅产业中的开发应用成果显著，不仅丰富了旅游产品线，还提升了地方经济的发展潜力。通过打造壁画旅游路线和主题景区，吸引了大量游客的到访，增加了当地居民的收入来源，推动了乡村经济的多元化发展。同时，壁画作为文化资源的有效利用，不仅提升了蔚县的文化软实力，还为地方特色文化的国内外推广奠定了坚实的基础。这些成果表明，壁画在文旅产业中的开发应用具有广阔的市场前景和社会效益，为地方经济的高质量发展提供了新的动力和支持。通过对蔚县民间壁画富集区的研究，不仅深化了对其艺术与文化价值的认识，还为壁画的保护与传承，以及在文旅产业中的开发应用提供了重要的理论与实践支持，为蔚县文旅高质量发展提供了宝贵的参考和指导。

未来，蔚县民间壁画艺术有望在多个方面得到进一步发展。首先是艺术表现形式的多样化和现代化。随着科技的进步，数字化技术、虚拟现实等工具将为壁画艺术注入新的创作元素，扩展其表现形式和艺术语言，使之更加符合现代观众的审美需求。其次是艺术创新与传统文化的结合。未来的壁画创作将更加注重传统文化的创新应用，结合当地的历史传统、民间故事，打造具有现代感和传统韵味的新型壁画作品。壁画作为文化旅游的重要资源，未来将在文旅产业中发挥更加广泛的作用。一方面，可以进一步开发壁画主题公园、艺术村落等景区，为游客提供全方位的文化体验。另一方面，可以结合当地的民俗活动、文化节庆等，打造与壁画相结合的旅游产品，增加其吸引力和市场竞争力。同时，通过文化创意产业的发展，将壁画艺术与手工艺品、文化衍生品等相结合，拓展其商业应用领域，实现经济效益与文化价值的双赢。

参考文献

[1] 杜琛，史新月．河北蔚县明清壁画数字化保护与科技创新研究［J］．大众文艺，2023（12）：34-36.

［2］王雁华．河北张家口地区明清寺庙壁画调查［J］．文物春秋，2022（01）：64-77＋2＋97.

［3］史雯．河北蔚县寺观壁画研究［J］．文学艺术周刊，2023（22）：36-38.

［4］欧阳志萍，李湘婴．湘桂走廊瑶族传统体育文化活态传承研究［J］．运动精品，2023，42（02）：29-32.

［5］朱亚成．新质生产力在促进藏族赛马节可持续发展中的作用与机制研究［C］//陕西省体育科学学会，陕西省学生体育协会．第二届陕西省体育科学大会论文摘要集（专题十）．西藏民族大学体育学院，2024：15.

［6］崔晨阳，丁玉琦，刘晗．河北蔚县古建筑壁画调查分析及价值评价研究［J］．遗产与保护研究，2019，4（08）：100-103.

［7］朱家强．河北蔚县寺观壁画发展研究［J］．大众文艺，2020（11）：188-189.

［8］闫晓亚，权立枝．提升平遥古城文化旅游多维价值的策略研究［J］．忻州师范学院学报，2020，36（05）：87-90.

［9］颜晓燕，匡广容，文玉婷．我国乡村旅游资源开发发展脉络及热点分析：基于 CNKI 的知识图谱分析［J］．金融教育研究，2024，37（04）：64-74.

［10］张健．乡村旅游资源开发现状与可持续发展研究［J］．旅游与摄影，2024（01）：44-46.

河北省石家庄市鹿泉区千年传统村落建筑风貌数字化开发与媒介传播研究

一、绪论

（一）研究背景

我国自古以来是一个农业大国，村落是体现我国农耕文明最基本的生活居住空间，蕴藏着大量的历史文化信息。传统村落是指形成时间早、存在时间长、保存完好的具有较高研究价值的村落。

河北省石家庄市鹿泉区的千年传统村落，如水峪村，位于太行山东麓，不仅是华北地区农耕文明的珍贵遗产，也是历史文化的生动见证。这些村落承载着丰富的文化与自然资源，具有深厚的历史、文化、科学、艺术、经济和社会价值，为人们提供了一种连接现代生活与传统文化的纽带，增强了人们的文化认同感，满足了人们的精神文化需求。

然而，随着现代化的快速发展，这些传统村落正面临着建筑老化、文化断层等严峻挑战，亟须有效的保护与活化措施。根据统计数据，2000 至 2010 年间，我国传统村落的数量急剧减少，这一现象应当引起社会各界的高度重视。

传统村落的消失不仅意味着物质文化遗产的损失，更代表着非物质文化遗产的消亡，这对于维护民族文化多样性和历史连续性具有不可估量的负面影响。

因此，保护和发展传统村落，不仅是对历史的尊重，也是对未来的负责。需要采取有效措施，如加强法律法规建设、提高公众意识、引入可持续发展理念等，以确保这些珍贵的文化遗产得以传承和活化。同时，通过数字化手段记录和传播传统村落文化，可以让更多的人了解和体验这些独特的文化遗产，为传统村落的保护与活化提供新的机遇。

（二）研究目的

本课题以河北省石家庄市鹿泉区水峪村为研究对象，进行全面调研，提炼其建筑风貌基因，结合智慧乡村理念，利用物联网、大数据等数字技术，提高村落的管理水平和居民生活质量，实现传统村落建筑风貌的有效保护与活化。通过三维扫描、地理信息系统、虚拟现实、增强现实等数字化技术，对传统村落建筑风貌进行精确测量、数据记录和虚拟重现，为传统建筑的保护与活化提供新的方法和手段。同时，基于 Unity、UE5 平台打造智慧乡村数字管理平台，推广水峪村智慧化应用程序，将智慧模式植入传统村落的农业发展、环境改善、旅游模式、文创融合等方面。此外，应用 Touchdesigner、3DMapping 软件平台，将交互艺术装置与村落建筑风貌相结合，营造穿越时空的艺术体验。

本课题深入挖掘和系统研究河北省石家庄市鹿泉区千年传统村落的空间形态特征及其构成元素，特别是以水峪村为代表的传统村落，旨在全面认识和理解鹿泉区传统村落的空间布局、建筑风貌和文化传承，评估当前面临的保护和发展挑战，力图为传统村落的保护、活化及创新发展提供科学依据和实践指导，促进人们对鹿泉区传统村落的全面认知，进而增强这些村落的可识别性和可记忆性，让公众能够更加深刻地体验和重拾空间形态中的乡愁，同时为传统村落在现代社会中的可持续发展提供新思路。

（三）研究意义

本课题对河北省石家庄市鹿泉区传统村落的保护与活化工作具有深远的现实意义和历史价值。在现代化进程中，传统村落常面临着建筑老化和文化断层的双重挑战。本课题深入研究了鹿泉区传统村落的空间形态，旨在为这些村落的保护与传承提供科学的依据和创新策略，以维护其独有的历史、文化、科学、艺术、经济和社会价值。本课题引入了数字化技术和媒介传播手段，为传统村落的保护与活化提供了创新解决方案。通过三维扫描、地理信息系统、虚拟现实、增强现实等数字化技术，对村落进行了精确数字化记录和虚拟重现，这不仅有助于保存珍贵的文化遗产，还能扩大传统村落文化的传播范围，提升公众对其价值的认识和保护意识。结合智慧乡村理念，本课题运用物联网、大数据等信息技术，提升传统村落的管理效率和居民生活质量，促进传统村落建筑风貌的有效保护与活化。

这不仅改善了村民的生活环境，也为当地的经济发展和传统村落的可持续发展提供了技术支撑。

此外，本课题对推动地方文化旅游发展，增强传统村落的可识别性和可记忆性具有积极作用。通过保护和活化传统村落，可以吸引游客，促进旅游业发展，同时还可以让更多人深入了解和体验中国的农耕文明和传统文化，增强民族文化自信。

二、水峪村空间形态基因提取

水峪村三面环山，西北高，东南低，北侧、西侧、东侧均有山峰，村中有河流穿过，村落中的街巷、建筑沿着山脉分布排列。整个村落朝向整体呈坐北朝南布局，村落西部呈坐西朝东布局，西、北两侧以山为靠，南侧为开阔地带。这不仅使村落内阳光充足，还阻挡了来自西北方的寒风，使水峪村形成了宜居的空间形态。隋末唐初，有人迁居于此，村落不断发展，逐渐形成了独具特色的红石文化村——千年鹿泉传统村落水峪村。

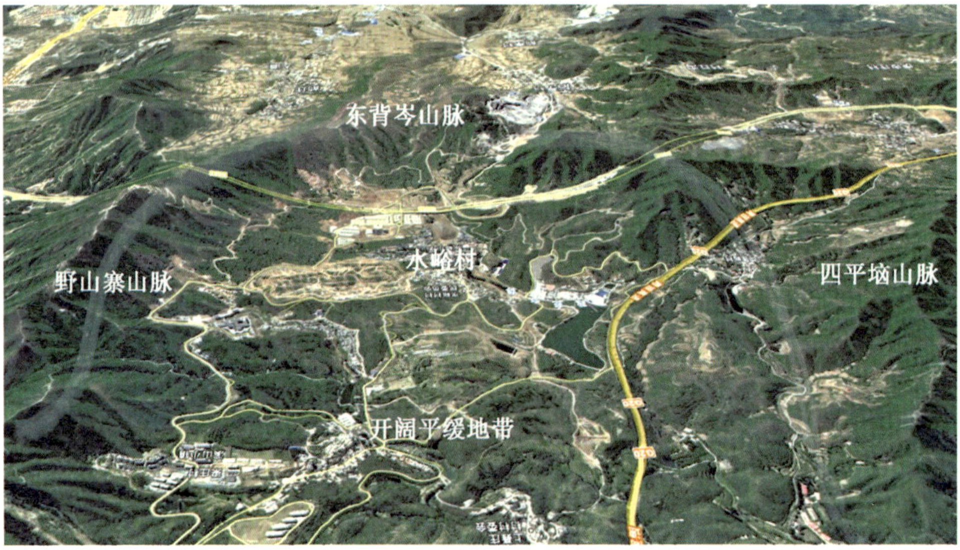

图 1　水峪村的山脉地形图

（一）"藏风聚气"的山水构成

水峪村周围有很多河道和沟岭，具有藏风聚气之意。风水理论认为"以得水者为上，以藏风者次之"，《葬书》指出符合"藏风聚气"的地形应该是"以左为青龙，右为白虎，前为朱雀，后为玄武"，而水峪村的环境形势不仅背面有高山为靠，村前不远处还有低矮的小山，左、右两侧有护山环抱，明堂部分地势宽敞，村中有很多河道环绕。开阔的明堂，迂回的山岭，宛转盘绕，层层拱卫，水峪村周围的山川形势环抱紧凑，挡住了劲风，使气不散失，从而形成了藏风聚气的环境。柔和的清风徐徐吹来，清风宜人的环境使生活在这里的人们富有生气，精神饱满。

（二）水峪村的空间特征

水峪村位于太行山地区的山坳中，其平面形态呈曲带状，街巷为树枝分杈型，耕地在村落所处山坳两侧山体的坡地之上。

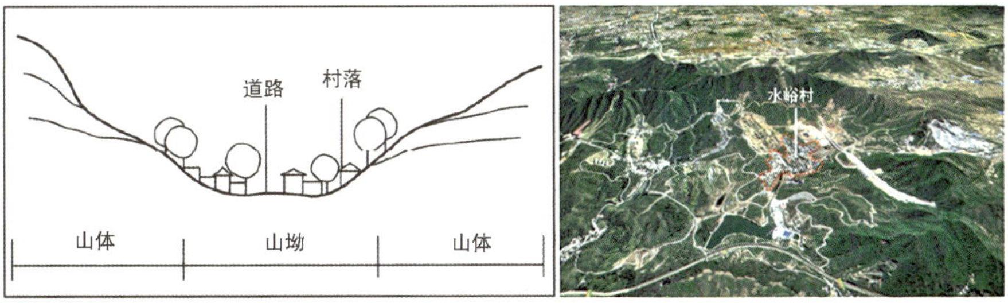

图 2　水峪村的山体剖面图

水峪村分旧村和新村，水体沿着旧村而走，水系属于环绕型，村落距水体较近，村落周围与水体有很多支流与交叉口。

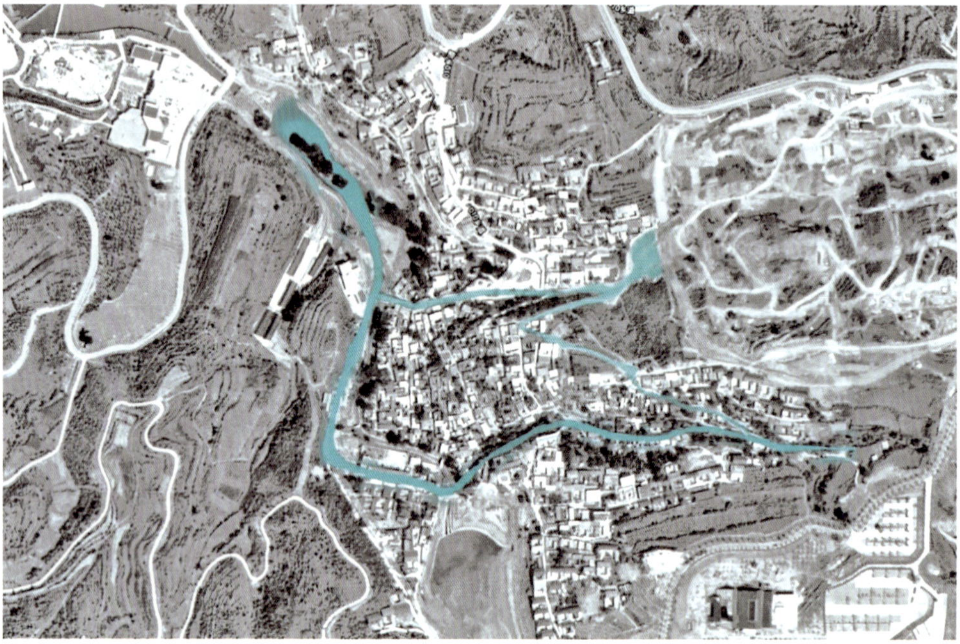

图 3　水峪村的水体环绕图

（三）水峪村的布局特征

水峪村在一定的自然环境和人文历史的影响下，形成了古村落这种特定的空间形态布局，这种布局特征反映了特定的自然环境和人文历史的深刻内涵，也体现了古人追求天人合一、崇尚自然的传统自然观。以下是几种传统村落的主要空间形态布局类型。

表 1　传统村落空间形态布局类型

空间形态布局类型	空间形态布局特征	示意简图
集团式	集团式多分布在比较平整的地带，空间形态布局也比较平整，多为规则的四边形或多边形，平面形式比较规则，街道横平竖直、主次分明	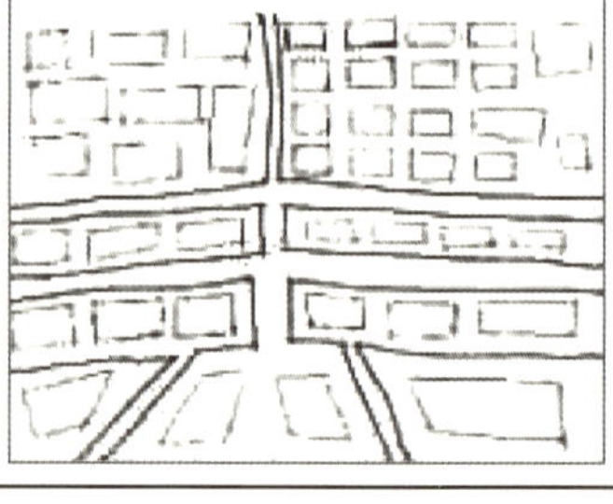

续表

空间形态布局类型	空间形态布局特征	示意简图
曲带式	曲带式多分布在山地、丘陵、河道比较多的地带，空间布局随地势、河流而分布，建筑沿河道、等高线呈带装分布，水峪村的空间形态布局就是曲带式	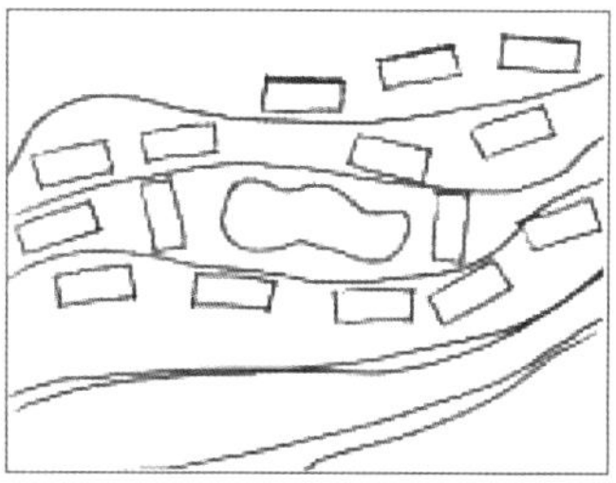
放射式	放射式村落以一点为中心，沿着街道、水系向四周放射开来。放射式村落空间形态一般分布在较为平整的盆地，以某一重要地带向外围发散开来	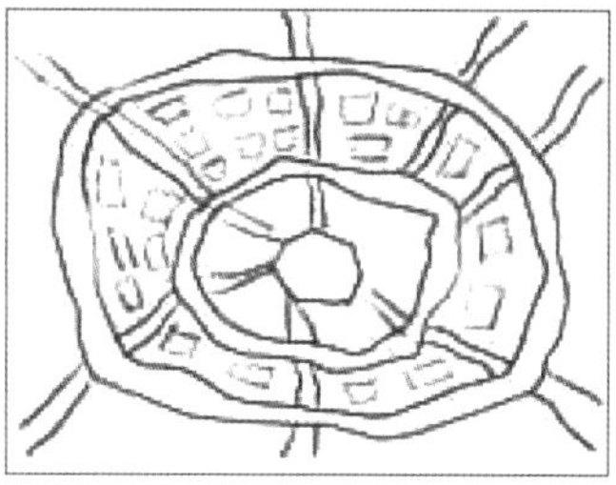
自由式	自由式村落空间形态分布比较随意，用地范围也不规范，街巷划分不明确，聚落空间也不明显，道路随地形分布，建筑材料以当地材料为主	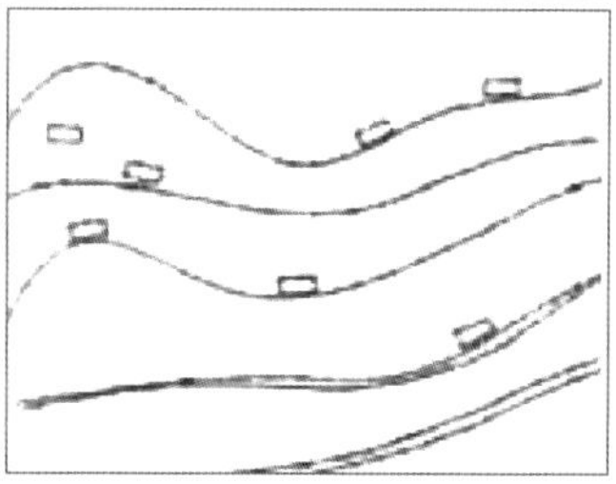

水峪村依山而建，村内所有建筑在进行布局规划时都充分尊重了自然山地的起伏，很少出现人工的大格局修整。依托于山脊的房屋建筑，大多数都是坐北朝南或坐西朝东，主要以石木结构为主要构造形式，空间布局错落有致。从村口高处望去，可以将村落的所有情况尽收眼底。

水峪村在进行河流和道路规划时顺应了山地的布局形式，按照山脊线、等高线的方向不断延伸，形成了较为明显的狭长带状格局。存在高度差的建筑顺应地势依次向上排列，相同高度的则顺着等高线进行排列。村前视野开阔，有良好的通风和采光条件。水峪村的空间形态布局沿着河道、村道、山道分布，是典型的曲带式空间形态分布。

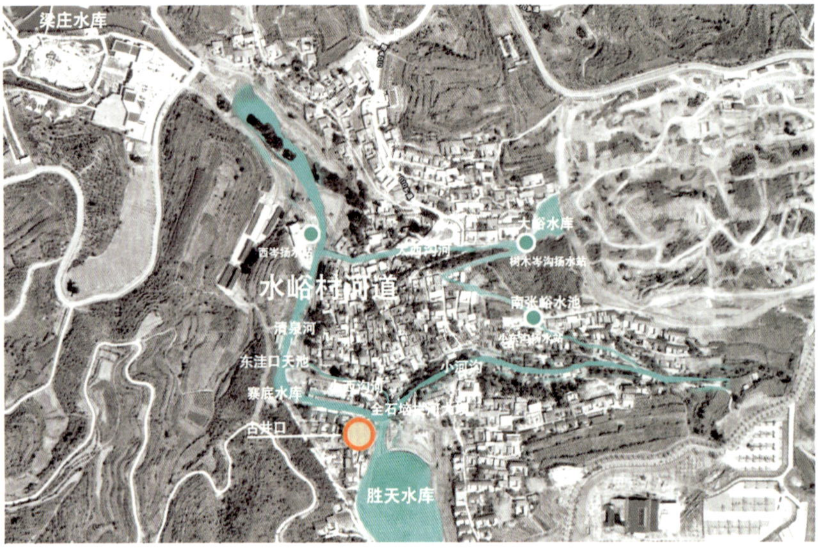

图 4　水峪村的河流、河道分布图

（四）水峪村空间形态布局格局

水峪村的空间形态布局格局根据其所处的自然地理环境、生活生产需求等而定。水峪村整体处在三面环山的山坳之中，整体格局符合背山、面水、向阳的特征。

图 5　水峪村的空间形态布局格局图

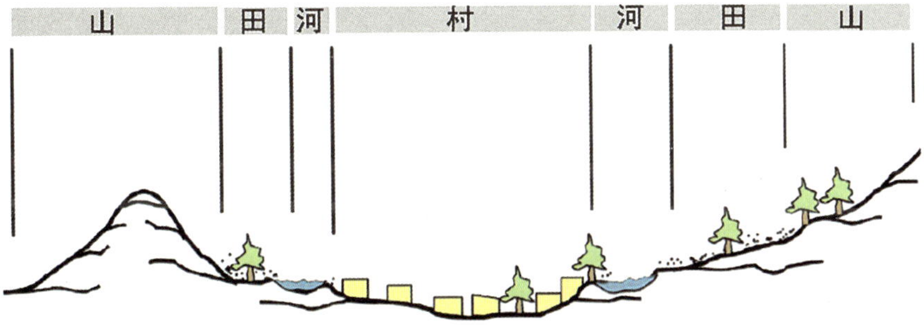

图 6　水峪村的空间形态格局立面布局图

（五）水峪村空间布局组织形态

水峪村的形成是由于山西难民迁居于此，之后形成了具有血缘关系的家族网络，加之地理环境复杂，以及古时候交通不便，最终形成了独立的成团形村落。整个村落是一个由点、线、面构成的空间形态布局，主要包括公共空间和民居建筑空间。公共空间的街巷空间、村落河道、水系等如很多条线一般连接着村落的民居建筑、节点、公共建筑等，构成了整个水峪村。

村落由于受地形条件的限制，均顺应山势而建。街道沿山势而走，平行或垂直于山脉走向，贯穿整个村落。村落的主要道路为几条垂直于等高线的道路，形成了树枝一样的路网，联系各户人家。

顺应原有山地的地形地貌，使得整个村落的布局变得更为灵活多样。沿着山脊线向高走的方向依山而建的房屋，整体布局较为自由，房屋与房屋之间形成了多条不规则的小巷。按照山势起伏进行建造的村内建筑，使得整个布局层次变得更为鲜明，也让山中建筑和山内环境变得更加和谐。从整体的角度来看，相比于平地传统村落来说，依山而建的村落其层次变化更为鲜明，视觉感官更为良好，能够直接观看到更深层次的景观，层层叠叠的建筑，让整个布局构造变得更为融洽。

图 7　水峪村的建筑风貌

三、水峪村建筑风貌形态基因提取

水峪村的民居建筑与其所在的传统村落的空间形态紧密相连，不仅反映了村民的日常生活习俗、文化传统和宗教信仰，还展现了与自然环境的和谐相融。这些建筑巧妙地利用了地形的高低起伏，沿等高线布局，并选用当地富含铁的页岩和砂岩作为主要建材，以手工垒砌的方式构建出独具地方特色的红石民居。通过对水峪村民居建筑的平面布局、建筑形式和构成要素等进行深入分析，可以更好地理解这些建筑如何与村民的生活方式和文化传统相融合，以及它们在地域文化中的重要作用。

（一）水峪村民居的平面构成

水峪村的建筑风格源自古代山西移民带来的窑洞建筑，并根据当地太行山脉的地质特点进行了创新。由于黄土高原气候干旱、地形多变，当地居民多采用土窑作为居所。水峪村利用当地丰富的含铁砂岩和页岩，将传统的生土窑改良为坚固耐用的红石窑，既适应了当地的气候和地理环境，又展现了独特的地域建筑特色。这种红色石窑不仅在材料上与山西窑洞有所不同，在结构和设计上也体现了对传统和自然环境的深刻理解与融合。

石窑的建造过程首先注重选址的科学性，倾向于选择那些地质坚固、能够抵御风害、阳光充足、水源丰富且交通方便的地点。这种选址策略不仅确保了居住的舒适性和安全性，还有利于形成以血缘和宗族关系为基础的社区结构。在水峪村，民居的布局展现出集团化的特点，房屋之间相隔不远，这样的设计促进了邻里间的密切交流与互助，强化了社区的凝聚力。

图 8　水峪村民居建筑布局图

选定石窑的建造地点后，接下来是确定建筑的朝向。依据周边的地形和地貌特征，首先要确定主窑的位置，要确保其后方地势较高，而前方地势则相对较低，以此来确定整个宅院的布局。石窑住宅的类型多样，主要包括北向的主窑构成的北坎院、西向的主窑构成的西兑院、东向的主窑构成的东震院，以及南向的主窑构成的南离院等四种基本形式。在这些设计中，主窑通常处于较高位置，相较于其他房间，会高出大约 30 厘米，以此来凸显其在住宅中的核心地位和重要性。

水峪村的民居建筑巧妙地适应了地形的起伏变化，通常选择背靠高地而面向低处，以实现最佳的居住舒适度和视野。在规划石窑的功能布局时，主窑被设定为住宅的核心空间，即正房，而东、西两侧则分别设有厢房。以北坎院为例，正房位于宅院的北侧，风道巧妙地设置在正房与西厢房之间，以促进空气流通，并提供额外的存储空间。卫生间则被安排在宅院的西南角，而宅院的入口设在东南角，便于出入。楼梯则位于东厢房与正房之间，东厢房还兼具厨房的功能。在气候干燥的北方，这样的设计不仅有利于空气流通，还有助于防火，体现了传统民居在适应环境和满足生活需求方面的智慧。

图 9　水峪村北坎院布局图

水峪村的民居建筑平面形态呈现出多样化的特点，这主要得益于其独特的地理环境。村落四周被山脉环绕，形成了一个山坳地形，这里的地势高低起伏，地形复杂多变，这直接影响了民居的设计和布局，使得建筑平面的空间形态丰富多变。以北坎院为例，可以观察到从简洁的“一”字形布局到更为复杂的“L”字形、三合院及四合院等多样化的建筑类型，这些设计不仅反映了对地形的巧妙利用，也展现了当地居民对居住空间的多样化需求和审美追求。

1. “一”字形民居空间

在水峪村，“一”字形的民居设计较为罕见，通常以两种形态出现，即敞院式和合院式，以适应多变的地形和经济考量。敞院式的设计开放而自由，缺少围墙或篱笆的界限，允许建筑与自然景观和谐相融，营造出一种随性而富有生活气息的庭院环境。这种设计通常坐北朝南，以获取最佳的日照效果。相比之下，合院式民居则以院墙环绕，提供了更多的私密性和安全性，其院门常设于正房前方，这种形态成为水峪村“一”字形民居设计中的常见布局。无论是敞院式还是合院式，“一”字形民居的开间通常为三至五间，且在北坎院中，院门多位于宅院的东南角，卫生间被安排在宅院的西南角，而厨房则被安排在正房东侧。这样的布局旨在避免视线直接穿透院内，同时在入口处设置照壁，引导访客从左侧进入，以实现街巷与院内空间的自然过渡。

表 2　水峪村“一”字形民居建筑平面类型

敞院式三间式	该住宅布局以简朴为特点，仅包含三间主屋。中间的房间专用于接待访客，而两侧房间则作为卧室或耳房。附属设施，如厨房和卫生间，则根据地形灵活布局	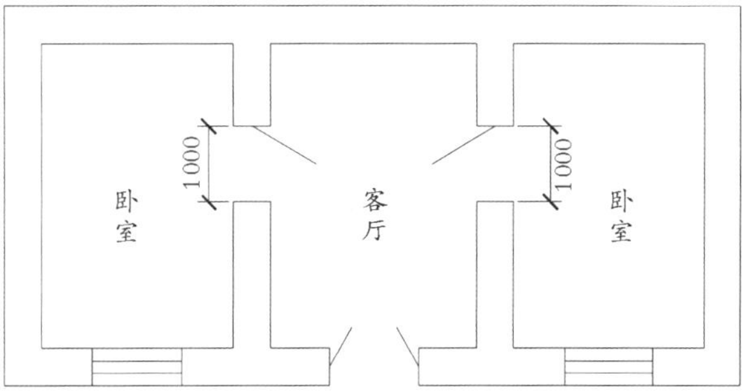
敞院式四间式	该住宅布局以三间主屋为核心，中间的房间专用于接待访客，两侧的房间则设为卧室或耳房。东侧扩展出一间厢房，使得整个住宅包含四个房间。在这种布局中，两侧的卧室通常由父母居住，而东侧的厢房则提供给子女或访客使用	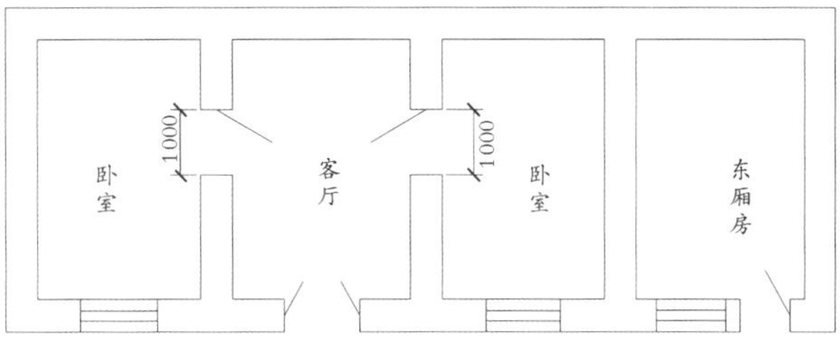
敞院式五间式	该住宅布局有五个房间，中间为客厅，客厅可以直接到卧室或耳房。客厅两边的卧室为父母居住，其他两间厢房为子女居住，卫生间、厨房建在房外	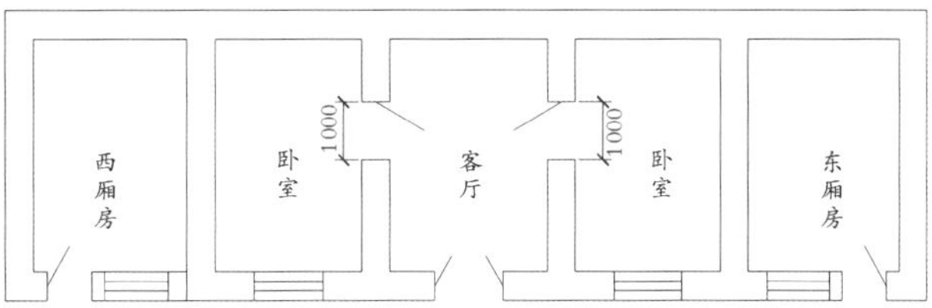

续表

合院式三间式	合院式三间式和敞院式三间式的平面布局相同，有院子围合，院门在房屋的东南角。厕所、厨房在院外，或在院内搭建简易房，厕所一般位于西南。进门处设有照壁，从左侧进入	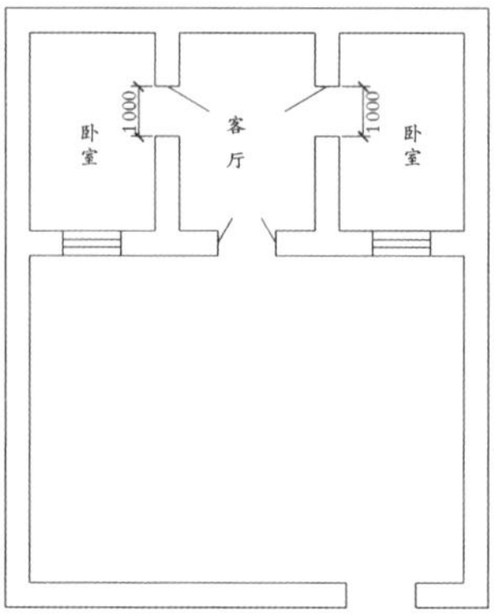
合院式四间式	合院式四间式和敞院式四间式的平面布局相同，有院子围合，院门在房屋的东南角。厕所、厨房、储物间可以在院中随意搭建。进门处设有照壁，从左侧进入	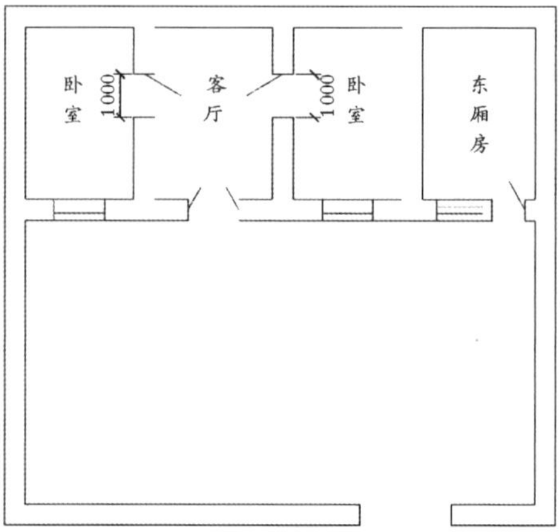
合院式五间式	合院式五间式和敞院式五间式的平面布局相同，有院子围合，院门在房屋的东南角。厕所、厨房、储物间可以在院中随意搭建。进门处设有照壁，从左侧进入	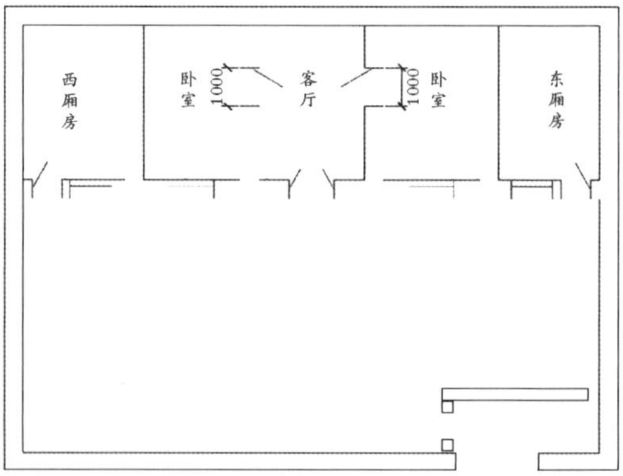

2. “L”字形民居空间

“L”字形的住宅设计在水峪村是一种常见的建筑形式，主要以两种形态存在，即敞院式和合院式。敞院式的设计通常与周围环境和谐相融，形成自然的围合空间，但这种设计在村中较为少见。相比之下，合院式的设计在水峪村则更为普遍。以北坎院为例，这种住宅的正房通常包含三至四间，厢房则位于正房的一侧，其地势与正房相比略低。“L”字形住宅的布局与“一”字形住宅相似，但厢房位于正房的一侧，两者之间保持 1.5 米左右的间隔，形成通风和储物的风道。当厢房设在西侧时，入口处会设立照壁，访客从左侧进入。当厢房位于东侧时，影壁则直接画在东厢房上。

表 3　水峪村“L”字形民居建筑平面类型

敞院式	正房为三开间的“L”字形民居建筑，厢房在西侧，厢房与正房相隔约 1.5 米，以便通风	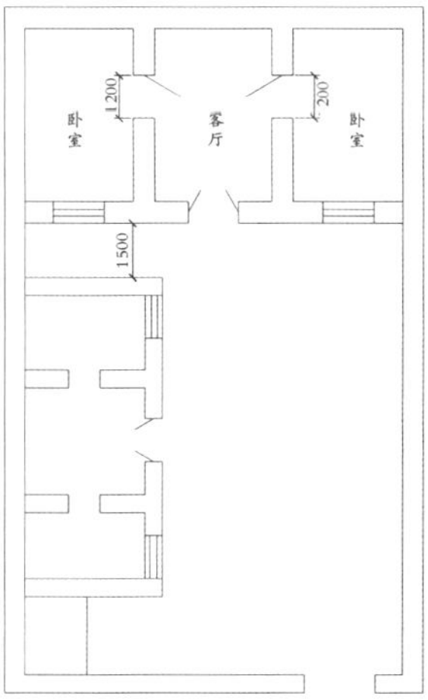
敞院式	正房为三开间的“L”字形民居建筑，厢房在东侧，厢房与正房相隔约 1.5 米，以便通风	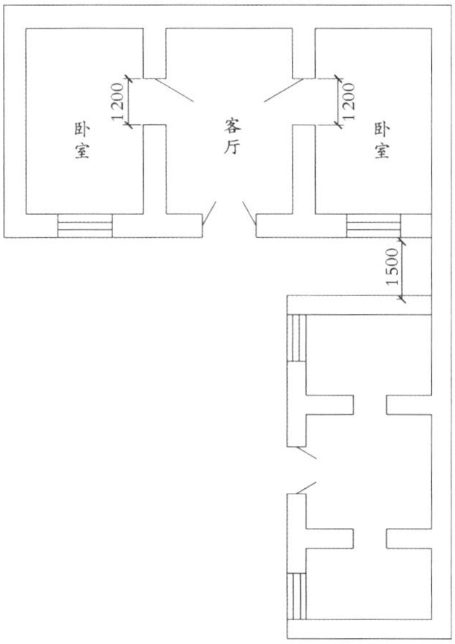

续表

合院式	正房为三开间的“L”字形民居建筑，厢房在西侧，厢房与正房相隔约 1.5 米，以便通风。以北坎院为例，有院子围合，卫生间位于西南角，宅门位于东南角，门口设有照壁，从左侧进入	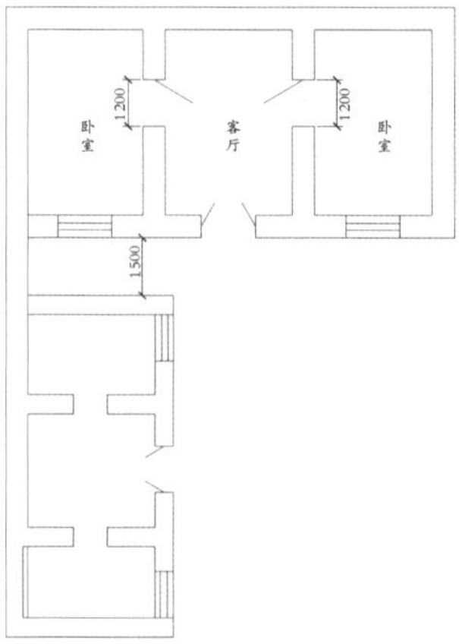
合院式	正房为三开间的“L”字形民居建筑，厢房在东侧，厢房与正房相隔约 1.5 米，以便通风。以北坎院为例，有院子围合，卫生间位于西南角，宅门位于东南角，门口设有影壁，从左侧进入	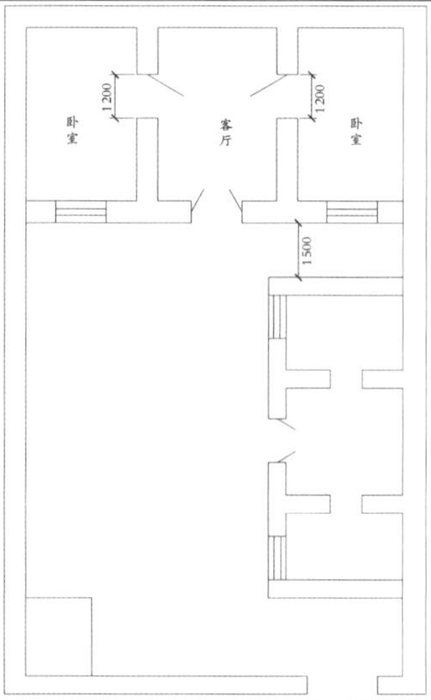

3. 三面围合式民居空间

在水峪村，三合院是一种三面环绕的住宅形式，与“一”字形民居的平面布局相似，但更为封闭和对称。这些院落通常以三开间的正房为中心，两侧根据地形条件灵活设置东厢房、西厢房，两间厢房可能并不完全对称。受限于经济条件，三合院在水峪村并不常见，但其设计通常注重隐私和安全性。在这种布局中，西厢房紧邻入口，而东厢房则可能设有影壁，形成独特的入口礼仪空间，为居住者提供了一种有序而具有地域特色的居住环境。

表 4　水峪村三面围合式民居建筑平面类型

三面围合式平面类型	三面围合不对称院落平面布局图。以北坎院为例，正房在北，入口位于东南，门口设有影壁	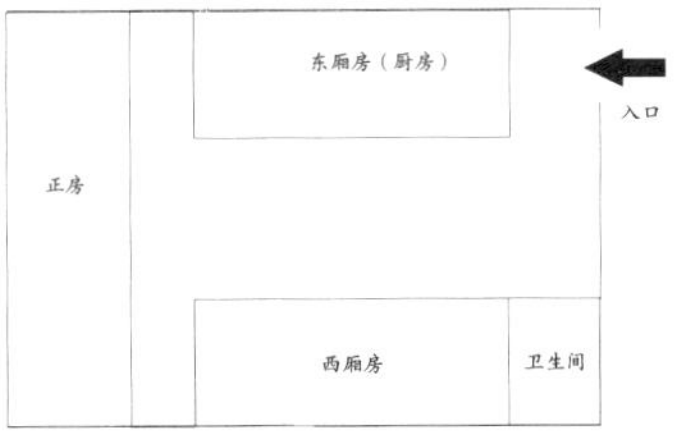
	三面围合对称院落平面　布局图。以北坎院为例，正房在北，入口位于正中央，门口设有照壁	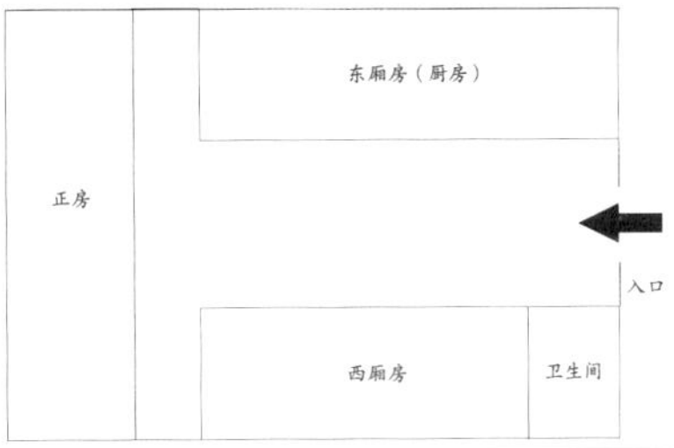

4. 四面围合式民居空间

四合院作为四面围合的住宅形式，在水峪村仅以合院式存在，并未有敞院式的设计。这些院落是历史上富裕家庭的产物，其建造成本较高，且建筑规范相对统一。以北坎院为例，这种四合院的正房通常有五个开间，两侧的东厢房和西厢房呈对称布局，各有三个开间。正房的正南方设有倒座和门楼，它们是连为一体的结构，而在倒座之外还设有一个宅门，进入宅门后会看到一个影壁。然而由于水峪村的经济状况有限，这种高成本的四合院在村中较为罕见。

表 5　水峪村四面围合式民居建筑平面类型

四面围合式平面类型	四面围合宅院包含正房、东厢房、西厢房、倒座、门楼、宅门。以北坎院为例，宅门位于东南，进入后是影壁，院落整体规格统一对称	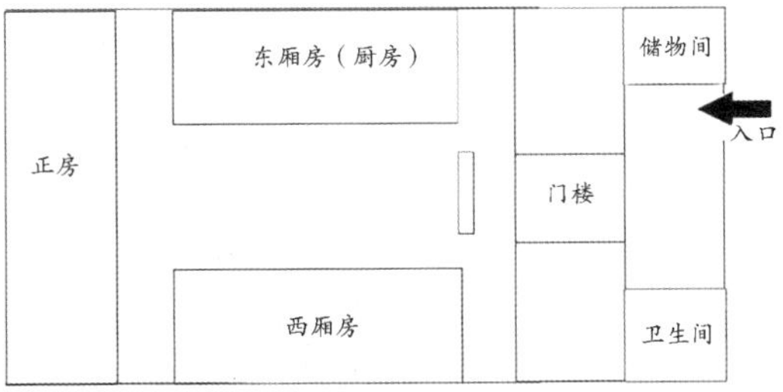

（二）水峪村民居建筑的立面构成

水峪村的民居建筑通常为一至两层的楼房，一层的高度大约在3.35米，二层稍低，大约3米。一层作为主要的生活空间，以当地丰富的红石作为主要建材，二层则多用于存放杂物，其木结构的顶部支撑较为突出。为了适应太行山脉冬季寒冷的气候特点，这些房屋的外墙厚度至少有45厘米。一层的墙体因需承受更大的荷载而建得更为厚重，这样的设计有效提升了住宅的保温性能，以抵御寒冷，保持室内温暖。

1. 民居入口立面

水峪村位于太行山脉东麓，地形复杂，高低起伏较大，民居建筑根据等高线地形分布。为了缓解地形高差，民居建筑的入口根据不同高差而定，主要分为三类立面入口，即直接进入、由阶梯进入、由房顶进入。

图10　水峪村民居建筑入口立面空间——直接进入

图11　水峪村民居建筑入口立面空间——由阶梯进入

图12　水峪村民居建筑入口立面空间——由房顶进入

2. 空间窗立面

水峪村民居建筑的立面窗户材料大多是木头材质，大户人家多用松木、梨花木等较为高档的材质，普通人家用水峪村当地的枣木。水峪村的窗户按照建筑形制分为三种不同的样式，分别是一层建筑的拱券样式窗户、大户人家二层建筑的门楼扇板窗户、二层建筑的民居窗户。

图 13　水峪村民居建筑窗户立面空间——一层拱券样式窗户

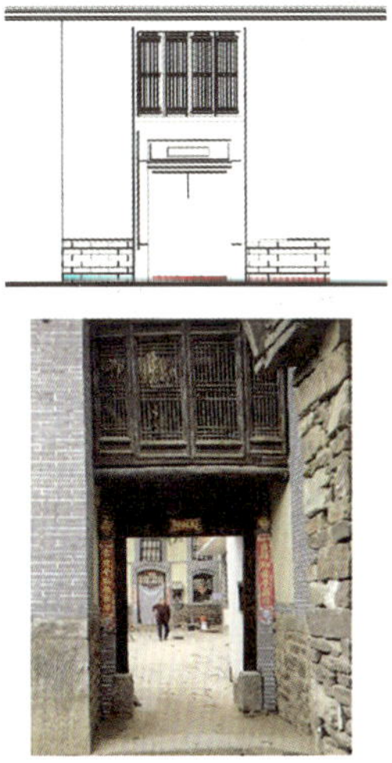

图 14　水峪村民居建筑窗户立面空间——二层门楼扇板窗户

图 15　水峪村民居建筑窗户立面空间——二层民居窗户

3. 顶立面

水峪村民居建筑的顶立面主要分为简易硬山顶和平顶，古时大户人家一般使用简易硬山顶，而普通百姓由于土地使用面积较少，故多使用平顶，这样既能增加顶面空间的使用面积，也有利于粮食的晾晒。

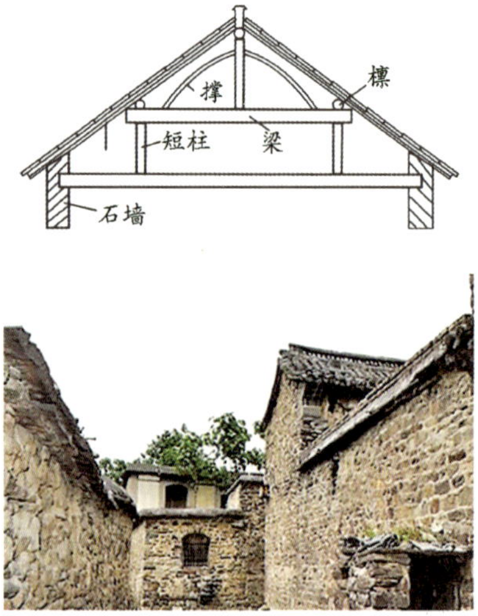

图 16　水峪村民居建筑顶立面空间
——简易硬山顶

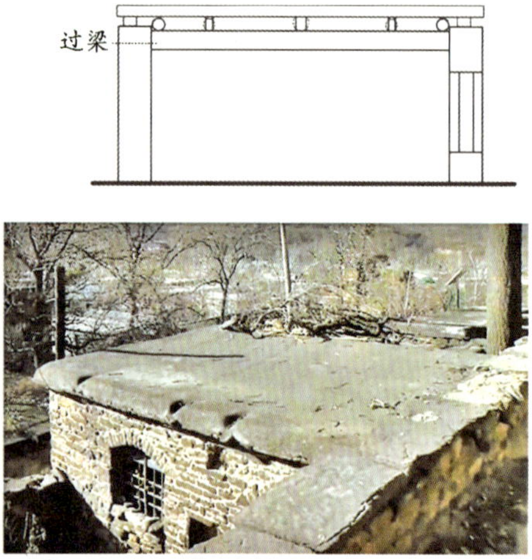

图 17　水峪村民居建筑
顶立面空间——平顶

（三）民居建筑类型

水峪村的民居建筑类型充分考虑了当地的气候特征，根据不同地形、居民经济条件、建筑材料等，水峪村的民居建筑类型可以分为窑洞、石瓦房、砖瓦房。

1. 窑洞

窑洞作为人类早期居住形式的延续，其设计和结构深受地域环境和文化传统的影响。在中国，窑洞主要分为三种类型，即靠崖式、下沉式和独立式。黄土高原地区以靠崖式窑洞为主，这种窑洞是在黄土层中挖掘而成，充分利用了地形的优势。而在石家庄西部山区，独立式窑洞，即箍窑，更为常见。箍窑是在靠崖式窑洞的基础上发展而来，采用砖石构建拱形顶部，内部空间宽敞，通常高度和宽度约为 2 米，深度则在 4 至 5 米之间。窑洞的墙体厚度较大，可达 70 至 80 厘米，提供了良好的保温效果，使得窑洞内部冬季温暖、夏季凉爽，仿佛一个自然的空调系统。这种独特的建筑形式不仅适应了当地的气候条件，也体现了人们对居住环境的深刻理解和创造力。

水峪村的窑洞作为村庄中普遍存在且结构较简单的建筑，主要分为两种类型，即独立式和退台式。独立式窑洞是使用石块建造的拱形结构，与土坯窑洞在构造上相似，但材料更为坚固。而退台式窑洞则借鉴了陕北地区的建筑特点，上层房屋建立在下层的屋顶上，形成独特的居住空间。这些窑洞在建造时充分利用了当地的土质，完成后去除多余土壤，保留以石为主的结构，形成了具有地方特色的窑洞建筑。水峪村的窑洞多为平顶设计，这样的设计不仅增加了居住空间，还能作为晾晒谷物的场所，有效利用了山区有限的平地资源。

图 18　水峪村的窑洞建筑

2. 石瓦房

水峪村的民居建筑多为石瓦房，都是四梁八柱的建筑结构，还有厚重的石基，外部以青砖堆砌，内部以石灰涂抹为主。抬梁式的屋顶建筑风格与石家庄西部山区的瓦房建筑十分类似，区别在于建筑材料由砖变成了红石，屋顶还是一样的起脊布瓦，并且是北方常见的硬山式屋顶。

3. 砖瓦房

水峪村的砖瓦房与石瓦房的建筑形制相同，除墙体的建筑材料不同之外，其他的都一样。砖瓦房常用于一些带有宗教性质或公共性质的建筑，如水峪村的观音堂和戏台等。

图 19　水峪村的石瓦房

图 20　水峪村的砖瓦房

（四）民居建筑的构成元素

水峪村特有的民居建筑构成元素主要包括生产、生活、宗教信仰等，反映了当地的地域文化和风土人情。

1. 营造元素

水峪村的民居建筑充分体现了就地取材的智慧，主要采用当地盛产的红色石材进行建造。这些石材不仅用于堆砌住宅墙体，还用于构筑具有地域特色的窑洞。随着时间的推移，一些窑洞上方还增建了第二层，以扩展生活空间。为了缓解石结构的沉重感，二层建筑多采用当地丰富的木材作为梁和檩条，形成了结实的石木结合结构，屋顶则设计成平坦或带有瓦脊的形状。在建造过程中，当地居民采用了一种名为“干茬垒”的传统技术，通过巧妙地堆叠石块来构建墙体和窑顶，这种技术既稳固又适应当地的自然环境。

水峪村旧村的民居建筑没有一定的规范，基本是凭经验垒砌。修建木顶结构的房屋、山墙、后墙时，厚度一般是 50 厘米左右，隔间墙一般是 40 厘米左右。修建圈石窑时，视圆顶弓度（弧度）大小来确定立墙的薄厚和宽窄。常见的半圆顶石窑，两山墙（当地叫“金刚墙”）的宽度一般是 1 米左右，隔间墙一般是 60 至 80 厘米。石窑顶部数吨重的向下压力和向两侧的张力（当地称“蹬劲”）都靠立墙来承担，向外不能被推倒，向下不能被压塌，这是最基本的要求。

2. 空间构成元素

在水峪村的传统民居建筑中，建筑的基本单元是“间”，通常为单层结构，沿袭了北方的合院风格。这种合院由院门、正房、厢房、倒座、围墙，以及中心院子等元素组成。院门常设于南墙东南角，符合风水学中的“巽”位，院门旁往往设有照壁，以阻挡视线和邪气，创造进入院落后的首个过渡空间。正房作为合院的中心，主要用于祭祀和主人居住，其设计通常为三至五间，要避免设计过多而影响日常生活。厢房位于东、西两侧，一般为三间，面向庭院，既作为卧室也用于存放杂物。倒座位于南侧，可用作账房或储藏室。围墙围绕整个院落，高度与周围建筑相协调。院子是居住者日常生活的核心区域，外围可能设有外门，供车马使用。此外，正房旁的佛龛用于宗教祭祀，其设计多样，有的装饰简单，有的装饰繁复。通过将这些建筑元素有机组合，水峪村的民居建筑不仅满足了居住的实用性，还体现了深厚的文化传统和审美观念。

（1）院门

按照风水学理论，院门应在南墙东南角或是倒座东南角的一个开间，此为八卦中的“巽”位，为吉祥之位。院门由石墩、立丁、勾带、门闩、门欠构成，大户人家还有门楼。进入院门正对着的是照壁，或是在东厢房正对院门一侧的山墙上用砖砌影壁，避免视线对冲和邪气进入，同时形成进入院子的第一个转折过渡空间。

（2）正房

正房作为合院建筑的核心，承担着居住和祭祀的重要功能。尽管按照传统正房数量不宜过多，但随着时间的推移，逐渐出现了五间七架，甚至九架正房的布局，以适应居民的多样化需求。然而考虑到实用性，北京地区的合院多以三至五间为主。正房通常配有耳房，形成对称和谐的建筑格局，体现出对色彩、材料和结构的精心挑选和设计。这些细节不仅展现了传统建筑的特色，也彰显了合院建筑的独特风格和规范形制。

（3）厢房

在中国传统的合院建筑中，厢房通常位于东、西两侧，以三间为标准配置。房门居中，面向庭院，既体现了家庭人口规模，也兼具储物功能。厢房的设计遵循了传统礼教的规范，同时大多是年轻一代的卧室。

（4）倒座

倒座位于院落南侧，坐南朝北，其最东侧或中部开间常作为院落的大门，内部常用作账房、客房或储藏室，是合院中不可或缺的组成部分。

（5）围墙

围墙作为合院建筑的重要组成部分，不仅起到了围绕和保护院落的作用，还形成了一种限定空间的感觉，象征着领域与隐私的界限。围墙的高度通常与院内的房屋和倒座的檐口高度相匹配，以保持整体的和谐与美观。围墙多采用砖石材料，有时也结合自然草木，既坚固又具有生态美感。

（6）院子

院子在传统合院住宅中扮演着多功能的角色，主要分为生活起居区和辅助功能区。生活起居区位于合院的中心，是家庭活动的中心地带，其设计确保了房间的门窗都面向院子敞开，便于通风采光，同时院中的植物和装饰细节都经过精心布置。辅助功能区，如卫生间和杂物间，通常设置在较为隐蔽的地方，以保护隐私，并通过外门的设计方便日常使用和车辆进出。这种布局既满足了居住者的日常生活需求，又保证了院落的整洁与便利。

（7）佛龛

佛龛一般位于正房的右侧，主要是为了宗教祭祀而设，每月有固定的祭祀时间，在不进行祭祀活动时会被当作储蓄物件。佛龛的形态是在建筑墙体由内而外地掏出个凹形长方形空间，然后进行设计，设计的图样各不相同，有的形式较为简单，也有的稍显复杂，还有的将其挖空之后，在其上方进行图形雕饰，图样精美复杂。

图 21　水峪村民居建筑的佛龛

3. 材料元素

水峪村民居建筑的用材基本都是来自太行山体的石材、木材和生土。

（1）石材

石材一般都是来自太行山体的石头，其在传统村落的营造中发挥着举足轻重的作用。石材的用途十分广泛，不仅可以打磨成用来点缀室内外空间的小型物件，还是村落中民居建筑的主要营建材料和负荷受力构件。石材自身所具有的自然特性和因地制宜的砌筑形式真正使自然之美得到了诠释，水峪村的民居建筑中由石材加工而成的墙体、屋顶、坡道、台阶，以及街巷路面，随处可见。体积较大的石块一般会被作为建筑墙体基部、街巷铺地的砌筑材料，体积较小的石块则会被用作建筑墙体靠上部分或街巷铺地的填充材料。

（2）木材

太行山地区林木资源充裕，在太行山地区的传统村落中木材是用量第二大的自然材料，主要集中用于制作民居建筑的梁、檩条、椽子、二层或三层的室内地面、门窗等。木材具有较高的力学性能和较好的装饰功能，并且村民在进行建筑活动时所使用的工具也是由木材制成。

（3）生土

生土在太行山地区传统村落的民居建筑中主要有三个作用。其一，作为砌筑墙体的主要材料出现，如东交口村民居建筑的土培墙体，有整体浇筑的土墙，也有经过加工做成土培砖进行组合砌筑的墙体。其二，通常与石灰粉等其他材料混合在一起作为民居建筑墙体砌筑时的黏结剂，可以保证民居建筑内部空间环境的舒适性。其三，当地多将生土与麦秸秆等谷料混合用来粉刷墙体，形成统一但又不失变化的民居风貌。

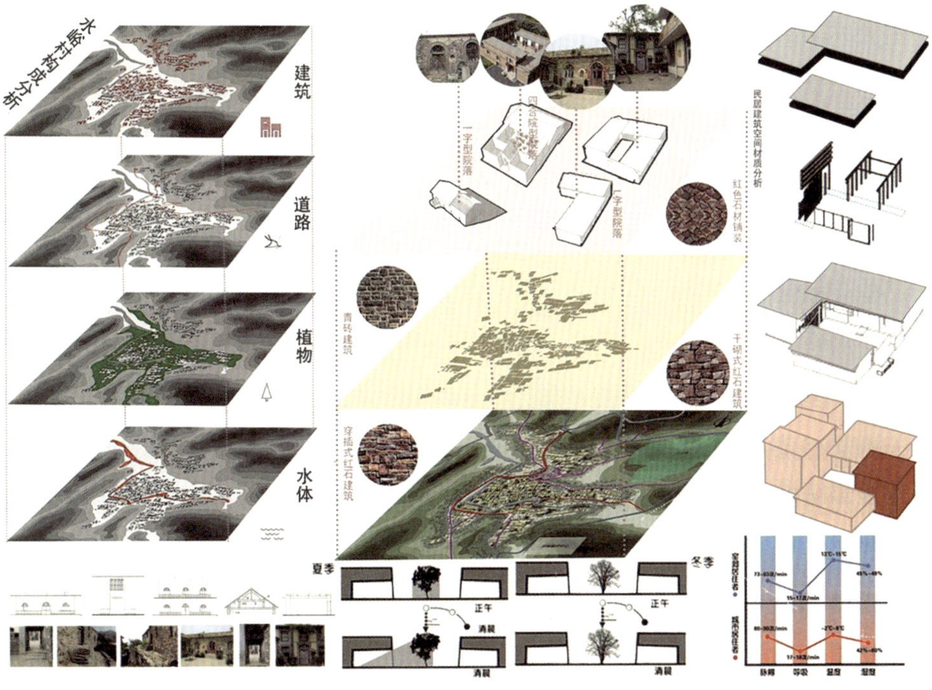

图 22　水峪村建筑风貌与构成元素分析

综合以上对河北省石家庄市鹿泉区传统村落的实地考察和文献资料的梳理，我们可以深入了解这些村落的建筑风貌特征、空间布局和材料使用等建筑基因。利用数字化技术、三维扫描和地理信息系统对传统建筑进行精确测量和数据记录，可以为后续的保护利用与活化研究提供科学依据。

图 23　水峪村数字化基因提取规划

四、千年传统村落建筑风貌数字化开发与媒介传播研究

（一）水峪村空间形态数字化基因提取的意义

现代科技手段的引入为水峪村的保护与活化提供了新的解决方案。数字化基因提取能够精确记录村落建筑的特征和村落的空间布局，形成详尽的数字化档案。这些档案不仅为建筑修复和保护提供了可靠的依据，也为未来的研究者和访问者提供了深入了解和体验水峪村的机会，从而有效地防止了文化断层的产生。数字化技术的应用，使得传统村落的保护工作不再局限于物理空间的修复和维护，而是拓展到了虚拟空间的重建和展示。通过三维扫描和地理信息系统技术，可以将水峪村的建筑和街巷转化为数字模型，通过虚拟现实和增强现实技术，可以让用户在虚拟环境中体验村落的历史文化。这种创新的展示方式不仅能够吸引更多的年轻人关注和参与到传统村落的保护中来，还能够激发他们对传统文化的兴趣和热爱，为传统村落注入新的活力。此外，数字化技术还可以为旅游产品的开发提供新的思路和手段，如基于水峪村文化元素的创意产品、互动体验等，可以进一

步丰富旅游业态，提升旅游体验。同时，文化旅游的发展将带动当地经济的提升，吸引更多的投资和支持，相关的餐饮业、住宿业等也都将得到发展，不仅可以为当地居民创造更多的就业机会和收入来源，还可以为村落的可持续发展提供动力。

在文化价值方面，水峪村不仅保存了丰富的物质文化遗产，如独具特色的红石建筑、传统的街巷格局，还传承了多样的非物质文化遗产，如当地的民俗活动、传统手工艺等。这些文化遗产是连接过去与现在的桥梁，也是维系社区认同感和文化多样性的重要纽带。

总之，水峪村空间形态基因的数字化提取不仅是一项文化保护工作，也是一项文化创新和发展工程，不仅有助于保护和传承传统村落的历史文化，还能够为传统村落的活化和可持续发展提供新的思路和方法，为推动文化多样性和可持续发展做出贡献。

（二）智慧乡村理念的本土化实践

将智慧乡村理念与鹿泉区传统村落的实际情况相结合，可以为传统村落的活化研究开辟一条创新之路。在文化遗产保护方面，三维扫描、地理信息系统、虚拟现实、增强现实等技术的应用，不仅可以建立数字化档案，保护文化遗产的原真性，还可以扩展文化传播渠道。智慧旅游平台和应用程序的开发，整合了鹿泉区的旅游资源，为游客提供了个性化的旅游体验，带动了当地经济的发展。同时，通过智能化升级，传统产业提高了生产效率和产品质量，并通过网络平台拓展了市场，增加了村民的收入。

此外，鼓励社区参与文化教育，通过技能培训提高了村民对传统文化的认同和保护意识，培养了他们利用科技进行创新的能力。生态保护和环境改善也得到了加强，智能垃圾分类、污水处理和绿色能源的利用，为营造良好的居住环境和提升村落的可持续发展能力做出了贡献。创新的文化体验方式，如交互艺术装置和 3DMapping 技术，为游客提供了沉浸式的体验，增强了传统村落的吸引力。

跨学科融合与协同创新集合了文化遗产保护、信息技术、旅游管理等领域的资源，形成了探索鹿泉区传统村落活化路径的团队。政策支持和社会合作为智慧乡村的建设提供了必要的政策和资金保障。与科研机构、高校、企业建立的合作关系，共同推动了传统村落的活化与发展。上述措施在共同助力鹿泉区传统村落的保护和传承的同时，与现代科技实现了有机融合，为乡村振兴战略提供了新的思路和模式。

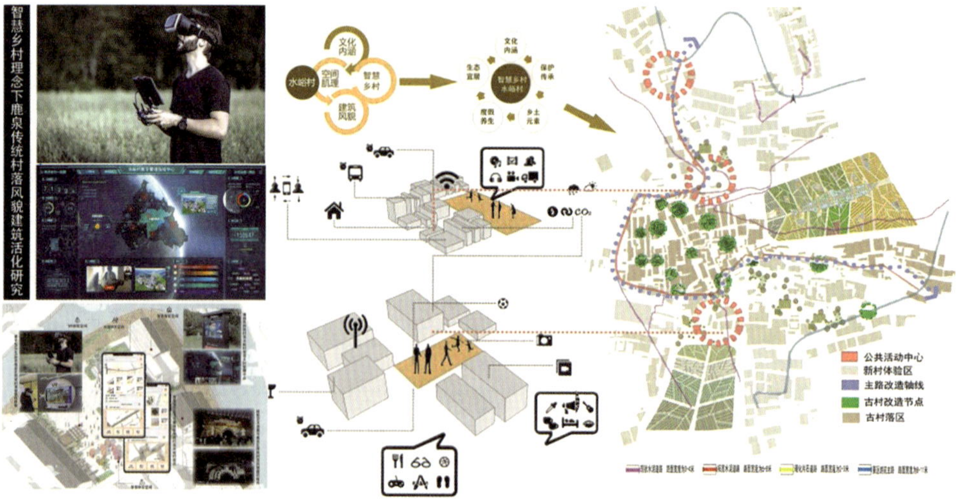

图 24　智慧乡村理念下鹿泉区传统村落建筑风貌活化研究

（三）水峪村建筑风貌的数字化记录

水峪村的建筑风貌数字化记录是一项细致且系统的工作。第一步是对建筑进行实地勘察，记录下建筑的尺寸、材料、色彩和装饰细节。第二步是利用三维建模软件，根据实地勘察的数据建立建筑的三维模型。这些模型不仅能够精确反映建筑的形态，还能展现出其纹理和色彩，为后续的虚拟重现打下基础。

门窗作为建筑的重要组成部分，其样式和设计直接体现了村落的文化特色和时代风貌。水峪村的门窗多采用传统工艺，具有独特的地方特色，在进行数字化记录时需要对这些门窗的样式进行详细捕捉和建模。

屋顶结构作为建筑的第五立面，不仅承载着建筑的美学特征，还具有一定的文化象征意义。水峪村的屋顶结构多样，包括硬山顶、歇山顶等传统形式，在进行数字化记录时需要对这些屋顶的形态和装饰进行精确的扫描和建模。

此外，数字化记录还包括对村落整体布局的记录，如街巷的走向、院落的布局，以及公共空间的设置等。这些信息有助于构建村落的整体数字模型，为村落的保护规划和未来发展提供参考。

数字化记录的最终目标是建立一个全面、精确的数字化档案，这个档案不仅能够为传统村落的保护和研究提供支持，还能通过虚拟现实等技术手段，让更多人在不同时间和地点体验到水峪村的建筑风貌和文化魅力。通过数字化手段，水峪村的建筑风貌得以永久保存，为传统村落的传承与发展提供了新的可能性。

（四）智慧乡村数字管理平台的构建

智慧乡村数字管理平台的构建是实现乡村数字化转型的关键步骤，主要涉及利用先进的信息技术，如 Unity 和 UE5 平台，打造一个综合性的管理系统。这个平台能够整合各种资源和功能，提升乡村的管理效率和居民的生活质量，进而推动乡村的可持续发展。

第一，数字管理平台需要构建一个强大的数据中台，其作为大数据资源池，负责数据的汇聚、服务、治理和开发。通过数据中台，可以实现不同业务系统之间的数据共享和互通，打破信息孤岛，为决策提供全面的数据支持。

第二，数字管理平台应当集成多种智能工具，如人工智能中台，它可以提供各种智能服务，加速数据的流通和处理，提升管理效能。例如，通过人工智能技术，可以实现合同的智能评审、人员能效管理等，从而提高工作效率。

第三，数字管理平台还应包括一个用户友好的操作界面，如统一门户和统一登录，实现 PC 端与移动端的单点登录和跨平台访问。这不仅方便了用户操作，也加强了系统的可访问性和易用性。

在具体实施方面，可以开发智慧化应用程序，如水峪村智慧化应用程序，它能够集成乡村的农业发展、环境改善、旅游模式和文创融合等多个方面。通过应用程序，村民和管理者可以实时获取信息，进行交流互动，并参与到乡村治理中来。最终，智慧乡村数字管理平台的构建将促进乡村治理的现代化，提高决策的科学性和精准性，同时也可以为村民带来更加便捷和智能的生活方式。通过这个平台，可以更好地实现乡村资源的合理配置和利用，推动乡村经济的发展，为乡村振兴战略的实施提供坚实的技术支撑。

（五）交互艺术装置与村落建筑风貌的结合

交互艺术装置与村落建筑风貌的结合是一种创新的尝试，它通过现代技术手段增强了传统村落的艺术表现力和文化体验。利用 Touchdesigner 和 3DMapping 技术，可以将数字艺术与物理空间紧密结合，创造出沉浸式的感官体验，让参观者在欣赏村落原有风貌的同时，感受到科技带来的新奇与震撼。

首先，Touchdesigner 是一款强大的视觉编程软件，它能够实现实时图形处理和互动控制功能，非常适合用来创作互动装置艺术作品。通过 Touchdesigner，艺术家可以根据村落的特色和文化背景，设计出与之相匹配的动态视觉效果和互动体验。例如，可以借助触摸感应技术，让观众通过触摸来改变装置艺术作品的形状、颜色和音效，从而使观众成为作品的一部分。

其次，3DMapping 技术可以将任何物体表面转变成动画，为立体物的投影进行表面设计。通过 3DMapping，可以勾取需要投影的物体表面轮廓遮罩，适用于汽车外形、雕塑外形、不规则墙体等各种特殊外形的物件。在村落建筑风貌的数字化展示中，3DMapping 可以将村落的建筑元素，如屋顶、墙面、地面等，作为投影的载体，通过精心设计的视觉内容，展现村落的历史故事、民俗文化或自然风光。

结合这两种技术，可以为鹿泉区的传统村落打造一系列交互艺术装置。例如，在水峪村的某个开阔场地，可以设置一个大型的 3DMapping 装置，利用建筑墙面作为投影屏幕，展示村落的历史文化和自然景观。同时，通过 Touchdesigner 实现观众与装置的互动，如通过触摸屏幕或者感应装置来控制投影内容的变化，增加体验的趣味性和参与感。

此外，还可以利用这两种技术在村落中设置一些小型的互动艺术点，如在村口、广场或者特色建筑旁边，通过投影和互动装置来展示村落的某个特定文化元素或者历史故事，吸引游客的注意力，引导他们更深入地探索和了解村落。

总之，通过 Touchdesigner 和 3DMapping 技术的结合应用，不仅可以为传统村落的保护与活化提供新的思路和方法，还可以极大地丰富游客的文化体验，提升村落的吸引力和影响力，为乡村振兴和文化旅游的发展注入新的活力。

（六）数字化基因提取的好处

数字化基因提取在传统村落保护中的好处是多方面的，它不仅增强了村落的可识别性和可记忆性，还为传统村落的保护与活化提供了重要的科学依据。

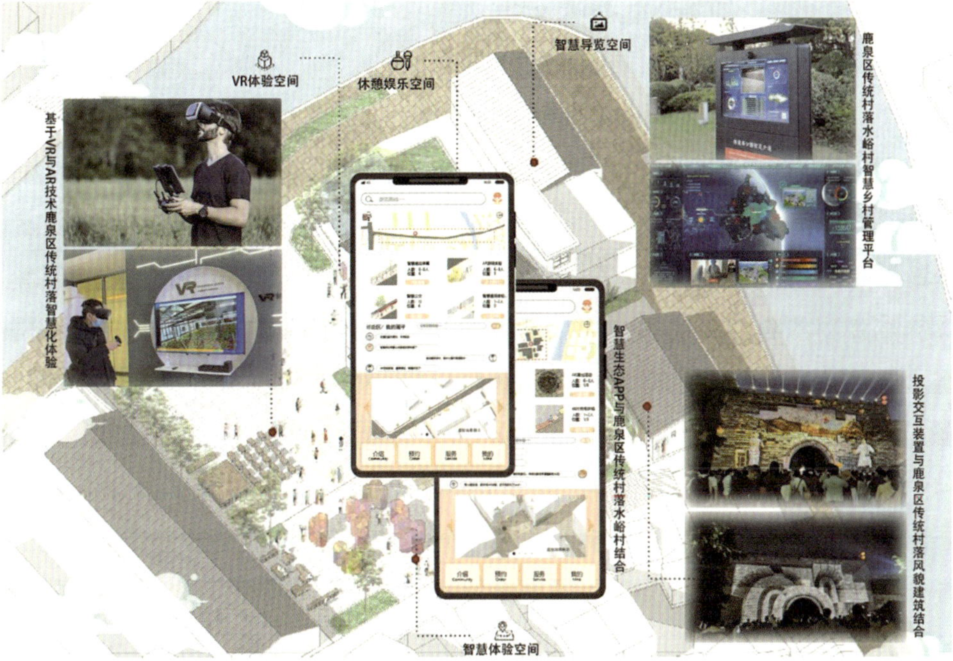

图 25　智慧乡村理念下鹿泉区传统村落建筑风貌基因提取与活化研究概念图

首先，数字化基因提取通过精确的三维建模和数据记录，能够详尽地捕捉到传统村落的建筑细节和空间布局，这有助于增强村落的可识别性。例如，水峪村的建筑风貌通过三维扫描和地理信息系统技术被精确记录，这不仅为建立村落的数字化档案打下了基础，而且通过数字化手段，使得村落的每一个角落都能够被清晰地展现在人们面前。

其次，数字化基因提取通过虚拟重现技术，如虚拟现实和增强现实，使得人们能够在虚拟空间中体验传统村落，这不仅增强了村落的可记忆性，而且使得传统村落的文化价值得以跨越时空的界限，被更广泛地传播和认知。数字化技术的应用，让文化遗产以全新的方式永久保存，有利于传承民族文化记忆。

再次，数字化基因提取为传统村落的保护与活化提供了科学的依据。通过对建筑风貌、空间布局、材料使用等元素的数字化记录，研究人员和保护工作者能够更准确地评估村落的现状和保护需求，制定出更为科学和有效的保护策略。例如，数字化技术在文化遗产保护中的应用，为传统村落的保护与活化提供了创新解决方案，通过三维扫描、地理信息系统、虚拟现实、增强现实等技术，可以对村落进行精确的数字化记录和虚拟重现。

最后，数字化基因提取还能够促进传统村落的可持续发展。数字化信息的集成和分析，有助于优化村落的资源配置和管理效率，同时，数字化展示和教育也有助于提升公众对传统村落价值的认识和保护意识，从而为传统村落的活化和振兴打下坚实的基础。数字化技术的应用，为文化遗产的保护和传承提供了新动能，既能强化对文化遗产存量破损的针对性修复和增量破损的前瞻性预防，也能增强公众对文化遗产的了解。

综上所述，数字化基因提取在传统村落保护中发挥着至关重要的作用，它不仅提升了村落的可识别性和可记忆性，而且为传统村落的保护与活化提供了科学的依据，促进了传统村落的可持续发展。

参考文献

［1］张乃健．粤西地区传统村落空间形态保护与发展研究［D］．广州：广州大学，2013.

［2］陈博．石家庄西部山区民居建筑特色研究［D］．保定：河北农业大学，2012.

［3］张大玉．北京古村落空间解析及应用研究［D］．天津：天津大学，2014.

［4］张孟辉．豫北焦作市太行山地区传统村落空间形态探研［D］．郑州：中原工学院，2019.

正定古城文化遗产保护中的公众参与机制优化研究报告

正定古城历史悠久，遗迹众多。这些历史遗迹不仅是正定古城的独特魅力所在，也是中华民族宝贵的文化遗产，具有极高的历史、文化和艺术价值。单一依靠政府力量已难以满足对正定古城文化遗产全面的、有效的保护需求，构建和完善公众参与机制尤为迫切。

随着城市化进程的加快和旅游业的发展，正定古城的环境压力日益增大，文化遗产面临着被破坏的威胁。因此，如何利用一切可利用的资源加强正定古城的文化遗产保护？如何调动广大社会群体参与文化遗产保护工作？如何在文化遗产得到保护的同时发挥市场效益，从而实现文化传承与经济发展的双赢？都是值得思考和研究的问题。

本课题研究涉及文化遗产学、社会学、历史学、管理学等多个学科范畴，研究内容广泛，涵盖了公众参与制度的理论与经验、正定古城文化遗产保护和公众参与现状、公众参与机制优化策略和方案的预期效果与实施的可行性等多个方面。通过开展深入研究，旨在构建更加科学、合理、有效的公众参与机制，推动正定古城文化遗产保护工作的深入开展。

一、公众参与文化遗产保护的理论基础

（一）公众参与的概念与内涵

公众参与的概念源于20世纪70年代初的西方新社会运动。这里的“公众”是指由政府作为服务对象的广大民众群体，这些群体因共同面对的问题而聚集，拥有相似的利益诉求，是因某一特定组织的工作而产生相互关联与影响的社会集合体。

在文化遗产保护的语境下，公众参与指的是社会大众拥有通过既定程序或途径，介入与文化遗产利益紧密相关的所有决策过程，确保这些决策不仅反映并维护公众的广泛利益，而且促进文化遗产的有效保护。

公众参与是一个多维度的概念，其内涵丰富且深远。公众参与制度能够促使城市历史文化遗产保护工作从单一管控、被动参与逐渐转向多元协作、主动参与的保护模式。公众参与是一个以权利为基础、以民主参与为核心、以利益相关为纽带、以双向交流为手段、以推动保护为目标、以多层次参与为特点、以持续性和动态性为特征的综合性概念。

1. 权利基础

公众参与文化遗产保护的基础是公众享有的法律保证的基本权利，如平等权、知晓权等，这些权利确保公众能够平等地获取信息、参与讨论和决策。

2. 民主参与

公众参与不仅仅是被动地接收信息或执行决策，而是主动地参与决策过程，通过表达意见、提出建议等方式影响决策结果。这种民主参与体现了现代民主政治的精神，也是公众对文化遗产保护责任感的体现。

3. 利益相关

文化遗产是各民族人民在历史发展中创造的结果，蕴含着各民族特有的精神价值、思维方式，是全国各族民众共同的文化财富。文化遗产与公众的利益密切相关，因此公众有权利也有责任参与对其的保护。

4. 双向交流

公众参与是一个双向交流的过程，涉及政府部门、开发单位与公众之间的信息交换和意见沟通。这种交流有助于增进公众对文化遗产保护工作的了解，同时也有助于政府部门和开发单位更好地了解公众的需求和期望。

5. 推动保护

公众参与文化遗产保护不仅是为了维护自身的利益，更是为了推动文化遗产保护事业的发展。通过公众的广泛参与和积极行动，可以形成强大的社会合力，共同应对文化遗产保护面临的挑战和问题。

6. 多层次参与

公众参与文化遗产保护涉及多个维度与范畴，包括立法决策、政府治理、基层管理等。在立法决策层面，公众可以通过立法听证、立法游说等方式参与立法过程；在政府治理层面，公众可以参与环境保护、公共卫生、公共事业管理等众多领域的政策制定与执法监督；在基层管理层面，公众可以参与社区文化遗产的日常保护与管理事务。

7. 持续性和动态性

公众参与文化遗产保护是一个持续性和动态性的过程。因此，公众参与需要保持灵活性和适应性，不断调整和完善参与方式和机制。

（二）公众参与文化遗产保护的理论依据

1. 公民参与理论

公民参与理论强调公民在社会治理中的主体地位和积极作用，认为公民有权参与与其利益相关的决策过程，并通过参与来维护和实现自身的权益。在文化遗产保护中，公众作为文化遗产的拥有者和传承者，具有不可替代的主体地位。公众参与文化遗产保护，就是行使自己的文化权利，确保文化遗产得到妥善保护和传承。公众应被邀请参与文化遗产保护的相关决策过程，通过参与决策，公众可以表达自己的意见和需求，使决策更加符合公众的利益和期望。公众参与还有助于对文化遗产保护工作进行监督，确保各项保护措施得到有效执行。公众的监督可以促使相关部门和机构更加负责任地履行职责，防止文化遗产遭受破坏。

2. 利益相关者理论

利益相关者理论认为，一个组织或项目的成功不仅取决于其自身的努力，还受到与其利益相关的各种群体或个人的影响。这些利益相关者包括政府、社会组织、企业、公众等，他们通过不同的方式和途径对组织或项目产生影响。在识别出利益相关者后，需要对其利益进行平衡和协调。通过对话、协商等方式，确保各方利益得到兼顾和满足。这强调了文化遗产保护工作的复杂性，要求在保护文化遗产的同时，必须兼顾并平衡当地社区的发展需求、旅游业的经济利益，以及广大公众的文化权益，确保各方在文化遗产的保护与发展中和谐共生。利益相关者要共同参与文化遗产的保护和治理工作，形成合力。政府要发挥主导作用，制定科学的政策与规划；企业要展现其社会责任感，积极参与文化遗产的保护和开发；社会组织要发挥桥梁作用，促进各方之间的有效沟通与合作；公众则要主动提高保护意识和责任感，积极参与文化遗产的保护活动。

3. 可持续发展理论

从可持续发展的长期视角来看，文化遗产保护应注重真实性和完整性，避免过度开发和商业化对文化遗产造成不可逆的损害。另外，文化遗产的保护还应注重生态平衡和环境保护，通过合理规划和科学管理，有效保护和改善当地的生态环境，维护当地的生态平衡。文化遗产保护应与当地的社会经济发展相结合，通过合理开发和利用文化遗产资源，促进当地文化旅游产业的发展，进而带动当地经济的繁荣和社会的进步。

（三）国内外公众参与文化遗产保护的模式与经验

1. 国内模式与经验

（1）政策立法与机构设置

我国政府高度重视文化遗产保护工作，先后出台了《中华人民共和国文物保护法》和《中华人民共和国非物质文化遗产法》，为文化遗产保护构筑了坚实的法律基石。此外，还制定了《历史文化名城名镇名村保护条例》等地方性法规，形成了较为完善的法律体系。为统筹全国文化遗产保护工作，国务院特别设立了国家文物局、文化部非物质文化遗产司等专项机构，负责相关事务的管理与执行。各省（市、区）也制定了相关法律，设立了相应的职能机构，形成了从中央到地方的保护网络。

（2）公众参与机制

我国建立了政府主导、社会参与的保护机制，鼓励公众积极参与文化遗产保护。政府通过政策引导、资金支持等方式，推动社会力量参与文化遗产保护。例如，北京市政府通过设立专项基金（如北京京企中轴线保护公益基金会等）、提供传习补助、支持非遗项目传承等一系列措施，鼓励和支持公众参与文化遗产保护。北京市政府与科技企业（如腾讯 SSV 数字文化实验室等）、社会组织合作，利用数字技术、平台优势扩大文化遗产保护的传播范围。各省（市、区）加强了文化遗产保护的宣传教育工作，通过策划并实施展览、讲座、专业培训等一系列活动，广泛传播文化遗产的相关知识，提升公众对于文化遗产保护的认识与意识。通过建立文化遗产保护志愿者队伍、开展社区文化活动等方式，增强社区居民保护文化遗产的责任感和使命感。

（3）实践案例

我国的文化部和教育部启动了非物质文化遗产传承人群研修研习培训计划，委托高校对遗产持有者和普通从业者开展培训，提高他们的学习和传承能力。四川省成功举办了多届中国成都国际非物质文化遗产节，这一盛会为亚太地区的文化遗产保护提供了宝贵的交流契机，搭建了璀璨夺目的展示舞台。苏州市设定了文化遗产保护日，组织了如迎世遗会·古城寻宝大行动等建筑普查活动，建立了遗产监测预警系统和数字展示平台，采集遗产本体、风貌、环境和管理等信息，实现对文化遗产的实时监测和预警。天津市在五大道历史文化街区和意式风情区的保护中，通过成立志愿者协会、建立在线论坛和专门的遗产保护应用程序，鼓励社区居民参与文化遗产的日常维护、决策监督和意见反馈。

2. 国外模式与经验

（1）立法、执行、监督

许多国家建立了完善的文化遗产保护法律体系，如法国的《梅里美历史性建筑法案》《纪念物周边环境法》等，这些法律明确了文化遗产保护的原则、对象和措施，为公众参与提供了法律保障。美国政府通过制定《联邦文物保护法》《历史遗址与古迹法》等一系列法律法规，逐步将文化遗产保护的范围从国有土地扩展到私人拥有的历史文化遗产。日本制定了《古器物保存法》《文化财保护法》等法律法规，不仅对文化遗产进行了详细的分类，还规定了相应的保护措施。

（2）公众参与机制

在国外，各国的政府、企业、社会组织、公众等多元主体共同参与文化遗产保护。政府发挥主导作用，制定政策和规划；企业积极履行社会责任，参与文化遗产的开发和保护；社会组织发挥桥梁和纽带作用，促进各方之间的沟通和合作；公众则通过参与保护活动、监督保护工作等方式，积极参与文化遗产保护。各国普遍重视对公众开展文化遗产保护的教育和宣传，通过举办多项活动，提高公众的文化遗产保护意识。同时，各国还会加强对遗产持有者和从业者的培训，提高他们的传承水平和创新能力。

（3）实践案例

美国的文化遗产保护模式显著地体现了自下而上的公众参与特点，即公众、民间组织在文化遗产保护中发挥着重要的引领和推动作用。美国政府通过税费优惠政策（如开发权转移、地役权转让、财产税减免、税收抵扣等），激励公众参与文化遗产保护。法国制定了历史保护区制度，通过划定历史保护区、制定保护规划、实施保护工程等措施，鼓励公众积极参与保护活动，整体性保护文化遗产。日本通过举办技艺培训班等方式，培养了一大批具有高超技艺的传承人，同时鼓励公众捐赠文化财、参与保护工程等文化遗产保护活动。意大利政府推行领养人制度，鼓励个人、非营利性组织或营利性公司参与文化遗产的日常维护和管理。

二、正定古城文化遗产保护中的公众参与现状

（一）正定古城文化遗产资源概述

正定古城的文化遗产资源种类繁多，分布广泛，涵盖了古建筑、古城墙、古街巷、寺庙、宗祠、墓葬、碑刻、遗址、非遗民俗等多个方面。正定现有 2 个历史文化街区，10 处全国重点文物古迹、5 处省级文物古迹、23 处县级文物古迹和 53 处历史建筑，2 项国家级非物质文化遗产、7 项省级非物质文化遗产、8 项市级非物质文化遗产和 117 项县级非物质文化遗产。

1. 古建筑和古寺庙

主要包括古城墙、古寺庙、古民居等，如正定古城墙、隆兴寺（大佛寺）、临济寺、开元寺、天宁寺凌霄塔、广惠寺华塔、崇因寺藏经楼、正定县文庙大成殿、正定府文庙等。这些古建筑分布在古城的各个角落，构成了古城独特的建筑风貌。古城墙环绕正定古城形成迂回曲折的防御体系，是正定古城的重要历史见证。寺庙多集中在古城的核心区域，不仅是宗教信仰的圣地，也是游客参观的重要景点。

2. 古街巷

隆兴寺历史文化街区和开元寺历史文化街区是正定古城最著名的古街巷，它们具有独特的历史背景、建筑与文化特色，是古城文化地标云集的重要区域。

3. 宗祠和墓葬

梁氏宗祠是一座具有悠久历史和丰富文化内涵的宗祠建筑，承载着家族的记忆和文化传承，是研究梁氏家族及正定古建筑发展的重要古迹。王氏宗族墓地作为中晚唐时期的重要墓葬群，其发现对于研究唐代社会风貌、政治制度、宗教信仰等方面提供了重要线索，具有极高的历史、文化和考古价值。

4. 碑刻

大唐清河郡王纪功载政之颂碑（风动碑）和隋龙藏寺碑等历史碑刻位于正定

古城内部。

5. 文化遗址

正定县有西洋仰韶文化遗址、小客龙山文化遗址等，这些考古遗址是新石器时代至商代的文化遗存，为研究古代文化提供了重要的实物资料。

6. 非遗技艺与民俗活动

主要包括剪纸、皮影戏、舞龙舞狮、常山战鼓、正定高照等传统艺术和民俗活动。

（二）正定古城文化遗产保护现状评估

1. 政策法规执行情况

（1）立法保障，规划先行

《石家庄市正定古城保护条例》的颁布与实施，为正定古城的保护提供了坚实的法律基础。正定县政府制定了《正定历史文化名城保护规划》等专项规划，明确了古城保护的目标、任务和措施。

（2）设立保护机构，明确职责

正定县设立了多个文化遗产保护机构，如古城墙保护中心、阳和楼保护中心等，并建立了城乡历史文化保护联席会议制度，成员单位涵盖多个部门。

（3）严格执法

为了提高执法力度，正定县公安局文物旅游警察大队启动了四级视频巡查机制，实现了对古城保护区域的全方位监控，提升了信息化建设水平，有效打击了破坏古城文化遗产的违法行为。同时，对于违反《石家庄市正定古城保护条例》的行为，相关部门依法进行了查处，维护了古城保护的法律权威。

2. 文化遗产保护与成效

（1）保护理念与原则

正定县在古城保护中坚持以现状整修和遗址保护展示为主、以整体修复为辅的工作总基调，强调不盲目复建，不拆旧建新，重保护、轻包装，重整体、轻干预，贯彻本真保护的原则。

（2）修缮与保护措施

正定县在文化遗产保护方面采取了积极措施，如争取文物修缮资金对隆兴寺、开元寺等古建筑进行了抢救性修缮，并制定了文物现场保护规划，实施了阳和楼复建、城墙保护等 24 项古城风貌修缮、恢复、提升工程，有效恢复了古城的历史风貌。

（3）成效显著

文化遗产保护工作的法治化、规范化水平的不断提高，为正定古城的长远发展奠定了坚实基础。正定古城的历史风貌得到有效恢复和提升，文化遗产得到较好的保护和传承。

3. 文化传承与活化利用

（1）历史文化展示

正定县精心打造并对外开放了系列博物馆与景点，如正定博物馆、城墙博物馆、元曲博物馆等，这些博物馆生动展现了当地丰富的历史文化风貌。同时，正定县还致力于修缮县级文物保护单位，如马家大院、府文庙、梁氏宗祠等，并将这些修缮一新的文化遗址向公众开放，以供公众参观学习。

（2）文化活动与旅游开发

通过举办夜正定大型巡游、赵云庙战袍游园、隆兴寺千手观音等活动，正定县成功跻身首批国家级夜间文化和旅游消费集聚区的行列，极大地推动了文化旅游产业的繁荣发展，实现了文化遗产保护与经济社会发展的和谐共生与相互促进。

（3）社会参与与公众教育

正定县通过举办培训会、书画摄影展等活动，以及在学校开展以“保护正定古城，传承中华文化”为主题的宣传教育活动，提高了公众对古城保护的认识和参与度。每年 8 月 24 日是正定古城保护日，各级各部门扎实推进古城保护法治宣传，引导全社会力量参与古城保护。

4. 存在的问题与面临的挑战

（1）存在的问题

城镇化建设活动对正定古城的整体风貌造成了一定影响，古城轮廓遭受到冲击。正定古城内人口密集、建筑密集，导致空间日益拥挤，给古城保护带来了一定压力。古城旅游业态相对单一，缺乏多元化的旅游产品和服务。

（2）面临的挑战

正定古城的文化遗产保护仍需进一步优化古城功能，重视整体性保护。文化遗产保护需要大量的资金投入，但当前资金来源相对有限。公众参与文化遗产保护的力度仍有待提高。如何实现古城合理的开发利用，是当前面临的重要挑战。

（三）正定古城文化遗产保护中的公众参与现状调查

课题组整理了政府出台的政策法规和相关参考文献，并以实地走访、问卷调查、深度访谈等方式对正定古城文化遗产保护的公众参与情况做了详细的调查。调查问卷使用问卷星设计，通过在线调查的形式分析了调查对象的基本信息和公众对古城文化遗产保护工作的认知、参与意愿及实际参与行为，样本量设定为200份，调查数据以百分比的形式进行统计。访谈记录采用面对面访谈的形式进行，记录了访谈对象（如专家、行业从业者、志愿者等）、访谈内容概要。以下是对调查结果的分析。

1. 参与群体分析

通过问卷调查的形式了解了被调查者的年龄、职业、所在区域等基本信息，确定了正定古城文化遗产保护中的公众参与群体包括专家学者、政府人员和社会组织成员、学生、当地居民、游客等，呈现出多元化的特点，他们通过不同形式的参与，为正定古城文化遗产保护注入了动力和活力。

（1）专家学者

专家学者是文化遗产保护的理论指导者和科学研究者，包括遗产保护专家、教师、记者等文化类专业人士。专家学者是正定古城文化遗产保护的主要力量，约占本次调查总人数的47%。

（2）政府人员和社会组织成员

政府机关是文化遗产保护制度的制定者和执行者，社会组织是连接政府和公众的桥梁，社会团体能够筹集资金，组织各类文化遗产保护活动。这部分人群约占本次调查总人数的8%。

（3）学生

高校学生、中小学生是文化遗产保护的新生代力量，他们通过聆听文化讲座、实地考察、志愿服务等活动，了解古城历史，学习非物质文化遗产技艺。学生约占本次调查总人数的21%。

（4）当地居民

正定县当地居民是文化遗产的直接守护者，他们通过日常生活和习俗传承，维持着古城的文化生态。当地居民的积极参与增强了古城保护的内生动力，形成了良好的社区文化氛围。当地居民约占本次调查总人数的10%。

（5）游客

游客是正定古城文化遗产的传播者和体验者，他们的行为对古城文化遗产保护有着重要影响。游客的参与提高了古城文化遗产的知名度和影响力，促进了文化旅游产业的发展。游客约占本次调查总人数的 14%。

2. 参与途径与方式

（1）教育普及

从学校教育和社会教育两个方面保障学生参与古城保护。学校组织学生参观博物馆、寺庙、文化遗址等，亲身体验文化遗产的魅力。开展主题宣传教育活动，引导学生了解古城历史，学习文化遗产保护知识。利用各类媒体、网络平台、社区讲座等形式，向公众传播文化遗产保护的基本知识，提高公众的认知水平。

（2）宣传活动

正定县将每年 8 月 24 日定为古城保护日，通过举办相关活动，进一步唤醒全社会力量参与古城保护。

（3）志愿服务

公众以志愿服务的形式参与正定古城保护，如参与古城巡查、环境整治、导览讲解、文化宣传等活动。也有公众通过捐赠修缮资金的方式，支持古城文化遗产的保护工作。

（4）数字化保护

利用电视、网络对文化遗产进行数字化记录、展示和传播，提高公众对正定古城文化遗产的认知度。公众通过少量的社交媒体平台参与文化遗产保护的讨论，并提出建议。

3. 参与效果评估

公众参与正定古城文化遗产保护工作的效果显著，主要体现在以下几个方面。

（1）提升了古城保护意识

通过广泛的宣传和教育活动，公众参与古城保护的意识得到了显著提升。

（2）推动了文旅融合发展

公众参与文化遗产保护的同时，也促进了正定县文旅融合的发展。通过举办各类文化活动、展览和演出，吸引了大量游客，提升了正定的知名度和美誉度。

（3）增进了社会认同感和归属感

公众参与正定古城文化遗产保护不仅是对历史文化的传承和弘扬，更是社会认同感和归属感的体现。在参与保护的过程中，公众深刻感受到自己与古城之间的紧密联系，更加珍惜和爱护这座历史文化名城，逐渐形成全社会共同保护文化遗产的良好氛围。

4. 存在的问题

（1）法律法规支持不足

违法违规行为频发，部分公众可能因法律意识淡薄而做出破坏文化遗产的行为，如乱涂乱画、私搭乱建等。

（2）机制不健全

缺乏完善的公众参与机制和监督机制，使得公众在保护工作中的参与度和影响力受到限制。

（3）参与意识不强

部分公众对正定古城的历史文化价值认识不足，缺乏对其重要性的深刻理解，导致在日常生活中可能忽视对文化遗产的保护。一些公众可能将古城保护简单理解为不破坏现有建筑，而忽视了对其文化内涵、历史风貌和生态环境的综合保护。

（4）参与渠道有限

公众获取文化遗产保护相关信息的渠道有限，可能不了解如何参与保护活动或提供有效建议。

（4）保护能力不足

大多数公众缺乏文化遗产保护的专业知识和技能，难以在保护工作中发挥实质性作用。公众参与文化遗产保护需要一定的资金、人力和物力支持，但当前这些资源的投入不足，限制了保护工作的有效开展。

下面以图表的形式直观展示几个重要的调查数据。

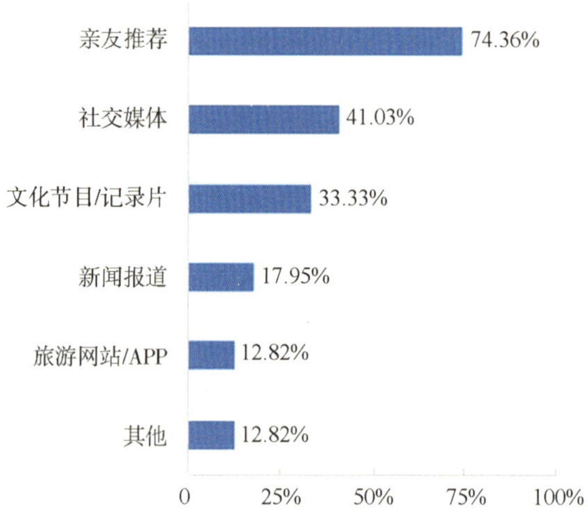

问题 1：您是如何了解到正定古城的?

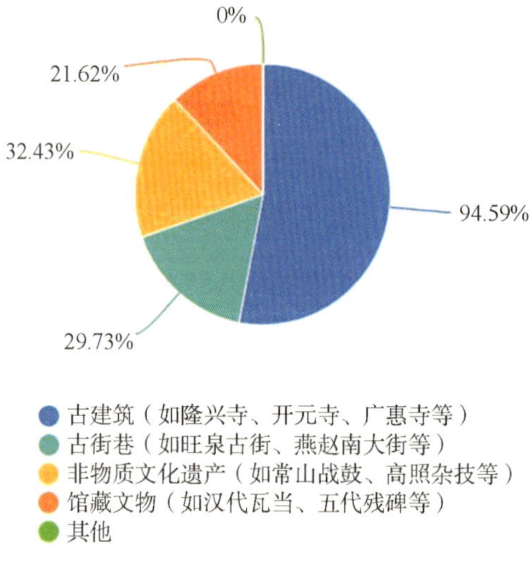

问题 2：您认为正定古城最具代表性的文化遗产是什么?

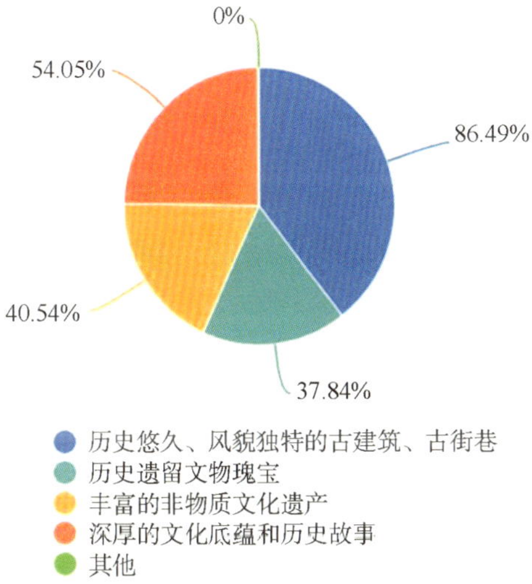

问题 3：在您看来，正定古城的文化遗产中最具价值的是什么?

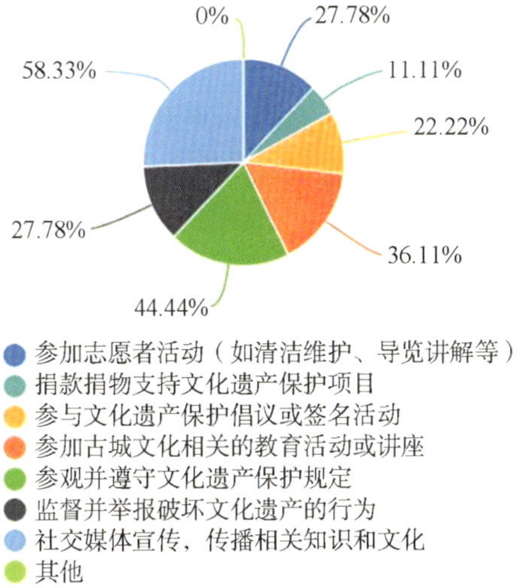

问题 4：您曾经通过哪些方式参与或支持过正定古城的文化遗产保护工作?

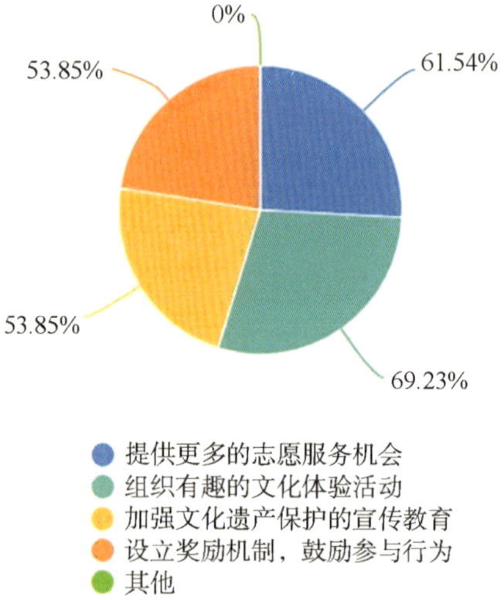

问题 5：您认为哪些方式最能激发您参与文化遗产保护工作的热情?

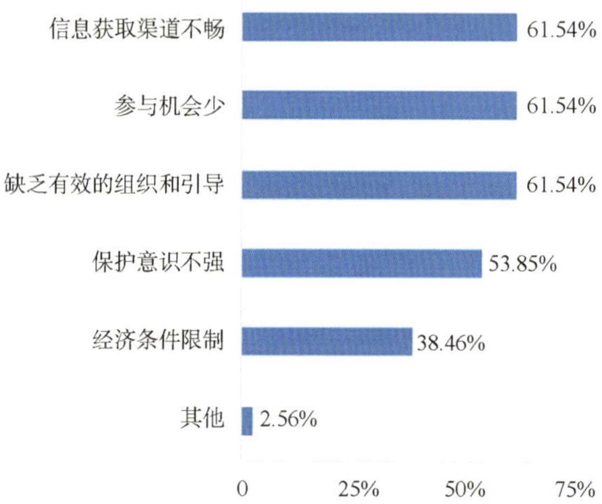

问题 6：您认为当前公众参与正定古城文化遗产保护面临的主要障碍是什么?

三、正定古城文化遗产保护中的公众参与机制优化策略

（一）加强法律法规与政策支持

1. 完善相关法律法规

《石家庄市正定古城保护条例》《正定县历史文化名城保护规划》等法律法规的出台，为公众参与古城保护提供了法律保障。在实施过程中要不断总结经验与不足，对条例和规划进行修订和完善，确保其适应正定古城保护的新形势、新要求。同时也要结合正定古城文化遗产的实际情况，制定更为具体、细化的实施细则，明确公众参与的权利和义务。

《石家庄市正定古城保护条例》中首次建立了正定古城保护名录制度，将古城内的文化遗产纳入保护范围。这有助于明确保护对象，提高公众对古城文化遗产的认知和保护意识。《石家庄市正定古城保护条例》中对破坏古城文化遗产的违法行为做出了明确规定，并设定了相应的法律责任。这有助于增强公众的法律意识，减少破坏行为的发生。

《正定县历史文化名城保护规划》的出台，体现了政府对古城保护的重视和支持。后期应继续加大政策支持力度，将古城保护纳入各级政府的长期发展规划中，确保文化遗产保护工作的稳定性和持续性。

在政策方面，政府要细化公众参与古城文化遗产保护的具体条款和操作程序，确保法律法规的针对性和可操作性，为公众参与古城保护提供法律保障。

在资金方面，正定县政府要将古城保护所需经费列入财政预算，并争取石家庄市政府、河北省政府的资金补助，从而为古城保护提供坚实的经济基础。同时建立稳定的财政投入机制，确保保护资金的充足和有效使用。

在执法方面，要健全古城保护执法体系，加大对违法行为的查处力度，维护古城文化遗产的安全和完整，确保法律法规得到有效执行。

2. 制定激励与保障政策

从经济方面激励，对参与古城文化遗产保护的公民、法人和其他组织采取税费减免优惠、贷款支持等政策，降低其参与成本，提高参与积极性；设立文化遗产保护专项基金，对在古城保护工作中做出突出贡献的单位和个人，给予资金奖励，以表彰其贡献，并激励更多人参与；制定投资回报机制，鼓励社会资本投入

古城文化遗产保护项目，通过合理规划和运营，使投资者在保护古城的同时获得经济回报，形成良性循环。

从精神方面激励，对在古城保护中表现突出的个人或组织授予荣誉称号，如古城保护之星、文化遗产守护者、古城保护贡献奖等，提升其在社会上的影响力和美誉度，还可以提供荣誉证书、纪念奖章等精神激励，增强公众的荣誉感和归属感；通过媒体宣传、公益广告等方式，广泛宣传古城保护的重要性及公众参与的意义，增强公众的社会责任感和使命感。

从政策方面保障，建立公众参与反馈机制，及时收集和处理公众、专家及社会各界的意见和建议，为古城保护决策提供参考依据；加强对古城文化遗产保护工作的监督管理，确保各项保护措施得到有效执行；设立古城保护投诉举报渠道，鼓励公众对破坏古城文化遗产的行为进行监督和举报；对公众反馈的问题进行认真调查和处理，并向公众反馈处理结果。

（二）完善公众参与平台与机制

1. 完善公众参与制度

通过设立古城保护咨询委员会、建立公众意见征询制度等，提升信息的开放度和透明度，为公众开辟多元化的参与方式，确保公众在决策流程中能够充分享有知情权、参与权，并有效行使监督权。

2. 完善听证、公示制度

对于古城发展、文物修缮等与城市文化遗产保护有关的工程项目或规划意向，在项目实施前、实施过程中及项目完成后的各阶段，需要召开相关听证会，并公示相关信息，确保公众能够直接参与管理并提出建议。公众可以就古城保护问题提出自己的意见和建议，为政府决策提供参考，促进古城保护工作的科学性和民主性。

3. 建立多元化参与平台

建立古城文化遗产保护官方网站或社交媒体账号，通过这些线上平台，及时、准确地发布文化遗产保护的相关信息，展示保护成果，实现信息共享和资源整合，提高公众参与的效率和质量，吸引更多公众的关注和参与。还可以在平台上设置意见箱或留言板，或者建立公众参与论坛、开通在线举报与反馈系统等，鼓励公众对古城保护提出建议和意见，定期整理和分析公众反馈，作为古城保护决策的重要参考。利用新媒体技术对古城文化遗产进行数字化记录，如通过三维扫描、虚拟现实等技术，将古城的历史风貌、建筑特色等记录下来，便于公众了解和学习。

4. 明确参与程序与规则

首先要明确各参与主体在文化遗产保护中的具体职责，如政府负责制定政策、规划及监管，保护机构负责具体执行，专家学者提供技术支持与指导，社区居民参与日常监督与保护等。政府或相关机构通过各类平台发布文化遗产保护的相关信息，确保公众能够便捷地获取信息。在保护政策制定、项目实施等关键环节，广泛征求公众的意见和建议，确保公众能够充分表达意愿和诉求。认真梳理收集到的公众意见，及时向公众反馈结果。鼓励公众对文化遗产保护工作进行日常监督和客观评估，及时发现问题并改进。制定行为准则，确保公众参与的合法性和有效性。制定激励机制与惩罚措施，激发公众参与的积极性，有效震慑破坏行为。

（三）提升公众参与意识与能力

1. 学校教育方面

将正定古城文化遗产保护作为教育内容的一部分，纳入历史、文化、艺术等相关课程中，让学生了解文化遗产的重要性、价值及保护方法。在设计课程时，可以采用故事讲述、文物展示、实地考察等多种形式，激发学生的学习兴趣和参与度。学校定期组织学生参观正定博物馆、隆兴寺、梁氏宗祠等文化遗址，让学生亲身感受文化遗产的魅力，加深对文化遗产保护的认识。学校与社会组织、文化机构合作，共同开展文化遗产保护教育项目，包括文化遗产保护知识竞赛、手工制作传统工艺品等活动，让学生在实践中学习和传承文化遗产。邀请专家学者对学校教师进行培训和指导，提高教师对正定古城文化遗产保护的认识和教学能力，使他们能够在教学中更好地传授相关知识。

2. 公众培训方面

为公众参与古城保护提供必要的技术支持，如提供文化遗产保护的专业知识和技能培训，帮助公众掌握科学的保护方法和技术。设立咨询服务热线或网络平台，为公众参与文化遗产保护提供咨询和指导服务。博物馆、图书馆等文化机构，通过定期举办遗产保护培训会、书画摄影展、开展相关主题教育活动等方式，向公众普及文化遗产保护知识，提高公众的认识度和参与度。利用在线课程、直播讲座等形式，邀请专家学者为公众讲解古城历史、文化遗产的价值及科学的保护方法，提高公众的文化素养和保护意识。鼓励年轻人学习传统技艺和手工艺，通过奖学金、奖项和培训计划等方式，加强对年轻人和传承人的培养和支持，吸引更多的人从事文化遗产保护事业。

3. 媒体宣传方面

借助电视、广播、网络等媒体平台，发布关于正定古城文化遗产保护的新闻，制作并播放正定古城文化遗产保护相关的公益广告、纪录片和专题节目，扩大宣传覆盖面，提高公众对文化遗产保护的关注度。利用新媒体平台，如微信公众号、微博、抖音等，发布古城保护相关的短视频、图文信息，吸引更多年轻群体的关注和参与。同时利用社交媒体的互动功能，开展线上互动活动，如知识竞赛、话题讨论等，增强宣传效果。推出文化遗产保护主题的数字展览、在线博物馆等，让公众足不出户就能感受到古城文化的魅力。

4. 品牌宣传方面

结合正定古城的文化特色，打造具有地方特色的文化品牌，如古城文化节、民俗表演、手工艺展示等，通过品牌效应吸引更多游客和公众关注古城保护。定期举办古城开放日、文化遗产日等活动，为著名文化遗址提供导览服务，由专业讲解员为公众介绍古城的历史、建筑、文化等方面的内容，让公众感受古城的历史底蕴和文化氛围。可以针对不同的受众群体，制定差异化的宣传方案。针对旅游爱好者，推出古城旅游线路和特色旅游产品。针对当地居民，通过开展丰富多样的社区文化活动，增强他们的归属感和保护意识。

（四）拓宽参与渠道与方式

1. 线上、线下结合的参与模式

利用线上平台发布活动预告和宣传信息，吸引公众关注，同时在线下活动中现场设置二维码等互动元素，引导公众关注线上平台并参与互动。邀请线上平台的活跃用户参与线下活动，提高活动的参与度和影响力。结合线上数字化展示和线下实地参观，为公众提供全方位的古城体验。例如，在线上平台提供古城虚拟游览服务，线下则组织实地导览活动，让公众在虚拟与现实之间自由切换。推出线上、线下结合的互动游戏或挑战活动，如寻找古城宝藏、古城保护知识竞赛等，增加公众的参与乐趣和成就感。建立线上、线下联动反馈机制，线上平台收集公众对古城保护的意见和建议，并及时反馈给相关部门和机构。同时在线下活动中设置意见箱或调查问卷，或者设立文化遗产保护热线等收集公众反馈。定期对线上、线下的反馈进行汇总和分析，形成全面的评估报告，为决策提供有力支持。

2. 志愿服务与社区参与

建立文物保护站，在站内开展文物展览、讲座、培训等活动，让居民能够方便地了解知识、参与活动；鼓励公众通过志愿服务、捐赠资金等方式参与文化遗产保护的实际工作；建立志愿者招募、培训和管理机制，为公众提供参与平台；组建由青年学生、社区居民及文物保护爱好者组成的志愿者队伍，从事环境清理、文物巡查、古建修缮、宣传引导等实践活动；邀请文物保护专家、学者加入志愿服务团队，为志愿者提供专业培训和指导，提升志愿服务的专业性；设立古城小卫士等公益项目，鼓励青少年参与古城保护，培养他们的责任感和使命感；成立古城保护居民议事会，邀请居民代表、志愿者、文物保护专家等参与，共同商讨正定古城的保护事宜；将正定古城划分为若干网格，每个网格设立网格员，负责网格内的文物保护和环境卫生等工作；通过社区募捐、企业赞助等方式筹集资金，用于正定古城文化遗产的保护和修复；搭建社区志愿服务平台，为志愿者提供便捷的报名、培训和活动参与渠道，促进志愿服务与社区治理的深度融合。

3. 提供专业咨询

设立正定古城文化遗产保护专业咨询热线或在线平台，由文物保护专家、学者及政府相关部门工作人员提供咨询服务，解答公众关于古城保护的问题和疑惑。举办正定古城文化遗产保护知识讲座和研讨会，邀请专家学者进行专题讲座，提高公众对古城文化遗产保护的专业认知。在进行古城保护规划、修复方案等重大决策的过程中，引入公众参与机制，通过问卷调查、座谈会、听证会等方式收集公众意见，确保决策的科学性和民主性。建立古城保护专家咨询委员会，邀请公众代表参与，为古城保护提供多元视角和专业建议。

4. 提供技术支持

利用数字化技术建立正定古城文化遗产保护数据库，对古城内的文物古迹、历史建筑等进行数字化记录和管理，便于公众通过线上平台了解古城文化遗产信息。开发正定古城文化遗产保护应用程序或小程序，提供导航、解说、互动等功能，增强公众在游览过程中的参与感和体验感。引入先进的科技监测设备和技术手段，对正定古城的文物古迹进行实时监测和预警，及时发现并处理潜在的安全隐患，保障文化遗产的安全。在古城内设置智能导览系统，通过增强现实、虚拟现实等技术为游客提供沉浸式的游览体验，同时介绍古城的历史文化、建筑特色，提高公众对古城文化遗产的兴趣和保护意识。鼓励和支持科研机构、高校及企业开展古城文化遗产保护技术的研发和创新，推动新技术、新材料在古城保护中的应用，提高古城保护的科技含量和效果。

四、优化方案的可行性分析

（一）优化方案的预期效果

1. 提升公众保护意识与参与度

本方案侧重实施广泛的宣传教育活动，能使公众更加深入地了解正定古城的文化遗产价值，提升保护意识。多样化的参与方式（如捐赠、资助、志愿服务等）将吸引更多公众参与到正定古城的保护中来，形成全社会广泛关注、人人踊跃参与的良好氛围。

2. 促进古城文化遗产的有效保护

本方案把公众参与机制与专家咨询机制、反馈机制、监督机制、激励机制相结合，确保保护工作的科学性和专业性。同时，公众的监督作用也将促使保护工作的透明化和规范化。行之有效的反馈机制能使公众及时反馈问题和建议，相关部门能够迅速响应并采取措施，确保古城文化遗产得到有效保护。

3. 增强社会凝聚力与认同感

本方案的实施将促进古城文化的传承与弘扬，增强公众对本土文化的认同感和自豪感，这将进一步激发公众参与文化遗产保护的热情。公众参与使得文化遗产保护超越了政府单一角色的范畴，转变为社区内部的共建共享行动。这一过程不仅加深了社区的团结与协作，还极大地提升了社区的凝聚力与向心力，为社区的和谐繁荣发展注入了强劲动力。

4. 推动古城旅游与经济发展

本方案的实施将促进正定古城环境和旅游设施的改善，为游客提供更加优质的旅游体验。这将吸引游客纷至沓来，为古城旅游业注入新的活力，进而带动住宿、餐饮、文化产品等相关产业蓬勃兴起。促进正定县经济多元发展，可以为古城保护提供更多的资金支持和保障。

5. 实现可持续发展

本方案将促进正定古城文化遗产的长期保护与可持续利用。通过科学合理的规划和保护措施，使古城在保护中发展，在发展中保护，实现保护与利用的良性循环。

（二）优化方案实施的可行性分析

1. 目标明确

（1）保护目标清晰

本方案明确指出了正定古城文化遗产保护的具体目标，包括物质文化遗产（如古建筑、古街巷、古城墙等）和非物质文化遗产（如传统技艺、民俗活动等）的保护需求。

（2）公众参与目标

本方案设定了公众参与的具体目标，如建立多元化参与平台、提升公众参与意识、拓宽参与渠道等。

2. 参与机制完善

（1）公众界定合理

本方案科学合理地界定了“公众”的范围，包括专家学者、政府人员和社会组织成员、学生、当地居民、游客等不同群体。

（2）参与形式多样

本方案提供了多种公众参与形式，如问卷调查、咨询会、听证会、志愿服务等，以满足不同群体的参与需求。

（3）参与过程透明

本方案确保了公众参与过程的公开透明，包括信息公示、意见征集、反馈机制等，以保障公众的知情权和监督权。

3. 参与效果

（1）公众参与度

通过问卷调查、访谈等方式收集数据，评估公众对文化遗产保护工作的认知度、参与度及满意度。

（2）保护成效

分析优化方案实施后正定古城文化遗产保护的预期成效，如改善文物保护状况、提升环境整治效果、完善平台服务等。

（3）社会影响

评估优化方案对提升正定古城知名度、促进文化旅游发展、增强社会凝聚力等方面的正面影响。

4. 可持续性

（1）长效机制建设

本方案明确要求建立公众参与的长效机制，如定期评估机制、公众参与的激励机制和监督机制等，以确保正定古城文化遗产保护工作的持续进行。

（2）资源保障

本课题方案评估了正定古城在资金、人力、技术等方面的资源保障情况，以确保公众参与机制能够得到有效实施。

5. 反馈与调整

（1）反馈机制

本方案设立了有效的反馈机制，以便及时收集公众对保护工作的意见和建议，为后续的方案调整提供依据。

（2）动态调整能力

本方案具有根据反馈意见和实际情况进行动态调整的能力，以确保正定古城文化遗产保护工作的灵活性和适应性。

五、研究结论与局限性

（一）研究结论

本课题研究分析了公众参与理论和国内外公众参与文化遗产保护的成功案例，借鉴了国内外公众参与的模式和经验。研究了正定古城的主要文化遗产类型和具体保护对象，采用问卷调查、实地访谈、文献研究的形式，调查了正定古城文化遗产保护的公众参与现状。成功地识别了正定古城文化遗产保护中公众参与机制存在的主要问题，包括法律法规支持不足、机制不健全、参与意识不强、参与渠道有限、保护能力不足等。提出了一系列公众参与机制的优化策略，包括完善法律法规保障公众权益、建设参与平台便利公众接收信息、加强宣传教育提高公众保护意识、创新参与方式激发公众参与热情等。这些策略的实施将有助于提升公众参与的广度与深度，促进正定古城文化遗产的科学保护与有效传承。本课题研究最后分析了公众参与优化方案的预期效果，对优化方案实施的可行性进行了评估。优化方案的实施可以促进正定古城文化遗产的有效保护，提升公众保护意识与参与度，增强社会凝聚力与认同感，进一步推动正定古城旅游、住宿、餐饮、文化产品等产业的发展。

研究表明，完善的法律法规与政策保障是公众参与机制有效运行的基础。正定古城应加强对文化遗产保护相关法律法规的学习与宣传，完善具有地方特色的保护政策与措施，为公众参与提供坚实的法律与政策保障。

文化遗产保护需要政府、社会与公众三方的共同努力。正定古城应积极推动政府、非政府组织、企业及个人之间的合作，形成保护合力。通过政府引导、社会支持、公众参与的模式，共同推进古城文化遗产的保护与传承工作。

当前，公众对正定古城文化遗产保护的意识虽有所提升，但仍需进一步加强，可以在教育、培训、宣传、品牌建设等方面进行提升。同时建立多渠道、多层次的公众参与平台，确保公众能够便捷地参与到文化遗产保护工作中来。公众参与的实效性是衡量其机制优化程度的重要标准。正定古城应建立定期评估与反馈机制，及时收集公众意见与建议，并根据评估结果调整保护策略与方案。同时，通过实施奖励机制，激励公众积极参与文化遗产保护活动，提升参与成效。

（二）研究局限

本课题研究虽然借鉴了多个方面的成功经验，但仍存在一定的局限性。以下是对这些局限性的详细分析。

1. 调查问卷样本设计

由于课题结题时间的限制，设定的调查问卷时间为一个月，时间较短，以至于收集到的数据不够完整；由于资源有限，调查问卷的样本量不够大，难以代表整个目标群体，可能影响调查结果的普适性；由于课题组的研究能力有限，问卷设计不够全面，无法完全涵盖受访者的真实体验；由于多种潜在因素的影响，当前的调查结果可能未能全面且客观地反映实际情况，存在一定的偏差与限制。因此，后续的研究工作将聚焦于优化问卷设计，以增强调查的有效性和可信度。

2. 数据收集与样本代表性

公众参与机制的研究往往依赖于问卷调查、访谈等方式收集数据。然而，这些方法的样本选择可能存在偏差，不一定能够全面代表所有公众的意见和态度。后期研究将会采用多种数据收集方法，如随机抽样、分层抽样等，确保样本的广泛性和代表性。同时，可以利用社交媒体、在线平台等渠道扩大调查范围，增加数据的多样性和全面性。

3. 公众认知与参与意愿的差异

公众对古城遗产保护认知的差异使得统一推进公众参与机制面临挑战。后期研究需加强宣传教育方面的投入，提高公众对古城文化遗产保护的认识和重视程度。同时，需要建立多元化的参与渠道和平台，满足不同公众的需求和期望，促进共识的形成。

4. 方案推广的限制与挑战

当前的文化遗产保护存在资金不足或资源分配不均的问题，影响了公众参与机制的推广。后期优化方案的实施需拓宽资金来源渠道，积极争取政府、企业、社会组织等多方面的资金支持。同时，合理配置和利用资源，提高资金使用效率和资源利用效益。另外，文化遗产保护涉及多个部门和领域，需要跨部门之间的协调与合作。然而在实际操作中，可能存在协调不畅、合作不紧密的问题。在优化方案的实施过程中，要建立跨部门协调机制，加强部门之间的沟通和协作，明确职责和任务分工，共同推进文化遗产保护工作。

5. 参与机制的有效性评估

目前，对公众参与机制的有效性评估往往缺乏科学的量化指标和长期跟踪数据。这使得评估结果可能不够准确和全面，难以准确反映公众参与机制的实际效果。后期研究将制定明确的量化指标和评估标准，通过长期跟踪和监测，收集和分析相关数据。同时，根据评估结果及时调整和优化参与机制，提高实施效果。

参考文献

[1] 王兆芳，赵勇，李沛帆，谷峥．基于公众参与的历史文化街区保护研究：以正定历史文化名城为例［J］．城市发展研究，2014（02）：27-30.

[2] 祝颖盈．河北正定：国土空间规划背景下历史文化保护利用研究［J］．北京规划建设，2022（01）：155-160.

[3] 马银戌，刘笑娜．国家历史文化名城文化辐射力调查研究：以河北正定为例［J］．统计与管理，2019（11）：99-104.

［4］胡姗辰．名城保护与文化建设中公众作用及其参与机制分析［J］．北京规划建设，2020（02）：123-127.

［5］梁岩妍．我国文物法律保护公众参与制度构建路径的思考［J］．石家庄铁道大学学报（社会科学版），2015，9（02）：81-85.

［6］徐英夕．网络时代规划公众参与及其决策模式研究：以北京钟鼓楼整治项目为例［D］．南京：南京大学．2013.

［7］沈旭炜．文化遗产保护社会参与模式研究［J］．浙江外国语学院学报，2017（06）：103-109.

［8］龚亚西，高颖玉．苏州城市遗产保护中的公众参与机制研究［J］．中外建筑，2016（10）：46-48.

［9］王莉莉．创新公众参与文化遗产保护的路径［J］．山西青年，2017（09）：99-100.

［10］王兆芳．基于公众参与的历史文化街区保护规划研究［D］．石家庄：河北师范大学．2014.

［11］刘林凤，任浩杰．公众参与文化遗产保护研究［J］．文化创新比较研究，2024（13）：175-179.

［12］刘春凯．英国文化遗产保护的公众参与借鉴［J］．中国名城，2016（06）：55-59＋74.

［13］范郁郁．地方历史文化遗产保护中的公众参与积极性研究［J］．文化产业，2022（33）：142-144.

［14］刘敏．天津建筑遗产保护公众参与机制与实践研究［D］．天津：天津大学，2012.

［15］佘海超．近十年我国城市遗产保护中公众参与研究综述［J］．重庆建筑，2014，13（08）：12-16.

［16］张国超．美国公众参与文化遗产保护的经验与启示［J］．天中学刊，2012（04）：128-131.

［17］杨隆治．我国公众参与历史文化遗产保护机制的研究［J］．山西建筑，2017，43（19）：1-3.

［18］杨颉慧．社会公众参与文化遗产保护的困境及路径［J］．殷都学刊，2014，35（03）：116-118.

［19］杜骞，刘爱河，曹永康．意大利文化遗产保护与利用的公众参与激励机制［J］．建筑遗产，2019（04）：51-59.

［20］史梦頔，董恒年．公众参与文化遗产保护的意大利模式解读与启示［J］．文化学刊，2018（02）：6-8.

［21］罗婕．民间力量参与历史建筑保护与活化的引导策略研究：以广州为例［D］．广州：华南理工大学．2015.

数字化赋能河北省社会文物保护的方法与路径研究

一、课题提出的背景

河北省是中国历史文化遗产丰富的地区，拥有众多重要的历史文物和遗址。然而，由于时间、环境变化，以及人为因素的影响，许多文物面临着不同程度的损毁风险。传统的文物保护方法在应对这些挑战时，存在资金投入大、周期长、效果不稳定等问题，因此亟须引入新的技术手段来提高文物保护的效率和效果。

传统的文物保护方法主要依赖于人工维护和实体修复，尽管在一定程度上能够延长文物的寿命，但面对数量庞大的文物资源，这种方式往往存在效率低、准确性差的问题。同时，传统的保护手段在记录、存档和传播等方面存在不足，难以全面、系统地反映文物的原貌和文化内涵。

随着信息技术的迅猛发展，数字化技术在各个领域得到了广泛应用，尤其在文物保护领域，数字化技术展现出了巨大的潜力。三维扫描、虚拟现实、增强现实、大数据、人工智能等技术为文物的数字化保护和展示提供了新的可能性。通过数字化手段，文物不仅可以得到更全面的保护，还可以通过数字化展示形式向公众进行广泛传播，增强公众的文化认同感和文物保护意识。

国家及地方政府近年来积极推动文化遗产保护工作的现代化转型，并出台了一系列政策鼓励利用科技手段提升文物保护水平。同时高度重视文物保护与数字化发展，出台了多项政策和战略，鼓励通过科技手段提升文物保护水平。例如，《国家文化遗产保护科技创新“十四五”专项规划》和《数字中国建设整体布局规划》均明确提出要加大文物保护的数字化应用。这些政策为河北省在文物保护中采用数字化手段提供了重要支持。

河北省在数字化基础设施建设方面取得了显著成就，具备较为完善的信息化技术条件和资源，这为数字化赋能文物保护提供了良好的基础。同时，河北省高校和科研机构在文物保护和数字化领域有较强的研究能力，可以为本课题研究的实施提供技术支持和智力保障。尽管河北省在文物保护方面已经取得了一定的成绩，但在数字化保护的探索与实践方面仍处于起步阶段。

二、课题研究的意义

“考文献而爱旧邦，睹文物而知传统”，文化遗产是文化的沉淀，是文明的留存，体现着民族的神韵，既能凝聚文化认同与民族情感，也具有历史教育和美育价值。随着科技的迅猛发展，数字化技术已成为文物保护领域的重要工具。通过研究数字化手段在文物保护中的应用，可以提升河北省文物保护的现代化水平，对文物进行更加精细的监测和管理，提升文物保护的科学性与可持续性，提升文物保护的整体水平，提高文物保护的效率和精准度。数字化技术不仅能记录和保存文物的外观，还能保留其历史信息，甚至可以通过虚拟现实、增强现实等技术手段让文物“复活”，为后代保留更多的文化遗产。

数字化技术为文物的展示和传播提供了新的途径，能够将河北省的文物资源通过互联网展示给全球观众。同时，数字化文物也可以用于教育领域，增强公众的文化遗产保护意识，特别是可以激发青少年对历史文化的兴趣。通过数字化技术，将文物信息以多媒体形式展示，有助于扩大文物资源的传播范围，增强公众对文物保护的意识和参与度。通过建立在线数据库、虚拟博物馆等，可以推动文物保护工作的社会化发展，促进文物资源的普及、文化传播与教育。

河北省拥有丰富的文物资源，数字化技术的应用能够促进地方文化的传承和发展，通过数字化展示和推广，能够增强河北文化的影响力。数字化手段可以推动文化旅游产业的发展，通过研究数字化赋能文物保护，创作出更多具有河北特色的文化产品，可以推动地方文化建设，加强地方文化认同，助力区域文化产业的发展。

河北省在文物保护方面的实践和探索，可以为全国其他地区提供可参考的经验和路径，从而推动我国整体文物保护事业的发展。数字化文物保护为国际间的文化交流与合作提供了新的契机。河北省可以通过数字化手段，与世界各地的文化机构共享文物资源，促进不同文明间的理解和互鉴。

三、课题研究的目标

构建文物数字化保护的技术框架。制定一个综合性的技术框架，涵盖文物数字化采集、数据管理、虚拟展示等多个方面。探索高效精准的数字化保护技术，首要目标是深入研究和探索适用于河北省社会文物保护的高效、精准的数字化技术，这包括但不限于高精度三维扫描与建模、虚拟现实、增强现实、大数据分析、云计算等前沿技术。通过技术创新与应用，实现对河北地区文化遗产的全面、细致、真实的数字化记录与保存，为后续的文物保护、研究、展示及传播提供坚实的技术支撑。

提出实施数字化保护的具体路径和步骤，包括技术实施、资源配置和管理机制等。提升公众参与和文物教育水平，增强公众对文物保护的关注和参与度。评估数字化技术在提升文物教育效果和传播文物知识等方面的作用。构建完善的数字化保护体系，本课题研究旨在构建一套完善的数字化保护体系，包括数据采集、处理、存储、管理、展示及传播等各个环节的标准与规范。通过制定科学合理的数字化保护流程，确保文化遗产数字化工作的系统性、规范性和可持续性。同时，加强数字化保护基础设施建设，如建立文物数字资源库、搭建数字化展示平台等，为文化遗产的数字化保护提供有力保障。

推动多方合作机制的建立，探讨政府、企业、科研机构和社会组织在数字化文物保护中的合作模式。建立多方参与的文物保护合作机制，共同推进数字化赋能文物保护工作的开展。提升文物保护与管理的智能化水平，通过数字化赋能，提升河北省社会文物保护与管理的智能化水平。利用大数据分析技术，深入挖掘和了解文化遗产的历史、文化、艺术价值及保护现状，为文物保护决策提供科学依据。同时，开发智能化管理工具，如文物健康监测系统、风险评估模型等，实现对文物状态的实时监测与预警，提高文物保护的及时性和有效性。拓宽文物展示与传播渠道，本课题研究致力于拓宽河北省社会文物的展示与传播渠道，利用数字化手段打破传统展览的时空限制。通过虚拟现实、增强现实等现代展示技术，为公众提供沉浸式、互动式的文化体验，增强公众对文化遗产的认知度和保护意识。同时，利用互联网、社交媒体等新媒体平台，扩大文化遗产的传播范围，吸引更多人关注和参与到文物保护事业中来。

促进跨学科合作与学术交流，本课题研究将积极促进历史学、考古学、计算机科学、艺术学等相关学科之间的合作与交流。通过组织学术研讨会、工作坊等活动，搭建跨学科交流平台，分享研究成果与经验，共同推动文化遗产数字化保护事业的发展。同时，加强与国际先进机构与知名学者的合作与交流，引进国际先进理念与技术手段，提升我国文化遗产数字化保护的整体水平。

四、课题研究的思路和方法

（一）研究思路

通过调查河北省社会文物保护的现状与挑战，分析数字化技术在文物保护中的应用现状与潜力，选择河北省具有代表性的文物保护项目进行深入案例分析，制定数字化赋能文物保护的具体方法与实施路径，提出推动文物保护的技术、管理、政策建议。

（二）研究方法

1. 文献研究

系统搜集并整理关于数字化文物保护的相关文献资料，归纳总结数字化技术在文物保护中的应用经验与理论基础。

2. 案例研究

选取河北省内几个具有代表性的文物保护项目，深入分析其数字化应用情况，归纳总结成功经验与存在的问题。

3. 技术评估与应用试验

选择典型的数字化技术（如 3D 扫描、虚拟现实展示等）进行实验性应用，评估不同技术在文物保护中的实际效果与可行性。

（三）研究框架

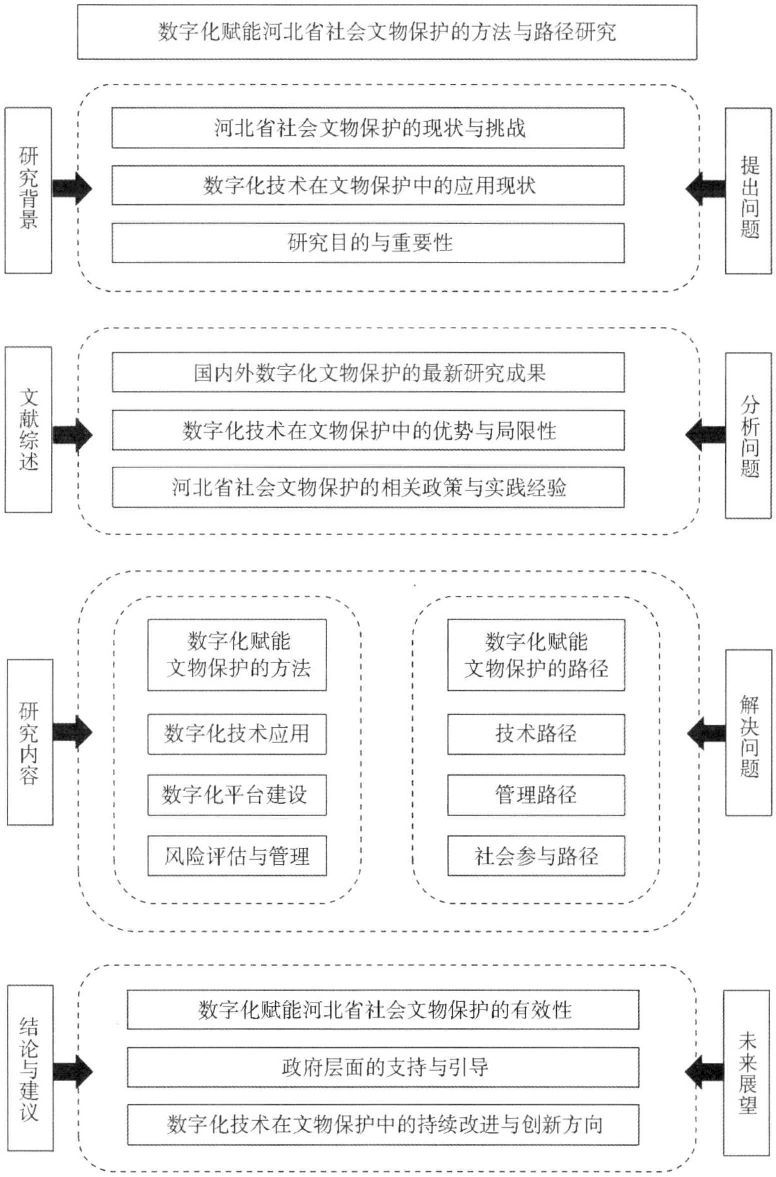
数字化赋能河北省社会文物保护的方法与路径研究
研究背景
河北省社会文物保护的现状与挑战
数字化技术在文物保护中的应用现状
研究目的与重要性
提出问题
文献综述
国内外数字化文物保护的最新研究成果
数字化技术在文物保护中的优势与局限性
河北省社会文物保护的相关政策与实践经验
分析问题
研究内容
数字化赋能文物保护的方法
数字化技术应用
数字化平台建设
风险评估与管理
数字化赋能文物保护的路径
技术路径
管理路径
社会参与路径
解决问题
结论与建议
数字化赋能河北省社会文物保护的有效性
政府层面的支持与引导
数字化技术在文物保护中的持续改进与创新方向
未来展望

（四）可行性分析

1. 技术可行性

3D 扫描、虚拟现实展示、人工智能等技术已经在多个领域得到应用，并且技术发展较为成熟，具备在文物保护中应用的条件。河北省内部分博物馆和文物保护机构已经具备一定的数字化设备与技术基础，有助于开展相关研究。

2. 管理可行性

建立政府、企业、科研机构、社会组织等多方合作机制，形成协同效应，共同推动项目实施。河北省政府近年来高度重视文化遗产保护工作，出台了一系列支持政策，为数字化赋能文物保护提供了良好的政策环境。

五、课题研究的主要内容

（一）河北省社会文物保护的现状

1. 保护现状

中华文明探源工程河北部分取得重要研究成果，多个项目入选年度考古新发现。结合重点考古发掘、文物保护维修、博物馆展陈等项目，申请国家、省社科基金项目，取得了一批研究成果，一系列文博专著相继出版面世，阐释了文物价值，延伸了历史轴线，增强了历史信度，丰富了历史内涵，活化了历史场景。2012 年，“以泥河湾盆地为重点的华北早期人类演化与适应研究”纳入科技部国家重点研发计划项目。2022 年 3 月，泥河湾遗址群蔚县下马碑遗址研究成果以“Innovative ochre processing and tool use in China 40，000 years ago”（中国四万年前创新的赭石颜料和复合工具制作技术）为题，在国际顶级学术期刊 Nature（自然）杂志在线发表；2013 年和 2014 年，《元中都（1998—2003 年发掘报告）》《明蓟镇长城：1981—1987 年考古报告》分别获得“全国文化遗产十佳图书”；2021 年，《中国出土青铜器全集》获“中国出版政府奖图书奖”；2022 年，《王厝时代》荣获第 18 届河北省社会科学优秀成果奖三等奖。2024 年 8 月，由中国文物报社、中华文明研学旅游联盟主办，中国电信集团有限公司协办的 2023 全国文化遗产旅游案例和线路宣传展示活动，正式发布 100 项文化遗产旅游案例和 50 条文化遗产旅游线路。其中，河北省文物局推送的“‘跟着文物游河北’智慧语音导览项目”入选“百强案例名单”，承德市文物局推送的“探寻历史脉络——承德文化遗产之旅”入选“五十强线路名单”。为加强文物活化利用工作，推进文物科技创新，推动更多文物和文化遗产“活起来”，河北省文物局设计制作了“跟着文物游河北”智慧导览图、“国保在冀”智慧导览册页、定制专用文物帆布包等宣传品，以不同载体进行内容呈现和传播，获得了广大人民群众的关注和喜爱。以上宣传品的制作，有助于继续深入打造“跟着文物游河北”项目，强化文化赋能，塑造河北文物品牌，逐步形成多样态、立体式的河北文物传播矩阵。

2. 现有的措施与政策

民间文物收藏绕不开文物鉴定，文物鉴定咨询服务关乎人民的切身利益。近年来，民间文物收藏的热情持续高涨，收藏群体从小众逐步走向大众，但绝大部分收藏爱好者并不具备必要的收藏常识和文物鉴定专业知识，希望国家设立专业文物鉴定机构、提供专业鉴定服务的呼声十分强烈。

为响应人民呼声，保护人民权益，国家文物局以人民为中心，常态化开展民间收藏文物公益鉴定咨询，初步形成全国公益性文物鉴定咨询服务基本格局。2021 年，国家文物局博物馆与社会文物司持续跟进，不断探索文物公益鉴定咨询服务新模式，推动文物公益鉴定咨询服务的范围进一步扩大。据统计，2021 年，开展文物公益鉴定咨询服务的省份从 14 个增加到 21 个。21 个省（市、自治区）的文博机构共开展公益文物鉴定 400 余场，为近 2 万人次免费鉴定文物艺术品近 6 万件；组织开展线上、线下文物收藏鉴赏知识讲座 70 场，为 400 余万人次提供文物知识服务；多省份的文博机构与其他行政部门和高校建立合作关系，探索文物公益鉴定服务新模式。2021 年，我国公益性文物鉴定咨询服务拓展推广稳步前进，在全国多地采取限制大型活动场次、人数等政策，公益文物鉴定场次、服务人数及件数同比基本持平的背景下，开展文物公益鉴定咨询服务的省份数量和文物收藏鉴赏知识讲座服务人次同比分别上升 50％和 100％。

2023 年，河北省启动全省文物资产资源规范化管理项目建设。加快数字化、信息化建设，建设河北省博物馆数字化公共服务平台，完成可移动文物高精度三维信息采集 550 件（套），实现了多媒体互动展示传播，完成省内 23 家重点博物馆、54 个展厅全景信息数字化网络呈现；推进智慧博物馆建设，重点做好河北博物院重点文物数字化保护与展示传播项目。

建设河北省文物保护单位数字化平台，组织完成省级以上文物保护单位数字化信息采集工作，为文物保护维修、展示利用、科学研究和安全监管提供数据支撑。编制发布省级地方标准《金属类可移动文物三维数据采集规范》《河北省木结构古建筑勘察规范》等。通过一系列的管理制度完善与管理技术改进，形成科学化、系统化、标准化的文物资产资源管理体系，全面提高河北省文物资产资源精细化管理水平。

强化科技支撑，科技创新在文物保护中的应用更加广泛。启动文物安全防范技术设施建设，利用科技手段助推执法效能，推进完成基于高分辨率卫星遥感技术不可移动文物执法监测与预警系统建设项目，对长城、大运河重要点段、重点古墓群等开展无人机、卫星遥感执法监测。有效解决了田野文物点多、面广、线长、地处偏远、交通不便等诸多执法巡查困难，增强重点文物的安全预警和抗风险能力。

3. 存在的问题与不足

在文物保护的数字化进程中，技术选择与应用往往存在偏差。一方面，部分项目盲目追求高新技术的堆砌，忽略了文物保护的实际需求与保护原则，可能导致文物信息失真或二次损害。另一方面，部分传统文物因技术难度高、资金限制等因素，未能得到有效的数字化处理，造成了数字资源的不均衡分布。文物保护的数字化是一项长期而复杂的工程，需要大量资金的投入。然而，目前普遍存在资金来源单一、投入不足的问题，难以满足数字化项目的需求。

“十三五”期间，我国民间文物收藏和文物市场在保持总体稳定发展态势的基础上，进入了亟待转型升级、提质增效的新阶段。与此同时，民间文物保护利用不足、流通渠道不畅、信用体系缺失、市场环境无序等问题凸显，亟待通过系统性综合改革去推动解决长期制约行业发展的关键性问题。

（二）数字化赋能文物保护的方法与路径

1. 数字化信息采集

数字化信息采集是文物保护数字化的基础。利用高精度扫描设备、无人机、摄影测量等技术手段，对文物进行非接触式、无损的数据采集，获取文物的几何形态、纹理细节、色彩信息等，可以为后续的数字化处理提供原始数据。通过激光扫描技术获取文物的三维点云数据，结合高清晰度相机拍摄的照片，可以构建出文物的精确三维模型。

在传统的图像和视频记录之外，还应采用音频、文字描述等多种媒体形式，全面记录文物的历史背景、制作工艺、保存现状等信息。这种多媒体记录方式有助于更直观地展示文物的全貌和价值。

2. 三维建模与仿真

基于数字化信息采集得到的数据，利用三维建模软件创建文物的三维数字模型。通过仿真技术，可以模拟真实的文物，实现文物的虚拟展示与交互体验。

利用三维建模技术还原古代建筑的原貌，观众可以通过虚拟现实设备“走进”历史场景，感受古代文化的魅力。

3. 数据存储与管理

数字化文物保护需要建立统一、规范的数据存储与管理系统。通过构建数据库，将文物的数字化信息进行有效整合、分类、存储，可以确保数据的安全性与可访问性。

建立文物数字化信息库，实现文物数据的集中存储与统一管理。采用分布式存储技术，利用云计算、大数据等技术手段，将文物数据存储在多个物理位置，可以提高数据存储效率与数据的可靠性和安全性。同时，定期进行数据备份和恢复演练，可以确保数据在意外情况下迅速恢复。

4. 预防性保护

数字化技术还可以用于文物的预防性保护。通过对文物进行实时监测和数据分析，可以及时发现并预警文物可能面临的损害风险，采取相应措施进行保护。

利用自动化控制系统调节文物保存环境的参数，环境监测系统可以实时监测文物保存环境的温湿度、光照强度等参数，以维持适宜的环境条件，确保文物处于最佳的保存状态。同时，通过远程监控和遥控技术可以实现无人值守的文物保护。

5. 数字化展示与传播

数字化展示与传播是数字化文物保护的重要成果之一。通过互联网、虚拟现实、增强现实等技术手段，可以将文物的数字化成果以更加生动、直观的方式呈现给公众，扩大文物的传播范围与影响力。

建立线上博物馆，让观众可以在家中通过电脑或手机浏览文物的高清图片、三维模型及虚拟展览。同时，利用社交媒体平台可以进行文物知识的普及与宣传。

6. 数字化辅助修复

数字化技术为文物的修复工作提供了有力支持。通过数字化建模与仿真技术，可以模拟文物的修复过程，评估修复方案的可行性。利用高精度扫描与打印技术，可以精确复制文物的缺失部分，辅助完成修复工作。

利用三维扫描技术获取文物破损部位的数据，通过 3D 打印技术制作修复配件，可以实现文物的精准修复。

7. 数字化教育与研究

数字化技术为文物保护的教育与研究工作提供了新的途径。通过数字化平台，学生可以远程参观博物馆，学习文物知识，研究人员可以便捷地获取文物数据，进行深入研究与分析。

建立文物数字化教育资源库，可以为广大学生提供在线学习文物知识的机会。同时，为文物研究人员提供数字化分析工具与平台，可以促进文物研究的深入开展。

（三）案例分析

1. 数据采集与汇聚——国家文物局“数字文物工程”

为全面、系统地保护和传承我国丰富的文化遗产，国家文物局启动了“数字文物工程”。该工程利用高清摄影、三维扫描、无人机航拍等多种技术手段，对全国重点文物保护单位进行了数据采集。通过建立统一的数据汇聚平台，实现了文物信息的集中存储和高效共享。这一举措为后续的文物保护、研究及展示工作奠定了坚实的数据基础。

2. 数据标准与治理——国际博物馆协会数字标准制定

国际博物馆协会（ICOM）积极推动数字化文物保护的国际合作，组织制定了多项数字标准。这些标准涵盖了文物数据采集、处理、存储、传输及展示等各个环节，确保了数字化文物的质量、一致性和可互操作性。通过实施这些标准，各国博物馆能够更有效地进行文物信息的交流与合作，共同推进全球文物保护事业的发展。

3. 数据应用与创新——故宫博物院“数字故宫”项目

故宫博物院通过“数字故宫”项目，将传统文物与现代数字技术深度融合。该项目不仅提供了文物的高清图像、三维模型等数字化资源，还开发了多款基于文物信息的互动应用和游戏。这些创新应用不仅提升了观众的参观体验，还激发了公众对传统文化的兴趣和热爱。同时，故宫博物院还利用大数据分析技术，对观众行为进行分析和预测，为优化展览布局、提升服务质量提供了有力支持。

4. 智能监测与预警——西安城墙智能监测系统

西安城墙作为我国古代城墙建筑的杰出代表，其保护工作一直备受关注。为实现对城墙的全面监测和及时预警，西安市文物局引入了智能监测系统。该系统通过安装传感器、摄像头等设备，实时监测城墙的温湿度、沉降变形等关键指标。一旦发现异常数据或潜在风险，该系统将立即发出预警信息，并通知相关人员进行处理。这一举措大大提高了城墙保护的效率和精准度。

5. 智慧旅游与体验——敦煌莫高窟“数字展示中心”

为缓解莫高窟保护与旅游开放之间的矛盾，敦煌研究院建设了“数字展示中心”。该中心利用虚拟现实和增强现实技术，为游客提供了全新的观赏体验。游客可以在展示中心内通过高清大屏和虚拟现实眼镜等设备，身临其境地感受莫高窟的壁画和雕塑之美。同时，该中心还设置了互动体验区和文化讲座区，让游客在游玩的同时还可以深入了解敦煌文化的内涵和价值。

6. 数字藏品与文化 IP——国家博物馆数字藏品平台

为推广和传播我国优秀传统文化，国家博物馆推出了数字藏品平台。该平台精选了馆藏中的珍贵文物进行数字化处理，并制作成数字藏品供公众购买和收藏。这些数字藏品不仅具有观赏价值，还融入了区块链技术以确保其唯一性和真实性。通过推广数字藏品，国家博物馆不仅实现了文物资源的数字化转化和利用，还成功打造了具有广泛影响力的文化 IP。

7. 经济效益与社会价值——四川三星堆遗址数字化保护与开发

四川三星堆遗址的数字化保护与开发项目不仅提升了文物保护的水平和效率，还带来了巨大的经济效益和社会价值。通过数字化手段对遗址进行全方位展示和宣传，吸引了大量游客前来参观和旅游。这不仅促进了当地旅游业的发展和相关产业链的延伸，还提升了公众对文化遗产保护和传承的意识。同时，三星堆遗址的数字化成果还被广泛应用于教育、科研等领域，为文化传承和创新提供了重要支持。

数字化赋能社会文物保护的实践案例充分展示了数字化技术在文物保护领域的巨大潜力和广阔前景。通过数据采集与汇聚、数据标准与治理、数据应用与创新、智能监测与预警、智慧旅游与体验、数字藏品与文化 IP，以及经济效益与社会价值等方面的努力和实践，我们能够更好地保护和传承人类宝贵的文化遗产。

（四）河北省代表性文物保护项目

1. 数字化技术概览

在河北省的社会文物保护工作中，数字化技术正发挥着日益重要的作用，这些技术包括但不限于高清摄影、三维扫描、虚拟现实、增强现实、大数据分析、物联网传感技术等。这些先进的技术手段不仅为文物的精准记录、详细分析和高效管理提供了可能，还极大地丰富了文物的展示形式，提升了公众的文化体验。

2. 承德避暑山庄复原

承德避暑山庄作为清代皇家园林，其保护与复原工作一直受到社会各界的高度重视。在数字化技术的支持下，河北省文物部门对避暑山庄进行了全面的数字化测绘和建模。通过高精度三维扫描技术，获取了山庄内各建筑、景观的详细数据，并构建了高精度的三维模型。这些模型不仅为山庄的修复工作提供了科学依据，还通过虚拟现实技术，让公众能够在不破坏原有景观的前提下，身临其境地感受避暑山庄的历史风貌。

3. 隆兴寺保护案例

隆兴寺作为河北省的重要文化遗产，其保护工作同样受益于数字化技术。通过无人机航拍、激光扫描等技术手段，对隆兴寺进行了全面的数字化记录。同时，利用大数据分析技术，对寺内的温湿度、光照等环境因素进行了实时监测，为预防性保护提供了数据支持。此外，针对寺内重点文物，还采用了数字化修复技术，通过电脑模拟和算法优化，实现了文物的虚拟修复和展示。

4. 文物数据库建设

河北省在数字化文物保护工作中，高度重视文物数据库的建设。通过整合全省范围内的文物资源，建立了全面、系统的文物数据库。该数据库涵盖了文物的基本信息、图像资料、三维模型、研究文献等多方面的数据，为文物的保护、研究、展示和传播提供了重要的数据支撑。同时，通过数据标准的制定和治理，确保了文物数据的准确性和一致性，为数据的共享和利用打下了坚实基础。

5. 数字化展示与传播

河北省充分利用数字化技术，推动文物的展示与传播。通过构建数字化展览平台、开发在线互动应用等方式，将文物资源以更加生动、直观的形式呈现给公众。例如，在河北博物院的官方网站和移动端应用中，用户可以随时随地浏览文物的高清图像、三维模型和视频资料，了解文物的历史背景和文化内涵。此外，河北省还通过社交媒体、短视频平台等新媒体渠道，扩大文物的传播范围和影响力。

6. 智慧导览系统

为提升公众的参观体验，河北省在多个文物景点引入了智慧导览系统。该系统通过全球定位系统、蓝牙信号等技术手段，为游客提供精准的导航和导览服务。游客可以通过手机等设备接收景点的介绍信息、历史故事和导览路线等，实现自助式、个性化的游览体验。同时，该系统还具备语音讲解、互动问答等功能，让游客在游览过程中可以更加深入地了解文物的价值和文化意义。

7. 文物保护成效

通过数字化赋能社会文物保护工作，河北省的文物保护工作取得了显著的成效。一方面，数字化技术提高了文物保护的精准度和效率，降低了人为因素对文物的损害风险。另一方面，数字化展示和传播方式扩大了文物的社会影响力，提升了公众的文化自信和文化自觉。此外，数字化保护还促进了文物资源的合理利用和可持续发展，为文化旅游产业的繁荣注入了新的活力。

（五）实施效果与经验教训

1. 实施效果

河北省通过数字化技术的应用，实现了对文物的高精度记录和建模。三维扫描、无人机航拍等技术手段的引入，使得文物的每一处细节都被准确捕捉并记录下来。这种精准化的保护方式不仅为文物的修复和复原提供了科学依据，还大大降低了因人为因素而导致的损害风险。数字化技术极大地丰富了文物的展示和传播形式。河北省通过构建数字化展览平台、开发在线互动应用等方式，让文物以更加生动、直观的形式呈现在公众面前。无论是通过高清图像、三维模型还是虚拟现实技术，公众都可以随时随地感受到文物的魅力和价值。这种多样化的展示和传播方式不仅提升了公众的文化素养，还增强了文物的社会影响力。数字化技术在文物保护中的应用，促进了文物保护与旅游产业的融合发展。通过智慧导览系统、数字化展览等方式，游客在参观的过程中可以更加深入地了解文物的历史背景和文化内涵，提升了游览的趣味性和教育性。同时，数字化技术的应用也吸引了更多游客前来参观，为当地旅游经济的发展注入了新的活力。数字化技术的应用还显著提高了文物保护的效率和管理水平。通过建立文物数据库、应用大数据分析等技术手段，河北省实现了对文物资源的全面管理和有效调度。这不仅提高了文物保护工作的效率和准确性，还为文物保护的决策提供了科学依据。

2. 经验教训

在数字化文物保护过程中，数据标准与治理是确保数据质量和一致性的关键。河北省在推进数字化文物保护时，应进一步加强数据标准的制定和治理工作。通过制定统一的数据标准、建立数据共享机制等措施，确保不同来源、不同格式的数据能够相互兼容和共享利用。

数字化文物保护是一项技术密集型工作，需要不断创新和引进先进技术。同时，也需要培养一支具备专业技能和素养的文物保护人才队伍。河北省应加大对数字化文物保护技术创新的支持力度，鼓励科研机构和企业开展技术研发和应用示范。同时，还应加强人才培养和引进工作，为数字化文物保护提供有力的人才保障。

文物保护不仅是政府和专业机构的责任，也需要广大公众的参与和支持。河北省在推进数字化文物保护时，应增强公众参与度和互动性。通过举办线上和线下的文化活动、开展文物知识普及教育等方式，提高公众对文物保护的认识和兴趣。同时，还应建立有效的互动机制，让公众能够参与到文物保护工作中来，共同守护人类的文化遗产。

在数字化文物保护过程中，需要平衡好保护与利用的关系。一方面，要加强对文物的保护力度，确保文物的安全和完整。另一方面，也要充分利用数字化技术手段，发挥文物的社会价值和经济效益。通过合理规划和布局，实现文物保护与旅游、教育等产业的融合发展，让文物成为推动当地经济社会发展的重要力量。

（六）可复制推广的模式与方法

1. 建立数字化信息采集与管理体系

（1）全面调研与评估

首先对目标文物进行全面、细致的调研与评估，包括档案资料、文物现状、工程资料、管理情况、研究成果等，确保数字化工作的准确性和针对性。

（2）高精度数据采集

运用摄影测量建模、三维激光点云数据采集等先进技术，对文物本体及其周边环境进行高精度数据采集，达到厘米级甚至毫米级精度，避免传统测绘时对文物的二次破坏。

（3）建立文物数据库

将采集到的数据整理后，建立文物数据库和信息共享系统，实现文物资源的数字化存储和高效管理。

2. 推进数字化展示与传播

（1）多媒体展示技术

通过展陈多媒体设备、三维互动设备等，将珍贵文物进行全方位、多形式展示，提升公众对文物的认知度和兴趣。

（2）线上平台与互动应用

开发线上展览平台、虚拟现实眼镜智慧导览系统等互动应用，让公众能够随时随地通过手机、电脑等设备浏览文物，实现文物展示与传播的多元化和便捷化。

（3）智慧导览与文创相结合

结合导览与文创，推出智慧语音导览图、智慧语音导览册页等，为公众提供一站式服务，增强游客的文化体验感和满意度。

3. 强化数字化保护与修复

（1）数据分析与预警

利用大数据分析技术，对文物保存环境进行实时监测和分析，及时发现并预警潜在风险，为文物保护提供科学依据。

（2）数字化修复技术

当文物受到损害时，利用数字化手段进行修复和复原工作，通过三维建模、虚拟复原等技术手段，使损坏的文物得以修复。

（3）应急响应机制

建立文物应急响应机制，一旦文物发生突发事件，能够迅速启动应急预案，利用数字化手段进行快速评估和修复。

4. 加强人才培养与技术创新

（1）人才培养体系

建立文物数字化保护人才培养体系，通过专业培训、实践锻炼等方式，培养一支具备专业技能和素养的文物数字化保护人才队伍。

（2）技术创新与应用

鼓励科研机构和企业开展技术创新，引入前沿科技手段，如虚拟现实、增强现实等，不断提升文物数字化保护的技术水平。

5. 促进多方参与与合作

（1）政府引导与支持

政府应发挥引导作用，制定相关政策法规，加大对文物数字化保护的支持力度，为数字化工作提供有力保障。

（2）社会力量参与

鼓励社会力量参与文物数字化保护工作，通过合作共建、资源共享等方式，形成全社会共同关注、共同参与的良好氛围。

（3）国际交流与合作

加强与国际同行的交流与合作，借鉴国际先进经验和技术手段，提升河北省社会文物数字化保护的国际影响力和竞争力。

综上所述，河北省在数字化赋能社会文物保护方面形成了一套较为完善的模式与方法，这些模式与方法具有较强的可复制性和推广性，可以为其他地区提供有益的借鉴和参考。

六、结论

本课题研究围绕数字化赋能河北省社会文物保护展开，通过深入的理论研究、实地考察、技术实践及效果评估，形成了一系列具有创新性和实用性的研究成果。这些研究成果不仅丰富了数字化文物保护的理论体系，还为河北省乃至全国的文物保护工作提供了可借鉴的方法与路径。

本课题研究充分证明了数字化技术在提升文物保护效率、降低人为损害风险、丰富文物展示形式等方面具有显著优势。通过高精度数据采集、三维建模、虚拟现实等技术的应用，文物保护工作得以更加精准、全面地展开，为文物的长期保存和传承提供了有力支持。本课题研究探索了多种数字化赋能文物保护的方法与路径，包括但不限于数字化信息采集与管理、数字化复原与展示、智慧导览与互动体验等。这些方法与路径相互补充，共同构成了一个多维度、全方位的数字化文物保护体系，为河北省乃至全国的文物保护工作提供了可借鉴的范式。

在河北省的实际应用中，数字化技术取得了显著成效。不仅成功完成了大量文物保护单位的数字信息采集工作，还通过数字化复原项目让受损文物得以重现光彩。同时，智慧导览系统的推出也极大地提升了游客的观展体验，促进了文物保护与旅游的融合发展。

本课题研究强调了政府、企业、社会组织和公众在文物保护工作中的重要作用。通过构建多方参与、合作共赢的文物保护机制，可以汇聚各方力量，共同推动文物数字化保护工作的深入开展。虽然数字化技术在文物保护中取得了显著成效，但仍然存在一些挑战和问题。因此，未来的研究和实践需要持续关注技术创新和优化，不断提升数字化技术的精度和效率。同时，还需要加强跨学科合作、人才培养和国际交流等方面的工作，共同推动文物数字化保护工作向更高水平发展。

综上所述，本课题研究的研究结论表明，数字化技术是文物保护的重要驱动力，通过多维度路径的支持和显著成效的验证，证明了数字化路径在文物保护中的可行性和有效性。未来，我们需要继续探索和优化数字化技术，加强多方参与的机制建设，共同推动文物数字化保护工作的深入发展。相信随着技术的不断进步和应用的不断深化，数字化赋能文物保护的方法与路径将更加成熟和完善。

参考文献

[1] 崔翔．数字化技术在聊城海源阁文物保护中的应用［J］．收藏与投资，2024（08）：109-111.

[2] 郭牧茵．博物馆藏品数字化的开发与价值研究［J］．收藏与投资，2024（08）：149-151.

[3] 重庆市建筑科学研究院有限公司．科技赋能文物保护解放碑文物本体智能监测系统上线运行［J］．重庆建筑，2024，23（08）：81.

[4] 张梦雨．浅议壁画类文物的数字化保护技术及应用现状［J］．文物鉴定与鉴赏，2024，282（15）：33-36.

[5] 李娉，刘晏裙．山东沿黄流域革命文物调查与文化线路数字化展示［J］．文物天地，2024（08）：74-80.

[6] 胡卫国．让博物馆馆藏文物“活”起来［J］．文化产业，2024（21）：73-75.

[7] 李小娟．博物馆可移动文物数字化保护初探：以金昌市博物馆为例［J］．

大众文艺，2024（14）：25-27.

［8］廖海燕．浅析文物保护与社会教育的结合研究［J］．参花（上），2024（6）：52-54.

［9］林媛康．文物数字化保护与社会参与共享［J］．文化产业，2024（16）：74-76.

［10］文昳．分析馆藏纸质文物的数字化保护与利用研究［J］．收藏，2024（05）：87-89.

［11］王颖．用户体验视角下文物数字化发展研究［D］．济南：山东师范大学，2024.

［12］郭珍．数字化为馆藏文物保驾护航［J］．文化产业，2024（03）：67-69.

［13］魏星，曾蓓，邱晓明．南京革命文物保护与活化利用研究［J］．南京学研究，2023（02）：35-49.

［14］朱卫华．数字化时代下博物馆文物陈列与保管分析［J］．中国民族博览，2023（24）：244-246.

［15］秦新华．山西博物院文物数字化保护工作实践与思考［J］．中国博物馆，2023（06）：79-85.

［16］肖利琼．博物馆社会教育功能下的文物解读实践与创新探索［J］．收藏，2023（11）：133-135.

［17］杨雪梅．从文物社会功能透见鲜活历史［N］．人民日报，2023-07-22（006）.

［18］丁舟洋，杜蔚．数字化采集、呈现、考古……文博人把 AI 用明白了［N］．每日经济新闻，2023-05-23（005）.

［19］徐静．互联网背景下馆藏文物数字化路径分析［J］．艺术品鉴，2023（14）：134-138.

［20］陈梦迪．数字化背景下北京故宫博物院的品牌建设研究［D］．哈尔滨：黑龙江大学，2023.

［21］吴相义．关于社会力量参与文物建筑保护利用的探究［J］．文化产业，2023（05）：140-142.

［22］徐秀丽．推动文物事业实现新发展铸就社会主义文化新辉煌［N］．中国文物报，2022-10-25（004）.

多尺度空间特征下石家庄工业遗产差异化更新策略研究报告

工业遗产是指记录城市发展历程、具有独特文化遗产价值的保留在城市中的工业建筑和设施。随着城市化进程的不断加快，工业遗产面临着更新与再造。在此过程中，工业遗产创意园区目前面临着同质化现象加剧的严峻挑战，其更新模式趋于单一化，缺乏对周边环境和功能特性的深入考量。这一现状导致园区的更新效果不尽如人意，难以形成差异化的服务类型和独有的园区特色。因此，部分园区陷入了发展的瓶颈与僵局，亟须寻求创新路径以突破现状。

本研究以石家庄市工业遗产作为研究案例，结合大数据、现场调研等方法，从三个尺度剖析工业遗产差异化更新所考虑的因素，并提出相应的更新策略，可以为工业遗产更新提供参考。

一、研究区域情况分析

石家庄城市的快速发展与铁路运输发展息息相关，正太铁路与京汉铁路在石家庄交会形成枢纽，优越的交通优势吸引了大量的企业进驻，促使石家庄快速形成城市发展格局。“一五”期间，在国家的大力支持下，石家庄的纺织厂、电厂、机械厂等具有特色的工业快速发展。石家庄的工业变迁可以随着铁路的发展变化分为三个时间节点，即 1907 年京汉铁路和正太铁路交会前、1907 至 1947 年、1947 年至今，具体内容可见表 1、表 2。

表 1　石家庄工业遗产发展时间节点分析

时间阶段	工业发展情况
1907 年京汉铁路和正太铁路交会前	蕞尔小村，按现今石家庄辖区划分仅井陉矿区一处工业
1907 至 1947 年	正太总机厂、大兴纱厂、焦化厂、正丰矿厂、井陉矿厂
1947 年至今	裕华铁工厂、裕民玻璃工厂、大兴联合企业纺织工厂、华北制药厂、热电厂、石家庄装潢机械厂

表 2　石家庄各年代代表厂房分析

时间阶段	厂房名称
20 世纪 50 年代	石家庄棉纺织工厂、石家庄热电工厂、石家庄煤矿机械厂、石家庄港铁工厂、炼油厂、石家庄装潢机械厂、华北制药厂
20 世纪 60 年代	石家庄电石厂、石家庄化肥厂
20 世纪 70 年代	石家庄红星机械厂、石家庄拖拉机厂
20 世纪 80 年代	环宇电视机厂、石家庄造纸工厂、维力饮料厂
20 世纪 90 年代	光明肥皂工厂

随着产业结构调整，以及在市场调节机制的作用下，大量具有历史价值的企业面临破产或搬迁，许多优秀的近现代工业遗产面临着拆除腾地、遗弃荒废的处境，石家庄市区内出现了大量滞留的废弃工业遗产，因此开展石家庄市近现代工业遗产保护工作刻不容缓。石家庄工业遗产见证了石家庄城市历史发展进程，是城市工业化、现代化的见证，具有重要的历史意义。

根据 2013 年第七批全国重点文物保护单位、2019 年第二批中国工业遗产保护名录等信息可知，目前石家庄拥有工业遗产类国家级重点文物保护单位 1 处、入选中国工业遗产保护名录 2 处、入选河北省文物保护单位 10 处、入选石家庄历史建筑名录 3 处。

表3　石家庄近现代工业遗产名单

序号	年份	工业遗产名称	地址	保护级别	留存现状
1	1898年	井陉矿务局，包含正丰矿、井陉矿区段家楼	石家庄市井陉县井陉矿区	全国重点文物保护单位，入选中国工业遗产保护名录	保存良好，是井陉矿区旅游资源的重要组成部分
2	1901年	正太总机厂	—	—	已拆除
3	1906年	南张村火车站	石家庄市井陉县秀林镇南张村	—	保存良好
4	1907年	正太饭店	石家庄市新华区正太大酒店院内	河北省文物保护单位	保存较为良好，入驻餐馆目前处于营业状态
5	1907年	石家庄车辆厂法式别墅	石家庄市新华区车辆厂前街	河北省文物保护单位	保存较为良好，目前处于闲置状态
6	1914年	石家庄焦化厂	石家庄市长安区谈固北大街	—	已停产，截至2021年2月，厂内主要建筑物已拆除
7	1921年	大兴纱厂	—	—	已拆除
8	1948年	沕沕水电厂旧址	石家庄市平山县西南部	河北省文物保护单位	沕沕水生态旅游区景点，国防教育基地
9	1950年	第二棉纺织厂	石家庄市长安区建设北大街	—	苏援项目，保存良好
10	1954年	石家庄热电厂	石家庄市长安区体育北大街	—	156重点项目，现隶属河北华电石家庄热电有限公司，仍在使用中
11	1954年	第一棉纺织厂	石家庄市长安区建设北大街	—	苏援项目，保存良好，办公楼仍在使用
12	1955年	华北制药厂	石家庄市长安区和平东路	入选中国工业遗产保护名录，河北省文物保护单位	苏援项目，淀粉塔和办公楼保存良好
13	1956年	石家庄煤矿机械厂	石家庄市长安区跃进路	—	2015年改造为文化创意园，2018年创意园关闭，现为石美集城市微度假中心，整体保存良好
14	1956年	石家庄装潢机械厂办公楼和车间	石家庄市桥西区汇通路	入选石家庄历史建筑名录	苏援项目，保存良好
15	1959年	白龙化工厂	石家庄市长安区谈固北大街	—	已被改造成为铁路主题公园，东侧仍遗留三栋厂房
16	1962年	中国化学工程第十二建设公司化工机械厂和管件厂	石家庄市长安区丰收路	—	已废弃，保存较为良好
17	1991年	石家庄钢板弹簧厂	石家庄市长安区跃进路	—	已被改造成为工业主题餐厅——秀铁餐厅

（一）研究框架

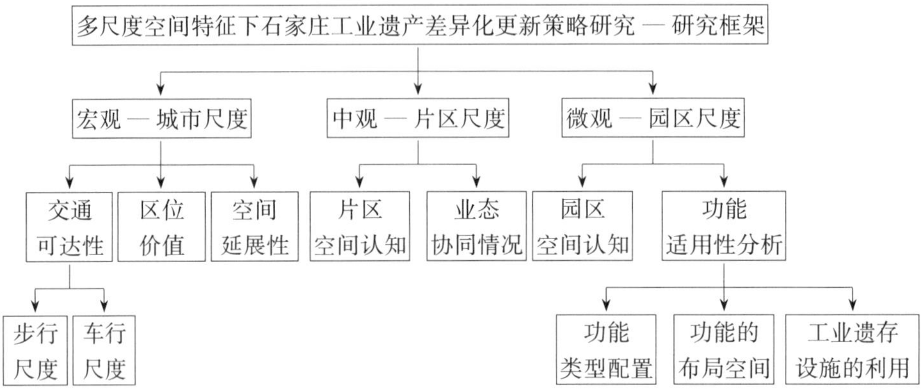

（二）研究方法分析

1. 数据来源

本研究中的数据由石家庄市近现代工业遗产数据与石家庄煤矿机械厂旧厂房、双联化工厂废旧厂房对比分析数据两组数据组成。其中，石家庄市近现代工业遗产名单整理自第七批全国重点文物保护单位、第二批中国工业遗产保护名录、河北省第五批省级文物保护单位、河北省第六批省级文物保护单位、石家庄历史建筑评选及历史建筑普查成果，其坐标信息通过百度地图进行定位，石家庄工业遗产的自然环境、公路、铁路、政区分类图等人工环境的要素矢量数据来自百度地图、高德地图及谷歌地图等开放平台。

2. 研究方法

（1）网络服务区分析法

以网络服务区分析法来确定工业遗产的外部影响范围，此方法是在真实的交通道路情况的基础上，较为准确地界定工业遗产覆盖的服务区域及范围。工业遗产以周边的居民及游客作为主要的服务对象，满足其以休闲、游玩、参观、研学为主的服务内容，出行方式以步行为主。研究对象为 18 岁以上的成年人，步行速度以每分钟 10 米为基准，依据步行指数的步行衰减规律，将 1000 米步行以内的距离作为道路构建交通网络数据集，运用测量及绘制图表的形式对周边公共服务设施进行总结与分析，得出较为科学的数据内容。

（2）文献研究法

通过广泛地搜集和整理来自中国知网（CNKI）、网络图书馆、各类文献资料及报纸等不同渠道的信息，对所研究的课题内容进行了全面的归纳和汇总。在此基础上，进一步利用本地的丰富资源，包括石家庄图书馆、石家庄博物馆、河北省档案馆及河北省图书馆等重要信息载体，进行了深入的资料查阅和详细记录。通过对这些资料的细致分析和研究，最终进行了第二次材料核对与修正工作，确保整理出的关于石家庄工业遗产的相关数据的真实性和可靠性。

（3）对比研究法

通过对石家庄工业遗产的深入分析与研究，观察历史遗迹在不同历史时期所展现出的多样化形态。首先，将工业遗产按照它们产生的具体年代进行细致地分类和归纳，从而形成清晰的时间序列。其次，将工业遗产按照它们所属的历史时期进行横向对比，从纵向的时间维度上对石家庄的工业遗产进行梳理。在此过程中，详细记录和分析每个时期工业遗产的使用功能、建筑风格、技术特点，以及它们在社会经济中的作用和地位。

（4）多学科交叉分析法

在对石家庄这座城市进行深入细致地研究的过程中，采取了严谨的分期研究方法。不仅跨越了时间维度，还涵盖了空间布局。为了确保研究的科学性和准确性，综合运用了历史学、城市规划学、社会学、经济学等多个学科领域的交叉分析法。这种多学科、多角度、多维度的综合分析模式，能够深入挖掘并探讨石家庄在不同历史时期所积淀下来的工业遗产。此外，本研究注重实地考察和文献资料的收集整理，力求使研究结果更加全面和客观。通过对石家庄各个历史时期的工业遗址、建筑风格、社会结构等方面的深入研究，揭示石家庄这座城市在不同历史阶段的发展特点和变迁规律。

（5）实地走访调研分析法

在对石家庄这座城市中现存的工业遗产进行深入研究的过程中，采取了实地走访和调研的方式，亲临现场对这些具有历史价值的工业遗址进行了细致地观察，并记录下了它们的现状，包括建筑结构、保存情况及周边环境等。对于那些已经经历过改造的工业遗产，本研究深入剖析了改造后的规划内容，试图理解改造者的设计意图和实施效果。此外，为了更好地整理和归纳这些调研成果，本研究采用了电子记录和拍照的方式，将所见所感转化为可保存、可分享的资料。

（三）研究对象选取

本研究选取了石家庄市内两处经过改造并转型为创意产业园的工业遗产项目作为对比研究的对象。一个研究对象是位于和平东路片区的石美集城市微度假中心，此项目曾经是石家庄煤矿机械厂旧厂房，承载着丰富的工业历史，占地面积约 4.8 万平方米。另一个研究对象是位于鹿泉片区的石家庄食草堂艺术园区，此项目是由曾经的双联化工厂废旧厂房改建而成，占地面积约 4.7 万平方米。尽管这两个工业遗址在地理位置、占地面积和发展背景上有着较为相似的特征，但它们在实际投入使用后却呈现出了截然不同的面貌。

石美集城市微度假中心在改造过程中充分利用了原有的工业建筑特色，结合现代设计理念，打造了一个集休闲、娱乐、文化体验于一体的综合性度假中心。相比之下，石家庄食草堂艺术园区则通过艺术和文化的注入，将旧工业遗址转变为了一个充满创意和艺术氛围的园区，吸引了众多艺术爱好者和创意产业从业者。

尽管这两个项目在改造过程中都面临着诸多挑战，如如何平衡历史保护与现代需求、如何吸引投资和创意产业入驻等，但它们通过不同的发展策略和定位，成功地实现了工业遗产的转型和再利用。

表 4　研究对象信息

建造时间	工业遗产名称	行业大类	改造后的名称	占地面积	所属区域
1956 年	石家庄煤矿机械厂	煤矿机械业	石美集城市微度假中心	4.8 万平方米	长安区
1965 年	双联化工厂	化学品制造业	石家庄食草堂艺术园区	4.7 万平方米	鹿泉区

（四）空间研究尺度划分

空间研究尺度划分为宏观、中观、微观等三个层面，具体而言，即从城市尺度、片区尺度、园区尺度等三个维度进行详尽地剖析。在城市尺度方面，我们精心选取了与两个园区地理位置紧密相连的石家庄市四大主要城区——长安区、裕华区、桥西区与新华区，作为研究城市结构的背景框架。此举的主要目的是最大程度地削弱建模范围设定可能带来的边界效应影响，并据此采取合理的向外扩展措施，以保障研究的广泛性和精确性。在片区尺度方面，研究范围适度围绕两个园区中心构建的不超过1000米步行等时圈的区域展开，通过实地走访步行可达的区域，对周边的主干道路、自然河流、较大规模的住宅用地等要素进行明确界定，最终确定在片区尺度上的研究边界。在园区尺度方面，研究范围的划分以两个正在运营的创意产业园区内部区域为基准进行界定。

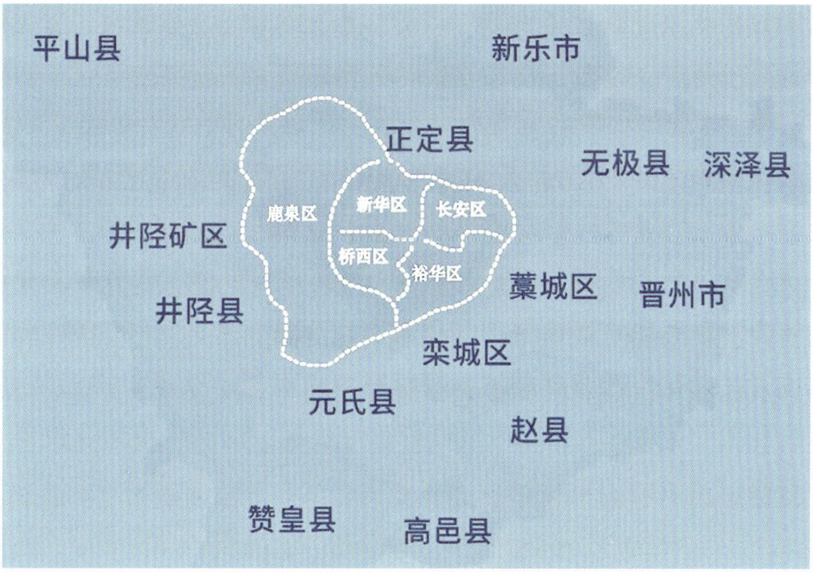

图1 城市尺度的结构背景示意图

二、宏观——城市尺度上的分析及评价

在宏观尺度的分析中，聚焦于两个工业遗产转型的创意园区，重点关注其城市交通可达性、区位价值，以及园区的空间延展性。

通过运用可视化分析手段，实施标准化的整合度量化分析，以精确评估工业遗产创意产业园的交通连通水平。此外，通过对比不同园区与城市中心之间的距离，以科学衡量各园区与城市核心区域的连接紧密程度。

对于区位价值的评估，本研究采取空间利用效率作为核心指标，系统分析园区在城市布局中的地理位置优势，进而全面评价其在城市发展中的潜在增长空间。

在园区的空间延展性方面，借助深度变量分析方法，深入探索园区在空间维度上的拓展能力，旨在总结提炼出园区在城市交通网络中的便捷程度及其空间渗透力的强弱。

（一）交通可达性分析

交通可达性是指从一个地区能够到达另一地区的难易程度，反映了某一地区与其他相关地区进行社会经济和技术交流的机会和潜力。交通可达性越高，区域经济发展和技术交流潜力越大。

石家庄的城市中心是由和平路、解放大街、裕华路、站前街、南大街和车辆厂前街围合的一环核心区域，形成了城市的黄金经济区。以一环核心区域中的勒泰中心为核心点，向外辐射两个工业遗产创业园区。计算道路距离，以此距离作为研究区域的交通可达性依据。经计算可知，从勒泰中心前往石美集城市微度假中心的距离为 5.3 公里，从勒泰中心前往石家庄食草堂艺术园区的距离为 17 公里。通过交通路网及交通可达性分析可知，石美集城市微度假中心的交通可达性更高，与城市具有更高的连接性，而石家庄食草堂艺术园区的交通可达性较低；石美集城市微度假中心更加靠近城市经济区，更有利于经济事件的孕育与发展，而石家庄食草堂艺术园区距离城市中心较远，降低了经济事件的发生概率，影响了园区的发展。

图 2　石美集城市微度假中心交通可达性分析图

图 3　石家庄食草堂艺术园区交通可达性分析图

（二）区位价值分析

从城市宏观的角度出发，可以对这两个园区进行深入的区位价值分析。

石美集城市微度假中心位于长安区的核心地带，其地理位置东起煤机街，西至建华北大街，南起跃进路，北到和平东路。这个区域紧邻智慧体育公园，周边的医院和学校设施配备齐全，为居民提供了便利的生活条件。以石美集城市微度假中心为圆心，可以辐射到 14 个居住社区，这些社区紧邻两所医院和两所学校，周边主要以住宅小区为主，建筑密度较大，人口众多。然而，这一区域的休闲娱乐设施却相对较少，缺乏公共空间和城市景观的营造，这使得石美集城市微度假中心正好满足了周边居民对于休闲娱乐和微度假的需求。

石家庄食草堂艺术园区位于鹿泉区，处于一环核心区域的外围，临近新华区与桥西区。其地理位置东起 G234 国道，西至聚才街，南起育美路，北到钟楼路。该区域周边涉及两座村庄，附近有一所医院，紧邻两所制药厂。与石美集城市微度假中心相比，石家庄食草堂艺术园区的周边较为空旷，建筑密度较小，人口分布较为分散。由于该园区距离城市核心区域较远，因此在区位优势上显得相对较弱，缺乏明显的地理优势。

总体来说，石美集城市微度假中心和石家庄食草堂艺术园区在区位价值上各有特点。石美集城市微度假中心凭借其优越的地理位置和周边完善的配套设施，成为周边居民休闲娱乐的理想选择。而石家庄食草堂艺术园区虽然在区位上不占优势，但其独特的艺术氛围和相对空旷的环境，也为城市居民提供了一个远离喧嚣、享受艺术与自然的场所。

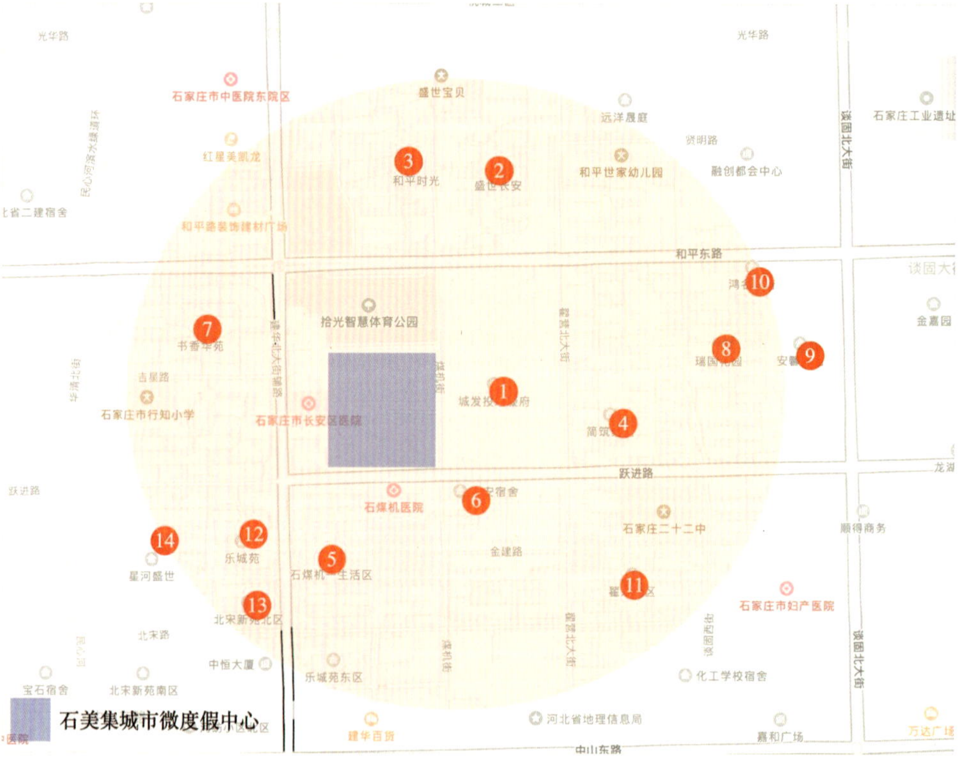

图 4　石美集城市微度假中心区位分析图

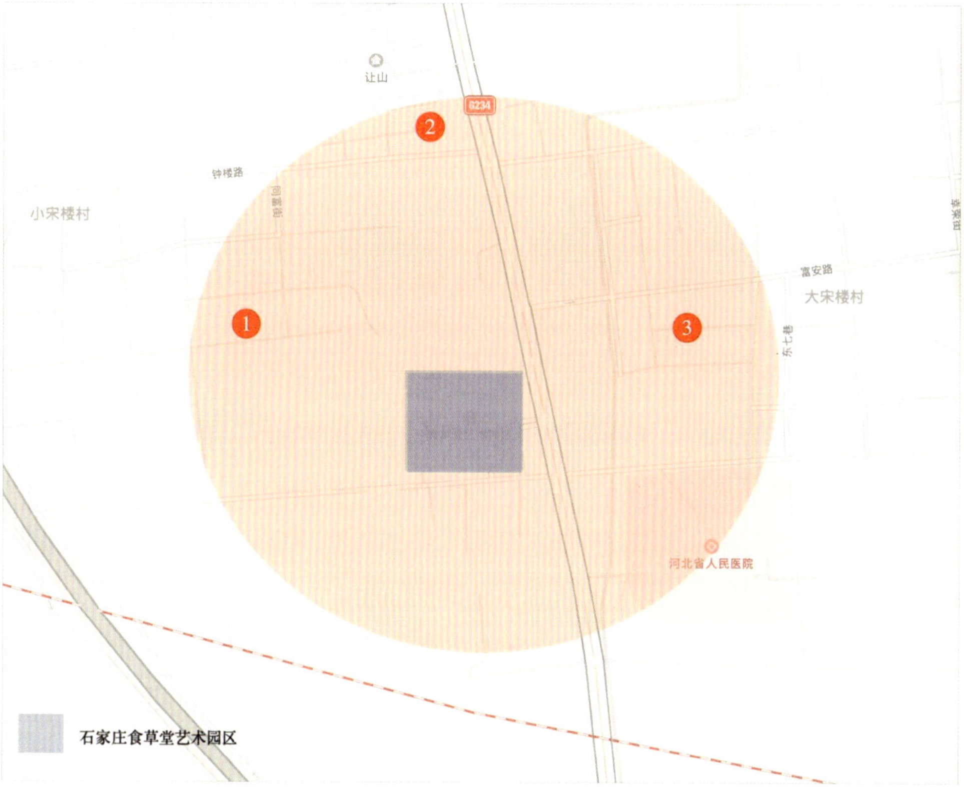

图 5　石家庄食草堂艺术园区区位分析图

（三）空间延展性分析

空间延展性主要指的是空间在特定环境中的扩散和渗透能力。这种能力可以通过考察城市交通网络的覆盖情况来间接衡量，从而评估一个园区在城市中的影响力。本研究采用了拓扑深度和角度深度两个指标，对石美集城市微度假中心和石家庄食草堂艺术园区进行了细致的空间延展性评测。通过这两种深度分析方法，能够从人行尺度和车行尺度两个维度深入探讨和比较两个园区在城市空间中的渗透能力。通过对比分析两个园区的深度图谱，试图揭示在投入相同的空间成本的情况下，石美集城市微度假中心和石家庄食草堂艺术园区在城市空间中的渗透能力存在哪些差异，从而为城市规划和园区发展提供科学依据。

1. 以步行尺度为衡量标准

步行尺度这一概念在城市规划和区域设计中扮演着至关重要的角色，它是指以某一特定地点为中心，人们在日常生活中愿意步行到达的最远距离所形成的半径范围。步行尺度不仅是一个简单的距离度量，更是衡量城市空间布局合理性的重要指标。通过对步行尺度进行分析，规划者能够确定规划圈层的边界，从而为居民提供一个便捷、舒适的生活环境。

具体来说，步行尺度就是人们从家或工作地点出发，愿意步行到达目的地的最大距离。这个距离通常被认为在500至1000米之间，大约相当于5至10分钟的步行时间。在这个范围内，人们可以方便地到达各种日常所需的设施，如商店、学校、医院、公园等。因此，步行尺度的设定直接影响到这些设施的布局和可达性。

此外，步行尺度还对人们的出行方式产生深远的影响。一个合理的步行尺度能够鼓励人们选择步行或非机动车出行，减少对汽车的依赖，从而缓解交通拥堵和环境污染问题。同时，它还能够促进社区内部的互动和交流，增强社区的凝聚力和归属感。

在区域规划中，步行尺度的考量是确保规划有效性的关键因素之一。规划者需要综合考虑地形、交通、人口密度等多种因素，以确保规划的圈层边界和影响范围能够满足居民的实际需求。通过合理设定步行尺度，可以有效地提升区域内的生活质量和城市的可持续发展能力。因此，步行尺度不仅是规划圈层边界的重要依据，更是实现人性化、生态化城市规划的重要工具。

在句法数据分析中，通常使用拓扑深度三步作为步行尺度的可达范围，以此来反映空间使用者经过步行所能达到的范围。通过研究对比可知，石美集城市微度假中心三步内的所能到达数值均比石家庄食草堂艺术园区更高。其中，石美集城市微度假中心的步行轨迹主要从跃进路主入口沿建华北大街一直连接到城市主干道和平东路，以线状的形式向西延伸至新华区，向南延伸至裕华区。而石家庄食草堂艺术园区虽处于繁荣大街与育美路交叉口，向东延伸至G234国道，但周边人烟稀少，步行尺度所达距离有限，因此石美集城市微度假中心的城市渗透力更强。

2. 以车行尺度为衡量标准

车行尺度作为一种重要的衡量工具，被广泛应用于评估从某一特定起点出发，车辆能够抵达的距离，以及相关区域的便利程度。通过深入细致的地图分析，我们可以清晰地观察到，石美集城市微度假中心与石家庄食草堂艺术园区在车行尺度的空间延展性方面存在着显著差异。具体而言，石美集城市微度假中心在车行尺度上展现出了更为强大的空间延伸性，其路网结构错综复杂，提供了更为丰富多样的交通路线选择，从而使得可达范围大大增加。这种优越的交通网络布局，使得石美集城市微度假中心能够覆盖更广阔的区域，从而为游客和居民提供更为便捷的出行条件，极大地提升了游客和居民的出行效率和舒适度。相比之下，石家庄食草堂艺术园区虽然也有一定的可达性，但在车行尺度方面，其路网的交错性和覆盖范围则显得相对有限。因此，从车行尺度的角度来看，石美集城市微度假中心在交通便利性方面具有明显的优势，这无疑为其吸引了更多的游客，并提升了整体的旅游体验。

（四）小结

在探讨城市尺度的空间特征时，我们可以发现石美集城市微度假中心在多个方面都展现出了显著的优势。首先，从交通可达性的角度来看，石美集城市微度假中心拥有更为便捷的交通连接，使得游客和居民能够轻松到达目的地，从而大大提升了其吸引力。其次，从城市区位片区的优势来看，石美集城市微度假中心位于城市的核心地带，周边配套设施完善，商业、文化、娱乐等资源丰富，这为石美集城市微度假中心的发展提供了得天独厚的条件。再次，石美集城市微度假中心的空间延展性较强，园区内部布局合理，能够灵活适应各种活动和需求，为游客提供了丰富的体验空间。最后，石美集城市微度假中心与城市交通网的连接非常紧密，无论是公共交通还是私人交通，都能够方便快捷地到达园区。这种紧密的连接不仅提升了游客的出行体验，也使得园区在进行综合评估时，其区位价值显得尤为突出。因此，石美集城市微度假中心对城市的影响力较大，无论是经济上还是文化上，都为城市的发展做出了积极的贡献。

相比之下，石家庄食草堂艺术园区在交通可达性、区位价值及空间的延展性等方面则稍逊一筹。首先，尽管石家庄食草堂艺术园区也有其独有的魅力和特色，但在交通连接方面，它可能不如石美集城市微度假中心那样便捷。其次，石家庄食草堂艺术园区在城市区位上位于相对边缘的地带，周边配套设施和资源不如石美集城市微度假中心那样丰富，这在一定程度上限制了其发展空间和影响力。最后，从空间延展性的角度来看，石家庄食草堂艺术园区可能在布局和规划上存在一定的局限性，这使得它在满足多样化需求方面可能不如石美集城市微度假中心那样灵活和高效。

基于宏观城市尺度对两个园区进行分析，确定了城市工业遗产更新的方向及总体特征，进而提出差异化更新建议。

表5 基于宏观城市尺度对两个园区的分析及更新建议

园区名称	城市交通可达性	区位价值	城市影响力	更新建议
石美集城市微度假中心	靠近城市核心区域，交通可达性较高，在城市范围中表现良好	周边配套设施齐全，紧邻多个居住区域，具有良好的区域优势，能够获取优良的区域资源	该片区以线性的方式进行覆盖，涉及区域较广，影响潜力较大，周边辐射强度较大	增强区域服务设施，培育复合型园区空间，加强数字生态、网络等复合型产业
石家庄食草堂艺术园区	远离城市核心区域，交通可达性一般，在城市范围中表现一般	周边配套设施较少，周边村落稀少，人员分布较为分散，区域优势价值一般，周边资源较少	该片区以线性的方式进行覆盖，涉及区域有限，影响潜力较小，周边辐射强度较小	完善片区配套服务内容，在园区内进行向内孵化内向型区域产业

三、中观——片区尺度上的分析及评价

在对城市中观片区进行深入分析时，通常会采用共生度进行尺度的衡量，这一工具源自共生理论。共生理论是一个复杂的概念框架，它涵盖了三个核心要素，即共生单元、共生模式和共生环境。共生度作为共生理论中的一个关键概念，是用来衡量共生关系紧密程度的重要指标。具体而言，共生度的高低直接体现了共生单元之间相互作用和相互依赖的紧密程度。当共生度处于较低水平时，这可能暗示着共生单元之间尚未建立起一个紧密的系统结构，这种情况下，共生模式的运作效率可能会受到负面影响，进而对整个共生环境的稳定性和效益产生不利影响。因此，为了推动共生关系的健康发展，提升共生度成为研究者和实践者们关注的重点和努力的方向。

（一）工业遗产所处片区的空间认知

在探讨交通可达性方面，石美集城市微度假中心的南侧主入口坐落在整个区域中交通便利性较高的次干路上，此位置对于步行的路人来说具有一定的吸引力。具体来说，该主入口的设置使得人们能够较为便捷地到达这一休闲娱乐场所，从

而在一定程度上促进了该区域的人员流动和活力。与此同时，石家庄食草堂艺术园区的主入口则位于其东侧，紧邻 G234 国道这一主要的交通干线。尽管 G234 国道的可达性较高，但由于其多为快速路，主要服务于那些需要快速通过以抵达高速公路入口的车辆，因此对于步行或非机动车的行人来说吸引力相对较小。因此，尽管石家庄食草堂艺术园区的交通位置优越，但其对人流的吸引力并不如预期的那么强烈。

从整体上看，石美集城市微度假中心所在的片区在交通整合度方面表现得相当出色。该片区紧邻次干路跃进路和建设北大街的交口，这一地理位置优势使得该片区在城市交通网络中占据了较为重要的地位。由于其便捷的交通条件，无论是驾车还是步行，人们都能够较为轻松地到达这一区域，从而使得该片区具有较高的城市可达性。这种高可达性不仅为当地居民提供了便利，也为该区域的商业发展和旅游业带来了潜在的机遇，进一步提升了整个片区的活力和吸引力。

（二）片区复合功能负载力及工业遗产业态协同情况

片区复合功能负载力是指在一个特定的地理区域或片区内，当它需要同时承载多种不同的功能和用途时，其内部的资源和环境条件能够支撑的最大限度的经济社会活动规模和强度。换句话说，就是这个片区能够在不破坏其生态平衡和资源可持续性的前提下，所能承受的最大程度的经济和人口压力。

产业协同则是一个更为复杂的概念，它涉及不同区域之间的产业分工与合作。这种分工与合作可以是产业链上下游之间的，也可以是同一产业内部不同品类或不同层次产品之间的分工与合作。通过这种方式，各个区域可以形成一个相对独立但又相互关联的产业体系。产业协同的核心目标在于提高整个产业链的运行效率，降低生产成本，从而实现多方共赢的局面。

要想实现产业协同，需要依赖于地理区位的优势、资源环境的支撑，以及政策叠加的利好。只有这些因素共同作用，才能够为区域间的产业协同和产业转移提供一个良好的氛围和条件。通过这种方式，可以有效地推动区域经济的发展，提升区域的竞争力。通过分析片区的复合功能负载力及产业协同情况，可以充分掌握片区的未来发展前景及发展方向。

石美集城市微度假中心采用了一种综合性的服务模式，将文创产品、体育、休闲娱乐、博物馆展览融为一体，旨在为游客提供全方位的休闲体验。在石美集城市微度假中心，购物、餐饮、娱乐和参观等服务类型占据了相当大的比重，使得园区能够为周边居民提供科教、体育、休闲等多方面的服务，从而辐射并服务于周边的居民区、学校等社区。然而，我们在实际的调研过程中发现，虽然园区的业态功能类型繁多，但在数量和吸引力方面仍存在不足。具体来说，文创产品的特色不够鲜明，缺乏足够的吸引力，而体育健身项目也受到了一定的限制。这些问题在一定程度上影响了整个园区的经营状况，制约了其进一步的发展。

石家庄食草堂艺术园区致力于打造一个充满工业气息的休闲园区，园区内大量保留了原有的工厂建筑和设备，这些厂房设施不仅保留了历史的痕迹，还被赋予了新的艺术生命。在厂房设施的外立面上，艺术家们绘制了精美的艺术涂鸦，使得这些工业遗迹焕发出新的活力。此外，园区还通过结合新的艺术装置，追求一种新旧融合的创新形式，使得整个园区既保留了工业时代的痕迹，又充满了现代艺术气息。园区的业态功能相对单一，主要依靠食草堂品牌的影响力来吸引游客。园区内以食草堂品牌为主导，通过推出各种品牌折扣产品，吸引消费者前来购物和体验。尽管如此，园区的商业经营状况只能说是一般，尚未达到非常火爆的程度。然而，这种独特的工业与艺术相结合的氛围，仍然吸引了不少喜欢探索新奇事物的游客前来参观和消费。

（三）小结

在对比不同区域尺度的分析结果时，于片区层面而言，石家庄食草堂艺术园区相较于石美集城市微度假中心展现出了更为显著的交通可达性优势。然而，尽管在交通方面具有优势，但是石家庄食草堂艺术园区在空间利用效率方面却略显不足，在空间布局和功能分配上仍存在一定的优化空间。

两个片区在复合功能负载力方面表现出明显的差异性。具体而言，石美集城市微度假中心更适合作为服务于特定片区的场所，其具备在更小范围内为周边居民提供多样化、综合性服务内容的能力，这种服务的多样性不仅满足了居民的日常需求，还增强了该片区的吸引力和凝聚力。而石家庄食草堂艺术园区则更倾向于专注于某一特定或较为单一的服务类型，从而更好地发挥其辐射效应，对周边环境产生积极影响，并与城市整体需求实现有效对接。

表 6　基于中观片区尺度对两个园区的分析及更新建议

园区名称	空间特征	复合功能负载潜能	片区功能特征	更新建议
石美集城市微度假中心	该片区拥有较高的城市可达性，地理位置优越，位于两条次要干道的交会处。该片区具备强大的汇集交通潜能，从而在城市交通网络中占据了显著的优势地位。由于其便捷的交通条件，片区交通可达性良好，片区内的居民和商业活动能够享受到较为高效、顺畅的出行体验，进一步提升了该片区的吸引力和发展潜力	在不同尺度下，共生度均展现出较高的平均水平，这一现象明确反映出该片区对于复合功能负载力相对较强	该片区广泛覆盖居住区，其主要功能特征以满足社区内居民日常生活需求为核心	服务项目的覆盖范围已扩展至周边居住区，通过增强与周边居民的互动，进一步优化社区服务环境。合理增加餐饮、购物及文化体育等相关业态的数量，以全面提升社区的综合服务能力，更好地满足居民多样化的生活需求
石家庄食草堂艺术园区	该片区的城市交通可达性较强，地理位置良好，紧邻重要的交通主干道。该片区具备较强的交通聚集能力，吸引了大量的车流和人流。该片区的交通可达性良好，各个区域之间可以较为顺畅和便捷地抵达。该片区拥有较为丰富的交通资源和环境资源，包括便捷的道路网络、公共交通设施及优美的自然景观等，这些都为该片区的发展提供了有力的支持和保障	该片区在类型上展现出了相对有限的多样性，然而，其在复合功能负载力方面一般。该片区在面对多元化、综合性的发展需求时优势较弱	鉴于该片区位于远离市区的位置，且其周边企业聚集较为密集，因此，该片区应当考虑向企业办公类型进行转型，以更好地适应并服务于当前的经济环境和市场需求	服务范围广泛，可覆盖至市级区域层级，该片区应致力于通过融合新旧元素的创新方式，最大限度地挖掘并展现场地的独特魅力，同时丰富业态种类，旨在精心打造具备城市级影响力的综合园区

此外，园区与片区的协同互动也是两个片区存在差异性的一个重要方面。石家庄食草堂艺术园区通过其特定的服务类型，能够与周边环境形成良好的互动关系，促进区域内的文化交流和经济发展。而石美集城市微度假中心则通过其综合性的服务功能，能够更好地满足特定片区居民的生活需求，提升片区的整体生活质量。

综上所述，在对比不同区域尺度的分析结果时，我们可以看到石家庄食草堂艺术园区和石美集城市微度假中心在交通可达性、空间利用效率、复合功能负载力，以及园区与片区的协同互动等方面表现出了明显的差异性。这些差异性不仅反映了两个片区各自的特点和优势，也为未来的发展提供了不同的方向和思路。

四、微观——园区尺度上的分析及评价

在微观尺度的分析中，重点关注石美集城市微度假中心与石家庄食草堂艺术园区的空间认知和功能适应性分析，得出两个园区中潜力较大的区域。通过现场调研，厘清园区场地的功能适应性情况，助力多尺度空间特征下工业遗产差异化更新策略提升。

（一）空间认知分析

石美集城市微度假中心采用创意产业园区模式，实现了城市艺术中心与工业遗产的结合，推动艺术产业发展。石美集城市微度假中心将石家庄煤矿机械厂的6座旧厂房进行空间划分，使其具有了文化、体育、休闲娱乐等功能，形成了6个主题鲜明的功能区。这些功能区在布局上充分考虑了游客的流动性和可达性，通过合理的交通路线设计，确保游客能够便捷地到达各个区域。文化艺术活动中心位于石美集城市微度假中心的显眼位置，便于游客一进门就能感受到浓厚的文化氛围。作为石美集城市微度假中心的文化核心区域，文化艺术活动中心设有明确的指示标识和导览系统，游客可以轻松到达，因此人群聚集度较高。智慧型室内全民综合体育馆位于石美集城市微度假中心的中心区域，与其他功能区相邻。沉浸式商业综合体位于石美集城市微度假中心的商业区，人流密集。品牌餐饮融合区靠近商业综合体，以便游客在游玩过程中随时享用美食。婚礼和亲子娱乐主题体验区与共享办公空间位于石美集城市微度假中心的边缘区域，以便为企业提供便捷的办公环境，且此区域路况复杂，整体人流相对较少。

石家庄食草堂艺术园区是一个集旅游、观展、餐饮、购物、体验为一体的特色艺术园区，虽然总占地面积较大，但是布局合理，交通路线清晰。石家庄食草堂艺术园区由艺术家孵化区、艺术商业区、休闲娱乐区等三大区域构成，各区域之间通过宽敞的步道、明确的指示标识和导览系统相互连接，确保了游客在园区内的顺畅流动。艺术家孵化区位于石家庄食草堂艺术园区的核心位置，便于游客集中参观和体验，是人流最密集的区域。艺术商业区毗邻艺术家孵化区，便于游客在参观后直接进行购物和体验，可达性较高。休闲娱乐区与另外两大区域相连，为游客提供舒适的休闲空间。石家庄食草堂艺术园区的车行道呈现环形布置，贯穿园区的三大区域，人行道与周边景观相结合。石家庄食草堂艺术园区的内部布

置有两个大型广场，主广场位于石家庄食草堂艺术园区的入口区域，广场形态呈规则状。次广场位于石家庄食草堂艺术园区的南侧，形式相对主广场较为灵活。石家庄食草堂艺术园区内还分布着许多零散的小型庭院广场，主要是结合多种功能需求而打造的，是游客聚集的主要室外场所。

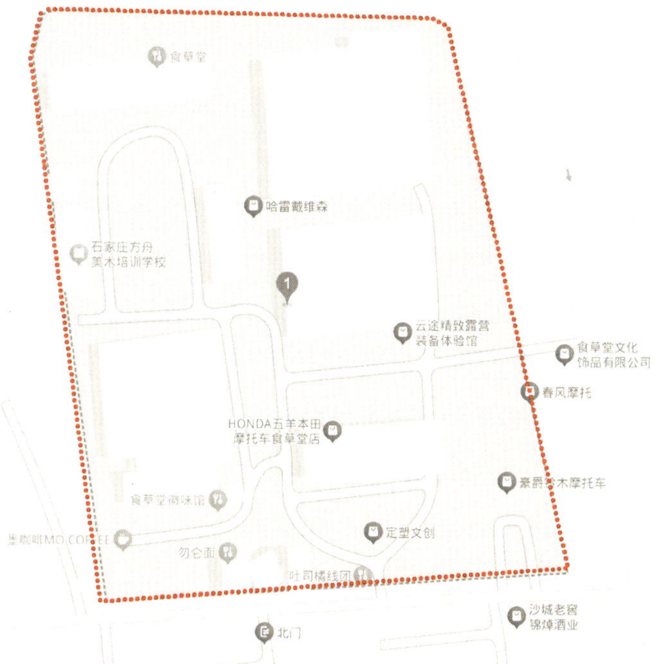

图 6　石家庄食草堂艺术园区区位图

（二）功能适应性分析

1. 功能类型配置

石美集城市微度假中心位于石家庄市的核心区域，将艺术创作、文化交流、商业体验与休闲生活等多项功能融于一体，打造了一个激发灵感、促进创新、连接大众的多元化空间。另外，石美集城市微度假中心注重旅游和工业的结合，提供了工业旅游示范点，让游客能够进入车间体验皮具的生产过程，同时还有各种工业旅游项目，使得游客可以在享受艺术的同时还能体验到工业生产的魅力。石美集城市微度假中心内的产品和服务都体现了对手工和自然的尊重，忠于手工、源于自然的品牌价值观，使其成为河北省乃至全国极具特色的文化创意产业聚集区。

2. 功能的布局空间

从建筑格局及其功能布局上看，石美集城市微度假中心将石家庄煤矿机械厂老厂区原有的6座旧厂房设计为了6个主题鲜明的功能区，分别为文化艺术活动中心、全民综合体育馆、商业综合体、餐饮融合区、共享办公空间、婚礼和亲子娱乐主题体验区。

1号馆以文化艺术活动为主，不仅是文化交流的重要场所，还承载着艺术展示、项目宣传、新品发布等多种功能。2号馆被打造成智慧型室内全民综合体育馆，是一个集篮球、网球、羽毛球、乒乓球等多种运动功能于一体的综合性室内体育馆。3号馆是MetaMall（美特茂）——沉浸式商业综合体，分布着餐饮、奶茶、酒吧、咖啡厅、烘焙店、鲜花店等多种小型特色业态，可以让市民在购物、休闲时也能享受到独特的文化氛围和美学体验。4号馆是食美城——品牌餐饮融合区，这里汇聚了全国知名餐饮连锁品牌及本地特色餐饮品牌。5号馆是婚礼和亲子娱乐主题体验区，这里可以为市民提供高品质的婚礼策划和亲子娱乐服务。6号馆是石佳空间——共享办公空间，是为企业提供“拎包入住”优质服务的共享办公区域。

石美集城市微度假中心的空间设计在保留历史感的同时融入了现代元素，为游客提供了丰富的休闲和娱乐体验。然而，石美集城市微度假中心也存在一些缺点，如部分游客反映停车设施尚未完善，部分设施是利用旧厂房改造而成，因而存在设施老化、维护不足等问题。

石家庄食草堂艺术园区分为三个主要区域，即艺术家孵化区、艺术商业区、休闲娱乐区。艺术家孵化区主要为艺术家提供一个创作、交流和展示的平台，其核心是NIU艺术空间，主要功能是展览，承载着艺术交流、艺术家驻留等多种功能。老电影博物馆和民间影像档案馆构成了园区内的影像记忆区，这两个空间通过展示老电影和民间影像资料，为游客提供独特的文化体验。此外，艺术家孵化区还有艺术家工作室、美育教育中心、设计公司、手工艺工作室等。艺术商业区主要包括汉马生活馆、艺术衍生品商店、画廊、工艺礼品店、设计师品牌店、陶艺手工DIY体验店、家居饰品店、服饰定制店、艺术珠宝店等。休闲娱乐区主要包括主题餐厅、艺术酒店、酒吧、书吧等。相比一些大型的艺术区或文化园区，石家庄食草堂艺术园区的面积相对较小，导致在高峰期时游客密度过大，影响游览体验。另外相比一些更为活跃的艺术区，石家庄食草堂艺术园区展览的更新速度较慢，从而降低了园区对艺术爱好者的吸引力。

3. 工业遗存设施的利用

工业遗存设施是工业遗产美学展示的主体，同时也是工业遗产更新的载体。石美集城市微度假中心和石家庄食草堂艺术园区的遗存建筑与构筑物保存相对较好，在对其进行修复与再利用后，与现代城市空间完美融合。

石美集城市微度假中心的前身是石家庄煤矿机械厂的老旧工业建筑，主要为始建于1956年的大型车间厂房，厂房的规模较大，具有极强的保留价值。整个项目最大限度地保留了6栋厂房，利用厂房空间建设了综合体育活动中心、文化艺术活动中心和商业综合体。整体空间改造以保护厂区空间肌理为主，对城市空间进行修补，建筑风格以原有的红砖灰瓦为主。

石家庄食草堂艺术园区在对工业遗存设施的利用方面采取了既尊重历史又富有创新精神的方法。首先，石家庄食草堂艺术园区保留了双联化工厂原有的骨骼生态，这意味着那些具有历史价值的工业建筑和设施得到了妥善地保护和利用。例如，废旧的炼钢炉、水塔及弯曲的管道，在经过重新切割、整合和熔炼后，被赋予了新的生命和艺术感。设计师巧妙地将这些设施转化为具有现代感的艺术作品，让它们在新的环境中继续发光发热。其次，艺术家们利用废旧的工业材料，如钢铁、机械设备等，通过切割、焊接、组装等工艺，创作出各种别具一格的艺术品。这些艺术品不仅展示了金属工业时代的粗犷与力量，同时也融入了现代信息社会的创新与智慧，形成了一种独特的艺术风格。这种风格既是对过去的致敬，也是对未来的展望。最后，石家庄食草堂艺术园区的构筑物与小品雕塑采用新旧穿插结合的手法，对工业遗存设施进行了巧妙地改造。这种改造不仅保留了工业遗址的原始风貌，还赋予了它们新的功能和意义。通过这种方式，石家庄食草堂艺术园区形成了一种独特的风景，既展现了工业遗址的历史沧桑，又体现了现代艺术的活力。游客在这里可以感受到时间的交错和文化的融合，体验到一种别样的工业遗址文化。

（三）小结

在微观尺度的比较中，石美集城市微度假中心的功能分区相对于石家庄食草堂艺术园区来说更为丰富。虽然石家庄食草堂艺术园区的功能多样，但整体上更偏向于艺术展示和体验。此外，石美集城市微度假中心的空间可达性较好。石家庄食草堂艺术园区的建筑保留了原有的厂房风格，墙面运用现代新兴材料进行加固和装饰，园区内的服务设施具有年代感与时代感，融入了工业化的气息。

表 7　基于微观园区尺度对两个园区的分析及更新建议

园区名称	空间特征	功能类型配置	建筑格局与功能布局	更新建议
石美集城市微度假中心	该片区以石家庄煤矿机械厂的 6 座旧厂房为载体进行空间划分，形成了 6 个主题鲜明的功能区。文化艺术活动中心作为该片区的文化核心区域，人群聚集度较高。共享办公空间主要提供办公场所，人流相对简单	该片区是集休闲、娱乐、文化、艺术为一体的多功能综合体，主导多功能融合	该片区的建筑格局以石家庄煤矿机械厂老厂区的 6 座旧厂房为基础，通过改造形成六大主题展馆。各展馆功能各异，涵盖文化、艺术、体育、亲子、餐饮等	利用工业景观连接 6 座厂房的功能空间，提升服务质量，完善园区设施，打造和谐统一的园区视觉形象
石家庄食草堂艺术园区	该片区的各区域之间通过宽敞的步道、明确的指示标识和导览系统相互连接，确保了游客在园区内的顺畅流动。艺术家孵化区位于该片区的核心区域，便于游客集中参观和体验，是人流最密集的区域	该片区的功能类型配置相当丰富，是一个集旅游、观展、餐饮、购物、体验为一体的特色艺术园区，主导文化体验	该片区内分为三大主要区域，即艺术家孵化区、艺术商业区、休闲娱乐区。园区的车行道呈现环形布置，贯穿园区的三大区域，人行道与周边景观相结合。该片区内部有两个大型广场，主广场位于园区的入口处，广场形态呈规则状。次广场位于园区的南侧，形式相对主广场较为灵活	对于园区构筑物采用新旧共融的原则，尽可能地实现工业遗产与新元素的和谐统一，提升园区的可持续性发展

在微观层面，通过对空间认知与功能适应性进行分析，了解了园区空间的人流聚集场所、园区空间的可达度、园区功能的类型配置、功能布局空间与工业遗存设施的利用。采用整体性原则，考虑园区、工业遗产与城市空间的整体匹配度，由单一的发展转换为结合城市历史、社会变迁、地域文化等多视角、多尺度特征下的整体性发展。对于园区构筑物采用新旧共融的原则，尽可能地实现工业遗产与新元素的和谐统一，提升园区的可持续性发展。

五、结论与展望

（一）路径总结

通过对上述内容的深入分析，可以得出明确的结论，即在拥有相似背景的由工业遗产改造而成的创业产业园区中，在改造过程中更加尊重原有空间特征，并且符合现代空间发展路径的项目，如石美集城市微度假中心，其当前的经营状况和对区域发展的影响力显著超过了石家庄食草堂艺术园区。因此，在进行工业遗产改造时，必须先深入了解其自身条件，考虑工业遗产所处的具体位置、空间特征、周边环境、交通状况、实际使用需求等多种因素，并采取差异化的更新策略。

在对两个案例进行深入分析的基础上，我们可以梳理并总结出一套基于空间逻辑的工业遗产差异化更新路径。具体来说，包括对工业遗产的全面评估、对周边环境的深入分析、对市场需求的准确把握，以及对更新策略的科学制定等关键步骤。

在宏观城市尺度层面，深入分析和评估工业遗产在城市整体结构中的区位价值，以及其对城市发展的影响力，有助于明确工业遗产的发展定位，以及其辐射和影响的界定范围。在中观片区尺度层面，主要任务是通过深入分析工业遗产所处片区的功能特征，评估其复合功能负载潜力，以及服务内容辐射的范围。确定工业遗产可以涉及的服务对象，以及内部功能业态的类型和占比。通过这种方式，确保工业遗产在片区中的功能定位与其周边环境相协调，从而实现功能的最大化利用。在微观园区尺度层面，需要对工业遗产创意园区原有的空间布局进行细致地分析，并对其建筑外观进行全面地评估。基于分析和评估，根据植入的功能特点与园区的空间特征进行新的布局和场地调节。突出其建筑的历史价值，同时实现场地与功能的相互渗透，以及周边人群与场地可持续的良好互动关系，确保工业遗产在微观层面上的活力和可持续性，使其成为城市文化和社会生活的重要组成部分。

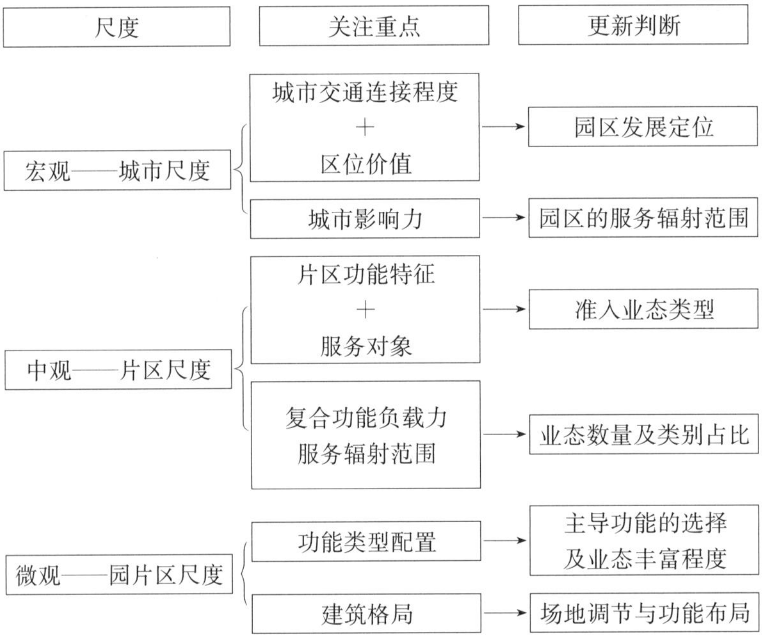

图7　基于空间逻辑的工业遗产差异化更新路径

（二）未来展望

本研究的研究对象是工业遗产创意园区，采用空间句法的研究方法，结合网络大数据分析和现场走访调研等多种手段，从不同尺度对工业遗产进行深入剖析。通过对工业遗产的细致分析，提出差异化的更新建议，以期为工业遗产的保护和再利用提供科学依据。

差异化更新工业遗产是一项综合性工作，旨在保护和再利用历史工业遗产，激发城市和社区的发展活力，提升城市形象和文化价值。在这一过程中，我们强调差异化的发展策略，以促进城市更新的可持续发展。这意味着在转化工业遗产的过程中，我们需要注重其独特性和多样性，从而为城市提供差异化的公共资源。

工业遗产在城市中面临着诸多挑战和威胁，尤其是在城市化进程加快和传统产业衰退的背景下。如果无法及时有效地活化这些工业遗产，不仅会造成资源浪费，还会让城市失去一部分宝贵的历史和文化记忆。因此，对于城市可持续发展和文化保护而言，研究如何活化城市工业遗产的方法和策略显得尤为重要。

通过对工业遗产的深入研究，我们可以更好地理解其历史价值、文化意义和社会功能。这将有助于我们制定出更加科学、合理和具有针对性的更新方案，从而在保护历史遗产的同时也为城市的现代化进程注入新的活力。通过差异化更新，我们不仅能够保留城市的记忆，还能够创造出新的经济增长点和文化亮点，为城市的可持续发展提供有力支持。

参考文献

[1] 王凌，郑俊禧，叶昌东．多尺度空间特征思考下的工业遗产差异化更新：以广州市两处食品加工类工业遗产为例 [J]. 南方建筑，2024 (01)：96-106.

[2] 邢文路．石家庄市近现代工业遗产保护与再利用研究 [D]. 天津：河北工业大学，2021.

[3] 任彬彬，刘超丽，李建华．基于多源数据的河北省工业遗产利用效度评价研究 [J]. 工业建筑，2023，53 (A2)：139-144.

[4] 宋爽．城市更新补短板的实践与思考：以石家庄市石煤机地块为例 [J]. 石家庄学院学报，2024 (03)：36-40.

[5] 冯宁．石家庄市推进老旧厂房改造文化产业园区过程中存在问题及对策研究 [D]. 石家庄：河北师范大学，2022.

附录

附录一：河北省社会文物界知名人物名录

（按姓氏拼音首字母排序）

一、崔庚前

崔庚前

崔庚前，男，1976 年生，中国民主同盟盟员，国家注册高级鉴定估价师，河北省收藏家协会副会长，河北省金石学会理事，保定市收藏协会会长。1997 年 6 月，毕业于原河北省工艺美术学校（今为河北工艺美术职业学院）服装设计专业。1997 年 6 月至 2004 年，任香港美标服装服饰有限公司设计总监。1998 年起，进入艺术品收藏领域，至今已从事艺术品收藏、鉴赏、鉴定、评估工作 20 多年，多次协助公安、检察院、法院系统组织涉案文物评估鉴定工作。2017 年 9 月起，担任保定市收藏协会法定代表人、会长。2018 年 6 月起，担任河北省收藏家协会副会长。2020 年 6 月，毕业于河北工艺美术职业学院美术教育专业。2022 年，获得“优秀人大代表”、保定市首届文艺领军人才评审专家、首届“保定工匠”、保定市政府第九届质量奖个人奖等奖项和荣誉称号。2023 年，荣获中共保定市委人才工作领导小组办公室颁发的“燕赵英才卡”。2024 年 3 月至今，河北美术学院工艺美术专业在读。

崔庚前凭借着深厚的专业知识和 20 多年在艺术品领域的实践经验，为保定市众多市民的艺术品收藏、鉴定、评估保驾护航。自 2017 年担任保定市收藏协会会长以来，崔庚前先后组织收藏行业专家举行大规模公益活动——“古城寻宝”16 场，在协会内组织艺术沙龙数百次，公益服务保定市民 5 万余人次，在保定市、河北省文化收藏专业领域影响力巨大。

2020年，崔庚前组织保定市收藏协会会员捐献藏品进行义卖，用所得善款16万余元，与河北青年报联合印制了《保定援鄂英雄谱》，盛赞了保定市赴武汉抗疫的143名医护人员。

崔庚前师承江西省工艺美术大师毛光辉先生，学习传统粉彩绘画技艺，曾在多个场合传播中国传统瓷器绘画技艺。此外，崔庚前长期在《保定晚报收藏周刊》发表收藏类文章，普及基础收藏知识。

二、杜杰

杜杰，男，1964年生，山东聊城冠县人，汉族，中共党员，大学学历，主要研究方向为古玺印、铜镜、磁州窑，邯郸学院特聘研究员，中国收藏家协会会员，河北省金石学会理事，邯郸磁州窑学会理事兼副秘书长，邯郸市作家协会理事，赵都印社副社长。

杜杰

杜杰从事古玺印、铜镜、磁州窑的收藏、研究多年，其收藏的古玺印质量颇高，多件藏品曾被专业书籍收录出版。杜杰的理论研究成果颇丰，多篇研究文章发表于专业期刊。2024 年，杜杰的论文《复姓“枯成”及其通假汇考》参加了复旦大学出土文献与古文字研究中心主办的中国古代玺印研究国际学术研讨会。同年，杜杰在《印学研究》发表论文《复姓“枯成”溯源及其通假——从三晋带钩印“枯成虎”说起》。2023 年，杜杰在《印学研究》发表论文《“邯郸丙玺”辨伪》。同年，杜杰在《社会科学论坛》发表论文《“邯郸”姓氏考》。2021 年，杜杰在《印学研究》发表论文《唐以来印章上“图书”词义浅说》。同年，杜杰在《邯郸学院学报》发表论文《新见与邯郸地名有关的金代刻款铜镜》。2017 年，杜杰在《邯郸学院学报》发表论文《新见相关“邯郸”的六枚战国秦汉印章》。2023 至 2024 年，杜杰发表《镜鉴》系列历史文化散文 15 篇。2022 至 2023 年，杜杰发表《印说邯郸》系列历史文化散文 9 篇。

三、李保田

李保田，男，河北邯郸人，河北科技师范学院名誉教授，河北省“十大藏书家”之一，南开大学天津校友会礼仪研修会顾问，天津市传统文化研究会副秘书长，收藏清代及民国老课本最多世界纪录保持者。

李保田老教材库现藏清代及民国老教材 1.7 万余册，其中成套 2000 余套；“十七年”及“文化大革命”时期教材 5000 余册，其中成套 100 余套；社会教育类教材 3000 余册，其中成套 200 余套。李保田收藏的老教材时间跨度约 300 年，涵盖成型学科 40 多个。李保田曾在河北科技师范学院、邯郸市百花小学举办老教材展览，新华网、河北电视台等百家媒体宣传报道。

李保田主编的《中国老教材封面图录》

李保田主编的《中国老教材封面图录》（限清代和民国部分），2019 年由广西师范大学出版社出版，其底本为老教材库截至 2016 年的库存，约 2500 种。由于是实物拍摄，史料扎实，是目前最可信的老教材图录。

李保田曾多次参加由中国教育学会教育史分会、教育部浙江大学基础教育课程研究中心、上海图书馆、公私藏书与经典阅读论坛等机构组织的大型学术研讨会，其论文多次获奖并入选文集。2009 至 2012 年，在邯郸市教育主管部门的支持下，李保田配合邯郸市当地多所学校编写了校本教材。

四、李小晟

李小晟

李小晟，1964 年生，华北电力大学工学学士。2009 年，创办石家庄市最早的民营博物馆——大晟堂古陶博物馆，2010 年被中共石家庄市委宣传部命名为“石家庄市爱国主义教育基地”。2012 至 2022 年，任石家庄市收藏协会会长。2013 年，故宫出版社出版了李小晟所著的《大晟堂藏河北古陶瓷精品集》。2013 年，《燕赵都市报》刊登了李小晟的周专栏文章《小晟话收藏》。2014 年，河北省政协《乡音》杂志刊登了李小晟的专栏文章《小晟品收藏》。2014 至 2018 年，任西藏阿里地区文化顾问。2014 至 2019 年，任中华文化促进会民办博物馆协作体副主席。2016 年，任河北电视台《品真》节目专家。2018 至 2023 年，任西藏日喀则市文化局文化顾问。2023 年，出版专著《西夏李氏明清史料集萃及历代世系图》。

2014 年至今，任中央电视台《国宝档案》《探索发现》等节目专家。

《大晟堂藏河北古陶瓷精品集》

李小晟自费开设了大晟堂古陶博物馆，展示了用自己一生心血换来的藏品，创石家庄市民营博物馆之先河，为民间文物保护、弘扬中华优秀传统文化做了积极探索。

五、李治山

李治山

李治山，男，汉族，1957 年生，河北邯郸曲周县人，中共党员，大专学历，邯郸市工商联古玩商会副会长，河北省收藏家协会理事，中国收藏家协会会员，现任曲周博物馆馆长、曲周县民间收藏协会会长。1981 年 8 月，毕业于原张家口师范学校（今为河北北方学院）中文系，参加工作后曾在曲周县第一中学任教四年，任教期间开始了解收藏，先后调任曲周县委办公室、县委宣传部、县政府办公室工作。1994 年，任曲周县广播电视局局长、党组书记。1998 年，创办曲周县民间收藏协会，任会长。2018 年，李治山创办的曲周博物馆竣工启用。同年，曲周博物馆因民俗用品收藏荣获河北省民俗文化工作“功勋会员”单位。2019 年，李治山荣获“河北省著名民俗收藏家”称号。2020

年 12 月，曲周博物馆参加河北省文物局主办的“都来讲文物”活动，获评“十佳”单位。2022 年，李治山当选河北省民俗文化协会副会长。

六、刘新岗

刘新岗

刘新岗，1965 年生，笔名文山、岱松，河北衡水人，中国著名书画收藏鉴赏家、文化学者，现任衡水学院特聘教授、河北省文物鉴定委员会委员、河北省第十四届人大代表、中国收藏家协会书画委员会副会长、《中华艺术家》期刊艺术总顾问、中国文艺评论家协会会员。1987 年，毕业于原江汉石油学院（今为长江大学）。2011 年 3 月，被中国收藏家协会授予“书画收藏鉴赏家”称号。2012 年，独资创建衡水中国书画博物馆，任馆长。2014 年，被中共河北省委宣传部授予“燕赵文化之星”称号。2020 年，创建故城大运河博物馆，任馆长，致力于以历代书画为载体，研究、保护、传承、弘扬中华优秀传统文化。

刘新岗好学敏求，治学严谨，学术积淀扎实，学术成果丰硕，实践经验丰富，职业道德高尚，先后于国内外重要学术期刊发表学术论文 96 篇，并相继出版了收藏专集和鉴赏专著 8 部、17 册，得到了业界权威专家和学者的高度关注与认可。因受中央电视台书画频道之邀主讲《新岗鉴藏》专题栏目，以及 2015 至 2017 年连续成功举办“丹青钜迹——中国宋元绘画”“鉴闻成化——中国明代绘画”“清风徐来——中国清代书画”三届国际学术研讨会而名震国内外文博界。

2022 年金秋之际，刘新岗担任学术主持的北京华声天桥美术馆“笃思明辨——中国历代双胞、多胞书画辨析学术大展”引起了文博界、美术界及收藏界的高度关注。通过实物对比的方式，历代书画的真赝辨析、承继传承昭然揭示。观展后的北京大学胡海帆教授评价道：“这个大展应该会在中国书画史上留下重要一笔！不仅对时人，而且对后人都会有很大影响！这才是真正的搞学术、做学问！”

北京华声天桥美术馆“笃思明辨
——中国历代双胞、多胞书画辨析学术大展”现场

刘新岗与国内外专家学者研讨宋元绘画

刘新岗既好古又博今，受河北省文联委托，历时两年与数位书画家联合创作完成的《画说京杭大运河》《画说万里长城》《诗赞红军万里长征》三大百米巨卷于2021年9月在石家庄美术馆三大展厅同时亮相，引来30多家主流媒体和不计其数的自媒体争相报道，社会反响巨大，获得河北省领导和社会各界的称赞。

刘新岗曾受邀到中共中央党校、中共陕西省委党校、中共党史美术馆、辽宁省博物馆、沈阳故宫博物院、上海青浦博物馆、昆山昆仑堂美术馆、长江大学、山东大学等国内40余家文博单位和高校进行学术报告。

刘新岗在长江大学讲课

2016年，刘新岗受衡水学院之邀担任书画鉴赏学科带头人，亲赴教学一线，教授《中国书画鉴赏》与《美术博物馆学导论》两门课程，凭借深厚的理论知识，加之幽默又不失严谨的授课风格，通过实践教学与理论授课相结合的方式，寓教于乐、寓教于行，使学生在猎奇、惊叹、愉悦、体验之中获益匪浅，获得衡水学院“最受学生欢迎的教授”赞誉。

七、檀彦坤

檀彦坤

檀彦坤，1953 年生，笔名无慧，河北邢台隆尧县人，1979 年毕业于河北师范大学艺术系油画专业，中国著名古陶瓷鉴赏家、收藏家、画家、文化艺术学者，光圆无极画派创始人，中国邢窑博物馆研究员，中国邢州官窑研究会副会长，邢台市收藏家协会副会长。2022 年，其论文《邢州官窑是瓷器之路核心文化》在中共邢台市委宣传部、邢台市文化广电和旅游局、邢台市文联联合举办的征文比赛中获一等奖。2023 至 2024 年，《邢州官窑白瓷光圆无极之道与德——成语·四》陆续在《今日头条》发表。2023 年 12 月 30 日，《抑邢扬越密战中篡文与复原文对比》在《今日头条》发表。

获奖证书

Award Certificate

艺术家/Artist

檀彦坤

作品名称/ Title

方圆规矩

经过组委会评选,您的作品荣获：

第九届-疯狂交流会·国际新当代艺术作品展(线上),2022

Your Artwork Has Been Selected For The

Excellence Award

By The Organizing Committee For The 9th-Crazy Art Commune International New Contemporary Art Exhibition (Online) ,2022

特发此证/ This is to certify that

Mario Fois Carta, Italy 策展人/Curator

Dhaneshwar Shah, India 策展人/Curator

Yang Zhenyang , China 主任/Director

檀彦坤的获奖证书

八、田和旭

田和旭

田和旭，男，1962年生，中共党员，毕业于河北师范大学中文系，高级记者，从事新闻工作30余年，现为河北师范大学客座教授、河北省传统文化促进会理事、丛台书院秘书长。

田和旭热衷于中国文化的传播、研究与探讨，曾在多地进行了以“今我来思——重归《诗经》美好的诗歌家园”为主题的系列讲座和研讨会。田和旭对地方文化研究情有独钟，收集整理的6万余份太行山文书成为邯郸地方文化研究的重要资料。近年来，田和旭开始了对冀南门帘画的收集、整理与研究，更是把这一遗落在山野的艺术瑰宝带进了中国美术的最高殿堂——中国美术馆，引起了社会的广泛关注。田和旭向中国美术馆捐献了44幅冀南门帘画，刊发了调研文章《河北门帘画的文化传承与收藏价值》等，组织策划了《华彩满庭——冀南门帘画展》和《风雅在野——冀南门帘画展》，并在《中国民间工艺集成》（河北卷）中撰写了“冀南门帘画”一节。

九、卫庆前

卫庆前，男，1955年生，中共党员，河北邢台广宗县人，大专学历，高级政工师，邯郸市历史学会会员。1974年1月，在中煤第一建设有限公司参加工作，曾任公司工会副主席、公司党委宣传部部长。2010年离岗休养，2015年10月退休。2012年2月至今，担任河北省收藏家协会红色收藏委员会副主任。2011年1月至今，担任邯郸市民间收藏家协会红色收藏委员会会长。

20世纪80年代，卫庆前开始收藏新中国成立之前与晋冀鲁豫边区相关的报纸、票证、书籍、杂志、文献、纸币等红色文物，收藏有晋冀鲁豫《人民日报》创刊号、华北《人民日报》创刊号，抗日战争时期出版的《胜利报》《晋冀豫日报》《黄河日报》《新华日报》（华北版）（太行版）、冀南银行纸币，以及各解放区出版的报纸数百份。卫庆前曾购买大量中国革命史、中共党史、人民军队史、红色新闻史，以及晋冀鲁豫边区史等方面的资料，潜心研究，同时深入革命老区采访老革命、老八路后代，并撰写文章。

卫庆前积极探索创新利用邯郸市民间收藏家协会掌握的红色文物资源与社会各界开展合作。在他的积极谋划下，2016 年 12 月，邯郸市民间收藏家协会与邯郸银行共同创建了冀南银行纪念馆；2019 年 7 月，邯郸市民间收藏家协会与邯郸市邯山区马庄乡社区共同创建了邯山红色教育展馆；2022 年 11 月，在新华日报社旧址涉县东戌村创建了新华日报报史馆。

2012 年，卫庆前响应邯郸市政府关于向全市征集合理化建议的号召，提出的《充分利用晋冀鲁豫边区红色资源》的建议引起了有关部门的关注，他还先后向有关部门提交了《加强红色文物保护，加快发展红色旅游》《关于实施邯郸民间革命史料文献普查工程的建议及方案》等议案，并且撰写了数十篇介绍革命历史、红色文物的文章，在 10 多家媒体上发表。

卫庆前非常关心青少年的成长，曾多次深入学校开展红色文化进校园、小记者社会实践等活动，并到邯郸市丛台区五里铺小学、邯郸大学生创业园、邯郸科技职业学院等地开展红色文化讲座。

每逢重大节日、革命纪念日，卫庆前都会积极组织邯郸市民间收藏家协会会员开展活动、举办展览，为社会各界服务，用红色文化塑人育人。2011 年，卫庆前筹划举办了“红色记忆——庆祝中国共产党成立九十周年红色文物精品展”，先后在邯郸市博物馆、武安市东山文博园、石家庄市博物馆展出。2015 年 8 月，卫庆前与邯郸市民间收藏家协会会员提供了 200 多件展品参加邯郸市“太行浩气——纪念抗日战争胜利七十周年文物展”。2016 年 5 月，卫庆前在邯郸市博物馆举办了“从邯郸走向世界的《人民日报》展”，介绍了《人民日报》在邯郸创刊、武安成长、西柏坡发展、从北京走向世界的过程。2017 年 8 月，卫庆前在邯郸市博物馆组织了“军号嘹亮战旗红——庆祝中国人民解放军建军九十周年文物展”。2018 年 12 月，卫庆前整理了改革开放、建设成就、强军道路等 30 多个系列的报纸，组织举办了“壮阔东方潮，奋进新时代——纪念改革开放四十周年报纸展”。2019 年，卫庆前组织了“解放、崛起、腾飞——庆祝中华人民共和国成立七十周年报纸、邮品展”。2019 年 9 月，卫庆前担任邯郸文化网副主任，在近 5 年的时间里，他撰写、改编正能量文章数百篇，使“红色邯郸”栏目成为该网特色突出、资料翔实的文化板块，所刊文章被多家媒体转发。2019 年 11 月，卫庆前根据新发现的太行版《参考消息》，在邯郸文化网举办了“一纸风行九十年——

《参考消息》创办发行历史文献展”。2021 年 7 月，卫庆前与邯郸市民间收藏家协会会员提供了 300 多件藏品参加中共邯郸市委宣传部举办的“走向复兴——庆祝中国共产党成立 100 周年大型文物展”。2023 年 7 至 12 月，在邯郸王边溪谷美术馆，卫庆前举办了“纸上春秋——中国红色新闻的邯郸印记展”。

十、郑义祥

郑义祥，男，1974 年生，汉族，河北唐山曹妃甸人，中共党员，主任记者。1997 年 6 月，毕业于河北大学新闻学院新闻学专业。2002 年 7 月，获河北大学新闻采编方向文学硕士学位，现任《唐山劳动日报》农村经济部主任。

郑义祥

在河北大学求学期间，受保定厚重历史文化积淀的熏陶，更受中文系浓郁的人文环境感染，特别是在洛保生教授的指导下，郑义祥从古代钱币入手，逐渐涉猎收藏。30 多年来，郑义祥从未停止过对文物艺术品的鉴赏研究，并逐渐建立了自己的收藏体系。

2004 年，《河北日报》以《郑义祥：玩物尚志》为题，以人物通讯的形式对其收藏经历进行了专题报道。2016 年，河北大学出版社出版了郑义祥的个人藏品鉴赏集《散收碎藏》，书中的诸多藏品和论断均得到了业界的重视和认可。

《散收碎藏》

郑义祥始终认为，收藏的目的是与文化一起远行，而对于收藏者来说，收藏则是文化的积累过程。在《唐山劳动日报》当编辑期间，郑义祥开设了该报历史上的第一个艺术品收藏栏目《自珍斋》，创办了第一个“收藏”专版。当代著名学者、史学家、文物鉴定家史树青，著名油画家靳之林先后为专版题写了刊头。郑义祥坚持群众办报路线，汇聚集体智慧，把专栏、专版办成了唐山广大收藏爱好者交流学习的重要平台，在一定程度上引领了当地民间收藏事业的蓬勃发展。

多年来，郑义祥涉猎广泛，陶瓷、书画、杂项，乃至红色藏品，他均有所研究。近些年，他将精力集中在历代瓷杂精品和冀中、冀东一带的乡贤翰墨上，藏品达数百件之多，其中不乏精品。郑义祥经常帮助藏友去伪存真，且分文不取，提高了当地乡贤翰墨鉴藏的整体水准。近年来，郑义祥致力于对近代国画大家秦仲文作品的鉴藏，藏品有 20 多件，得到了秦仲文研究组织的重视和认可。

此外，郑义祥对旧体诗词歌赋情有独钟。近年来，郑义祥创作的《唐山赋》《劳动赋》《唐山市人民医院赋》等分别展陈于南湖唐山城市规划展览馆、唐山中心劳动公园等处。

附录二：2024年度社会文物事业大事记

1月份

一、2023年河北博物院成果喜人

1月2日，河北省文物局发文总结河北博物院2023年的工作成果。2023年，河北博物院在筹备展览、开展社教活动、研发文创产品、完成文物数字化保护项目、征集文物资料等方面取得了喜人成果。2024年，河北博物院将继续坚持正确政治方向，坚定文化自信，守护好、传承好、展示好中华文明优秀成果，更好地满足人民群众对文博工作的新需求、新期待，大力提升燕赵文化的影响力、传播力。

二、2023年宣传思想文化工作综述发布

1月3日，国家文物局发布了以“担负新的文化使命　凝聚团结奋进力量”为题的2023年宣传思想文化工作综述，宣传思想文化战线自觉担负起新的文化使命，围绕贯彻党的二十大关于文化建设的战略部署，强化思想引领，不断守正创新，大力唱响强化信心的主旋律，为党和国家事业发展提供了坚强思想保证、强大精神力量、有利文化条件。

三、最高检发布文物和文化遗产保护检察公益诉讼典型案例

1月5日，最高人民检察院发布了一批文物和文化遗产保护检察公益诉讼典型案例，进一步引导各级检察机关加大该领域公益诉讼办案力度。最高检相关负责人表示，下一步，最高检将会加强与文化和旅游部、国家文物局、住房和城乡建设部、中国社会科学院考古研究所等相关单位的协同配合，强化执法司法协作，以法治力量助力文物和文化遗产保护。

四、北京市文物局召开京津冀文物主题游径建设协调会

1月5日，北京市文物局党组书记、局长陈名杰主持召开京津冀文物主题游

径建设协调会。本次会议旨在贯彻落实国家文物局、文化和旅游部、国家发展改革委联合发布的《关于开展中国文物主题游径建设工作的通知》，及时传达国家文物局文物主题游径建设工作现场推进会的会议精神，着重强调对京津冀区域和县（区）域文物主题游径工作的策划与部署。会上，北京、天津、河北和北京市各区对文物主题游径建设工作与文物资源情况等进行了交流沟通，对明年及未来一段时间内联合开展京津冀区域和北京市、区两级文物主题游径建设提出了工作思路。

五、全国文物局长会议召开

1月5日至6日，全国文物局长会议在北京召开。会议以习近平新时代中国特色社会主义思想为指导，全面贯彻落实党的二十大和二十届二中全会精神，深入学习贯彻习近平文化思想，贯彻落实文化传承发展座谈会、全国宣传思想文化工作会议、文化遗产保护传承座谈会、全国宣传部长会议精神，总结2023年文物工作，部署2024年重点任务，推动新时代文物工作开新局、展新貌。

六、“冬奥会崇礼太子城遗址文物保护与利用”入围全国考古遗址保护展示十佳案例宣传推介活动终评

1月10日，由中国考古学会、中国文物报社主办的全国考古遗址保护展示十佳案例宣传推介活动初评会在北京召开。初评会上，来自考古院所、博物馆和高校等机构的11位专家，通过资料审阅、综合评议和投票推荐，最终遴选出20个项目入围终评。河北省文物考古研究院与河北张家口崇礼太子城国际冰雪小镇管委会共同申报的“冬奥会崇礼太子城遗址文物保护与利用”入围终评。

七、中美关于防止中国文物非法入境美国的政府间谅解备忘录有效期顺延

1月11日，经国务院批准，并经中美双方互换照会确认，《中华人民共和国政府和美利坚合众国政府对旧石器时代到唐末的归类考古材料以及至少250年以上的古迹雕塑和壁上艺术实施进口限制的谅解备忘录》顺延有效期工作顺利完成。新文本将于2024年1月14日生效，有效期5年。

八、2023年河北六大考古新发现揭晓

1月12日，由河北省文物考古学会主办的2023年河北六大考古新发现终评会在石家庄召开。经过项目汇报、综合评议，评委们通过投票选出了2023年河北六大考古新发现。阳原新庙庄遗址、尚义四台遗址、宣化郑家沟遗址及周边红山文化时期积石冢群、武安赵窑遗址、涞水富位遗址、邺城遗址东魏北齐宫城区考古发现等6项考古新发现项目在2023年度实施的20余项田野考古发掘项目中脱颖而出。

九、国家文物局召开2023年度工作总结会

1月12日上午，国家文物局召开2023年度工作总结会，总结全年工作，部署2024年重点任务。文物局局长李群在会议上强调了要加大文物和文化遗产保护力度、加快推动文物保护法修改、全面实施第四次全国文物普查等内容。

十、北京、河北文物局联合开展党组理论学习中心组集体调研活动

1月12日至13日，河北省文物局联合北京市文物局开展党组理论学习中心组集体调研活动。调研组通过到雄安、正定、平山进行实地学习、座谈交流，就深化拓展京冀在历史文化遗产保护利用方面的务实合作，特别是京冀两地“进京赶考之路”全线贯通达成了一致意见，初步确定了若干近期落地事项。

十一、第四次全国文物普查领导小组办公室第一次全体会议在京召开

1月23日，第四次全国文物普查领导小组办公室第一次全体会议在北京召开。会议通报了领导小组办公室组建情况，并强调了各工作组要落实职责分工，持续推进普查工作。

十二、河北考古取得重要成果

1月25日，中国文物报报道，近年来，在国家文物局的大力支持下，河北充分发挥考古工作在增强中华文化认同、铸牢中华民族共同体意识、厚植中华优秀传统文化沃土等方面的积极作用，聚焦人类起源、农业起源、文明起源等关键问题克难攻关，寻根溯源，以持续、系统、扎实、科学的工作，全力推进“考古中国”重大课题项目，实施“中原地区文明化进程研究”“红山文明社会化进程研究”“河套地区聚落与社会研究”项目，取得重要收获。

十三、河北省文物局举办新党员入党宣誓暨老党员重温入党誓词仪式

1月30日，为教育引导全局党员干部进一步强化党员意识，增强党性观念，河北省文物局举办新党员入党宣誓暨老党员重温入党誓词仪式。

十四、国家文物局发布《文物博物馆单位消防演练工作指引》及消防演练视频片

1月31日，国家文物局发布《文物博物馆单位消防演练工作指引》及消防演练视频片，旨在进一步加强文物行业消防应急能力建设，促进文物消防演练规范化、常态化。

2月份

一、国际古迹遗址理事会中国国家委员会成立三十周年座谈会在京召开

2月3日上午，国际古迹遗址理事会中国国家委员会成立三十周年座谈会在中国文化遗产研究院召开。国家文物局局长李群表示，30年来，在文化和旅游部、国家文物局的重视和支持下，国际古迹遗址理事会中国国家委员会在世界文化遗产申报保护、文物保护修复理念与实践探索、文物保护工程管理改革、国际交流合作、文物保护和活化利用等领域开展大量工作，发挥重要作用。

二、河北省完成地市级文物普查领导小组组建

截至2月5日，河北11个地级市、2个直管市及雄安新区已全部发文成立领导小组，实现地级市全覆盖，完成市级普查领导小组的组建。河北省第四次全国文物普查领导小组于1月8日成立后，建立了党委宣传部和政府负责同志双组长领导机制。领导小组办公室设在河北省文物局，负责普查工作的日常组织和具体协调。河北省已组建完成“四普”专班，市、县级普查领导小组工作也取得积极进展。

三、国家文物局2024年工作要点发布

2月6日，国家文物局发布2024年工作要点，包括了贯彻落实习近平新时代中国特色社会主义思想；坚持保护第一，提高文物保护管理水平；深化文明历史研究，推进文物科技创新；推动活化利用；加强文物交流合作；夯实基础工作，提升支撑保障水平等六大内容。

四、北京、河北、辽宁、福建、山东、广西、重庆等地全面部署推进第四次全国文物普查工作

2月9日前，北京、河北、辽宁、福建、山东、广西、重庆等地陆续召开会议，全面部署推进第四次全国文物普查工作。截至2月5日，河北省已实现11个地级市、2个直管市及雄安新区领导小组全覆盖。各地市正在督促各所属县（市、区）加快成立县（市、区）级领导小组，河北省180个县（区）中已有75个完成领导小组的组建，其中承德、沧州两市已全部完成市、县两级普查领导小组组建工作。同时，河北省文物局普查专班正在同步跟进各市、县区级普查机构及队伍建立情况。按照计划，各市2月底将完成队伍组建工作。

五、推进第四次全国文物普查各级机构队伍建设

2 月 26 日，记者从第四次全国文物普查领导小组办公室了解到，为统筹做好第四次全国文物普查，各地正紧锣密鼓推进建立省级普查领导小组、普查机构，市、县级普查领导小组和机构建设正扎实推进。

六、京津冀“上新”历史文化资源分布图

2 月 27 日，在京津冀协同发展战略实施十周年之际，京津冀三地多家规划、住建、文化单位联合完成的《京津冀地区主要历史文化资源分布图》正式发布，加快让京津冀的历史文物“活起来”。分布图展示了京津冀地区主要历史文化资源的空间分布情况，系京津冀三地首次基于统一空间框架对历史文化资源做系统梳理、客观展示和权威发布。

七、中国国家博物馆与河北省文化和旅游厅签署战略合作协议

2 月 28 日，为深入贯彻党的二十大精神，全面落实习近平总书记关于文化传承发展、文物工作系列重要论述和在深入推进京津冀协同发展座谈会上的重要讲话精神，促进京津冀文物保护协同工作迈上新台阶，中国国家博物馆与河北省文化和旅游厅在石家庄举行战略合作协议签约仪式。

3 月份

一、全国各地持续部署推进第四次全国文物普查工作

3 月 1 日，国家文物局报道，近期，北京、天津、安徽等地深入贯彻党中央、国务院决策部署，落实《国务院关于开展第四次全国文物普查的通知》要求，积极主动持续推进第四次全国文物普查工作。

二、国家文物局 2023 年全国两会建议提案办理情况综述

3 月 3 日，国家文物局将深入研究、积极采纳 2023 年全国两会建议提案中的合理意见和建议，推动办理成果转化为文物工作实效。

三、泥河湾盆地岑家湾遗址揭示 110 万年前欧亚大陆最早的“准备石核技术”

3 月 4 日，国际顶级学术期刊 PNAS（美国国家科学院院刊）杂志在线发表“Earliest Prepared Core Technology in Eurasia from Nihewan（China）：Implications for Early Human Abilities and Dispersals in East Asia”一文，报道了河北省文物考古研究院与中国科学院古脊椎动物与古人类研究所、西班牙高等科学研究

理事会历史研究所等国内外科研单位合作对泥河湾盆地岑家湾遗址的石器技术的最新研究成果，揭示了欧亚大陆最早的“准备石核技术”。这是泥河湾盆地乃至东亚旧石器研究的重要突破。

四、第四次全国文物普查试点工作全面启动

3月5日前，为落实第四次全国文物普查领导小组第一次会议部署，第四次全国文物普查领导小组办公室制定《第四次全国文物普查试点工作方案》，在全国范围内选取13个县（区）和2个军队营区开展国家级文物普查试点工作。河北、江西等正在积极推进省级普查试点，通过试点进一步完善普查组织领导、队伍组建、实地调查等，为顺利开展实地普查打好基础。

五、全国政协召开“加强宗教活动场所文物保护与利用”宗教界别协商会议

3月7日下午，全国政协召开“加强宗教活动场所文物保护与利用”宗教界别协商会议。会上，委员们指出当前一些宗教场所文物古迹的开发利用和修缮保护等存在的问题，并提出了相对应的解决办法。

六、全国各地积极部署推进第四次全国文物普查工作

3月8日，国家文物局报道，近期，黑龙江、福建、云南等地陆续印发通知、组建各级普查领导小组和机构队伍、召开专题会议动员部署，积极推进第四次全国文物普查工作。

七、国家文物局办公室荣获中央和国家机关创建模范机关先进单位称号

3月12日，中央和国家机关工委印发《中央和国家机关创建模范机关标兵单位和先进单位的决定》，授予10个单位“中央和国家机关创建模范机关标兵单位”称号、107个单位“中央和国家机关创建模范机关先进单位”称号。国家文物局办公室被授予“中央和国家机关创建模范机关先进单位”称号。

八、国家文物局开展国家文物政策理论研究课题工作

3月12日，国家文物局印发《关于开展2024年度国家文物政策理论研究课题工作的通知》，组织开展国家文物政策理论研究课题工作。2024年度课题指南包含13个主要方向，内容涵盖习近平文化思想的文物理论体系、“两个结合”与新时代文物工作发展理论等基础理论研究，以及城乡建设中强化文物和文化遗产保护传承实践、文物保护与旅游发展关系、提升文物价值传播效能、“文博热”现状及发展等聚焦行业发展热点的应用理论研究。课题旨在提升文物领域政策理论研究水平，培养政策理论研究人才，推出一系列重要研究成果，为推动文物事业高质量发展提供有力支撑。

九、各省积极部署推进第四次全国文物普查工作

3月22日，国家文物局报道，近期，江苏、广东、海南、四川、青海等地陆续召开专题会议动员部署，积极推进第四次全国文物普查工作。

十、2023年度全国十大考古新发现揭晓

3月21日至22日，由中国文物报社、中国考古学会主办的2023年度全国十大考古新发现终评会在北京举行。经项目汇报会、综合评议，最终由评委投票选出2023年度全国十大考古新发现。国家文物局副局长、中国考古学会副理事长关强宣布山东沂水跋山遗址群、福建平潭壳丘头遗址群、安徽郎溪磨盘山遗址、湖北荆门屈家岭遗址、河南永城王庄遗址、河南郑州商都书院街墓地、陕西清涧寨沟遗址、甘肃礼县四角坪遗址、山西霍州陈村瓷窑址、南海西北陆坡一号和二号沉船遗址（按年代早晚排列）等10个项目入选2023年度全国十大考古新发现。

十一、京冀两地携手"进京赶考之路"革命文物主题游径贯通

3月25日，"进京赶考之路"革命文物主题游径贯通仪式在北京海淀区的清华园车站旧址举办，北京市文物局和河北省文物局共同发布了"进京赶考之路"革命文物主题游径线路图，沿线多家革命旧址管理使用单位联合发布"进京赶考之路"文物保护传承利用倡议书，北京交通运输职业学院和海淀区文物保护中心举行了"进京赶考之路"思政课进大学签约仪式，多种形式向社会各界展示京冀两地革命文物保护利用成果，生动讲好"进京赶考"红色故事、传承好红色基因，充分展示京冀两地协同发展建设成果。

十二、各地积极部署推进第四次全国文物普查工作

3月26日以来，湖南、重庆、陕西、甘肃等地陆续印发第四次全国文物普查实施方案、召开专题会议动员部署，积极推进第四次全国文物普查工作。

十三、国家文物局党组2024年巡视动员部署会召开

3月26日，国家文物局党组召开2024年巡视动员部署会，深入学习贯彻习近平总书记关于巡视工作重要讲话精神，部署安排党的二十大后的国家文物局党组第二轮巡视工作。

十四、各地积极部署推进第四次全国文物普查工作

3月29日以来，北京、江苏、江西、广西等地陆续召开专题会议和动员部署会、推进领导小组组建等，积极开展第四次全国文物普查工作。

十五、国际标准化组织文化遗产保护技术委员会秘书处落户中国

3 月 29 日，央视新闻记者从市场监管总局获悉，国际标准化组织（简称 ISO）近期批准成立文化遗产保护技术委员会（ISO/TC349），秘书处设在中国。国际标准是全球经贸合作发展的重要技术基础，我国作为国际标准化组织文化遗产保护技术委员会秘书处的承担国，将为推动全球文化遗产保护可持续发展、加强国际人文交流合作和促进全球文明交流互鉴贡献中国力量。

4 月份

一、河北省文物局长座谈会在邯郸召开

4 月 5 日，河北省文物局长座谈会在邯郸召开。会议指出，2023 年是全面贯彻党的二十大精神的开局之年，在河北省委、省政府的坚强领导下，全省文物系统解放思想、开拓创新，坚定服务国家重大战略，持续加强文物系统性保护力度，深化考古研究，创新展示利用方式，织密、织牢文物安全防护网，全面提升文物保护利用和文化遗产保护传承水平，全省文物工作取得显著成效。会议强调，2024 年是实现“十四五”规划目标任务的关键一年，也是推动河北文物工作踏上新征程、实现新发展、展现新作为的关键一年。

二、七部门新修订印发《文化保护传承利用工程实施方案》

4 月 9 日，为深入贯彻落实习近平文化思想，进一步完善全国城乡公共文化服务体系，加强文化和自然遗产整体保护和活态传承，推动文化旅游融合高质量发展，助力文化强国建设，国家发展改革委会同中央宣传部、住房城乡建设部、文化和旅游部、国家广播电视总局、国家林草局、国家文物局对《文化保护传承利用工程实施方案》进行了修订。

三、中国人民银行、国家文物局等四部门联合印发《关于进一步优化重点文旅场所支付服务提升支付便利性的通知》

4 月 9 日，中国人民银行、文化和旅游部、国家外汇管理局和国家文物局联合印发《关于进一步优化重点文旅场所支付服务提升支付便利性的通知》（银发〔2024〕76 号），更好地满足老年人、外籍来华人员等群体在文旅领域多元化的支付服务需求，保障消费者的支付选择权。

四、第四次全国文物普查试点工作总结会在京召开

4 月 11 日，第四次全国文物普查领导小组办公室在北京召开普查试点工作总结会，总结交流试点工作经验，研究部署下一阶段工作。

五、河北博物院入选“中央地方共建国家级重点博物馆”

4 月 12 日，国家文物局、财政部发布了新一轮中央地方共建国家级重点博物馆名单，河北博物院成功入选。中央地方共建国家级重点博物馆是由国家文物局、财政部共同认定，中央和地方联合共建的彰显中华文明、代表中国特色、引领行业发展的地方所属重点博物馆，全国范围内仅有 15 家，河北博物院是此次新入选的四家之一。

六、河北第四次全国文物普查省级试点工作全面铺开

4 月 12 日以来，河北省第四次全国文物普查领导小组办公室全面部署省级普查试点工作。4 月 3 日，《关于开展河北省第四次全国文物普查试点工作的通知》的印发，确定了张家口市蔚县、衡水市景县、邯郸市武安市 3 个县（市）为省级文物普查试点，陆续开展了试点实地调查工作。

七、中央企业文化遗产保护传承暨文物普查工作推进会在京召开

4 月 25 日，中央企业文化遗产保护传承暨文物普查工作推进会在北京召开，会上简要介绍了文物保护利用工作和第四次全国文物普查的总体情况。

八、围绕“加强文物和文化遗产法治保护”全国政协举行社会科学界别协商座谈会

4 月 30 日，全国政协在中国历史研究院举行社会科学界别协商座谈会，围绕“加强文物和文化遗产法治保护”，组织委员与有关部门负责同志开展协商交流。

九、财政部等五部门联合印发关于国有公益性收藏单位进口藏品免税规定的公告

4 月 30 日，为贯彻落实习近平总书记 2023 年 6 月在文化传承发展座谈会上的重要讲话精神，进一步繁荣发展文化事业，弘扬和传承中华传统文化艺术，提高民族文化软实力，按照中央办公厅、国务院办公厅《“十四五”文化发展规划》有关要求，财政部、海关总署、税务总局、文化和旅游部、国家文物局近日联合发布《国有公益性收藏单位进口藏品免税规定》（财政部、海关总署、税务总局、文化和旅游部、国家文物局公告 2024 年第 4 号），规定自 2024 年 5 月 1 日至 2027 年 12 月 31 日，对国有公益性收藏单位以从事永久收藏、展示和研究等公益性活动为目的，通过接受境外捐赠、归还、追索和购买等方式进口的藏品，以及外交部、国家文物局进口的藏品，免征进口关税、进口环节增值税和消费税。此次政策调整了以下三方面：一是增强了政策灵活性和针对性；二是新增国家文物局、外交部为免税主体，支持文物追索返还和保护；三是进一步加强政策管理。

5 月份

一、第四次全国文物普查领导小组办公室第二次全体会议召开

5 月 6 日，第四次全国文物普查领导小组办公室第二次全体会议在北京召开。会议听取了综合协调组关于普查第一阶段进展汇报，各组负责同志补充发言。会议指出，领导小组办公室成立以来，迅速落实领导小组部署，全国普查工作全面推进。普查第一阶段主要任务顺利完成，工作取得扎实成效。

二、中国文物学会第九届会员代表大会在京召开

5 月 7 日，中国文物学会第九届会员代表大会在北京召开。大会审议通过单霁翔代表中国文物学会第八届理事会所作的工作报告，回顾理事会各项工作取得的显著成绩。审议通过《中国文物学会章程》修订案、关于第八届理事会财务工作报告的决议、关于组建中国文物学会专家委员会的决议和关于学会住所迁移的决定。

三、中央财政下达百亿资金加强文物保护和博物馆建设

5 月 10 日前，财政部陆续发布通知，下达 2024 年国家文物保护资金预算、博物馆纪念馆免费开放补助资金预算和文化人才专项经费预算等。

四、国家文物局召开 2024 国际博物馆日中国主会场活动新闻发布会

5 月 10 日上午，2024 国际博物馆日中国主会场活动新闻发布会在北京召开。本次主会场活动将推出一大批面向公众、普惠均等的高品质文化服务，进一步满足人民美好生活需要。除上述主会场活动以外，陕西省的各类博物馆、纪念馆将举办一系列特色鲜明、精彩纷呈的陈列展览、学术研讨、社会教育和惠民展演等配套活动。此外，全国各地也将按照国家文物局统一部署，围绕主题开展特色鲜明、形式多样的活动。

五、河北五家博物馆入选第五批国家一级博物馆公示名单

5 月 10 日前，经国家文物局同意，中国博物馆协会公示了第五批全国博物馆定级评估中一级博物馆的评估结果。其中，河北五家博物馆入选，分别为乐亭县李大钊纪念馆、唐山博物馆、山海关中国长城博物馆、定州博物馆和承德避暑山庄博物院。

六、国际标准化组织文化遗产保护技术委员会在华成立

5月13日，国际标准化组织文化遗产保护技术委员会（ISO/TC349）成立大会在故宫博物院举行。国际标准化组织文化遗产保护技术委员会由我国提出并于2024年3月正式获批，是国际标准化组织自1947年成立以来在全球文化遗产保护领域成立的首个技术委员会。该技术委员会的成立，是践行习近平主席全球文明倡议的重要实践，是落实党中央、国务院关于加强文化遗产保护传承决策部署的重要举措，是我国实现文化遗产保护领域国际标准化战略取得的重要突破。

七、河北省第四次全国文物普查省级试点工作顺利完成

5月14日，按照《第四次全国文物普查领导小组办公室关于开展第四次全国文物普查试点工作的通知》要求，河北省“四普”领导小组办公室确定张家口市蔚县、衡水市景县、邯郸市武安市3个县（市）为省级普查试点，并全面部署试点各项工作。各相关市、县（市）普查机构高度重视、迅速响应，扎实开展各阶段工作。

八、国家文物局召开专题会议学习贯彻习近平总书记给北京市八达岭长城脚下的乡亲们的回信精神

5月15日，新华社播发习近平总书记回信勉励北京市八达岭长城脚下的乡亲们，带动更多人了解长城、保护长城，把祖先留下的这份珍贵财富世世代代传下去。5月15日晚，正在山西调研的国家文物局工作组，组织召开专题会议，传达学习贯彻习近平总书记回信精神。

九、国家文物局领导调研河北文物工作

5月14日至17日，国家文物局副局长陆进一行赴河北调研文物工作。调研组一行先后调研定州市博物馆、正定古城、河北博物院、响堂山石窟及数字展示中心、赵王城国家考古遗址公园、邯郸市博物馆等文博单位，深入了解文物建筑保护及安全防范措施，文物、壁画科技保护及数字化展示等情况，看望慰问一线文博工作者。此次调研强调要深入学习贯彻习近平文化思想，认真落实习近平总书记关于文物工作重要论述，提升文物保护展示利用水平和研究阐释力度，提高文物科技创新能力，推动河北文物事业高质量发展。

十、河北省社会文物学会关于举办首届河北省高校文化遗产保护与创意设计大赛的通知

5 月 18 日，为落实习近平总书记对文化遗产保护传承的重要指示批示精神，全面提升文物保护利用和文化遗产保护传承水平，弘扬社会主义先进文化，传承中华优秀传统文化，提升大学生对文化遗产保护传承的认知，培育中国文化遗产保护生力军，为文化产业发展厚植新质生产力，河北省社会文物学会发布了关于举办首届河北省高校文化遗产保护与创意设计大赛相关事宜的通知。

十一、市场监管总局、商务部、国家文物局三部门联合印发《关于促进网络拍卖规范健康发展的指导意见》

5 月 22 日，市场监管总局、商务部、国家文物局三部门联合印发《关于促进网络拍卖规范健康发展的指导意见》，进一步规范网络拍卖市场秩序，促进拍卖行业高质量发展。

十二、国家文物局召开全国人大代表建议办理座谈会

5 月 22 日，国家文物局在甘肃兰州召开全国人大代表建议办理座谈会，围绕文博人才培养工作，当面听取部分全国人大代表意见，与相关部门共同研究做好建议办理工作，国家文物局副局长陆进出席会议并讲话。全国人大代表王瑞霞、黄林、方北松结合所提人大建议和调研情况，针对中小博物馆专业技术人员培训、基层文物保护机构与人才队伍建设、文物修复人才系统性培养以及文博事业单位管理，发表意见建议。陆进表示，要认真研究吸纳相关意见建议，做好人大建议办理工作，推动代表建议成果转化。

十三、《推进世界一流考古机构建设指南（试行）》解读

5 月 27 日，为落实“十四五”规划任务，更好地指导世界一流考古机构建设工作，国家文物局深入调研国内外考古机构情况，组织编制了《推进世界一流考古机构建设指南（试行）》（简称《指南》）。《指南》主要强调以下五个方向：坚持学术引领；鼓励开放合作；促进管理创新；强化人才支撑；彰显中国特色。《指南》明确了世界一流考古机构建设工作的基本原则、基础条件，以及申报、评议、建设、管理的程序和要求，是新时代引导考古机构创新管理思路、转变管理模式、提高管理效能的重要政策文件。

十四、京津冀协同发展专题展在京开幕

5 月 28 日，“燕赵乘春复此行——京津冀协同发展专题展”在北京大运河博物馆开幕。京津冀协同发展专题展是北京大运河博物馆体现北京城市副中心对接京津冀协同发展功能的专题展览，由首都博物馆、天津博物馆和河北博物院共同主办，共展出珍贵文物、历史档案和展品 398 件（套）。

十五、河北省举行第四次全国文物普查政策辅导与业务交流活动（第二期）

5 月 28 日，河北省第四次全国文物普查政策辅导与业务交流活动（第二期）在石家庄举行。截至目前，河北省通过分期举行省级文物普查政策辅导与业务交流活动，实现了对全省 179 个普查单元的业务骨干人员辅导交流全覆盖。

6 月份

一、2024 年度河北省社会文物发展专项研究课题申报公告

6 月 5 日，为进一步落实党中央和河北省委、省政府决策部署，更好地开展河北省社会文物发展研究工作，高质量服务社会文物事业发展，河北省社会文物学会发布了 2024 年度河北省社会文物发展专项研究课题申报公告，开展课题申报工作。课题包括了四大专题，即“学习贯彻习近平总书记对文化遗产保护重要指示精神研究”“学习贯彻河北省委十届四次、五次全会精神研究”“新时代河北社会文物保护开发与传承发展实践研究”“中华优秀传统文化与河北社会文物保护与传承发展研究”，总共 57 项选题。

二、行动高效，一体推进，“四普”稳步进阶

6 月 7 日，第四次全国文物普查第一阶段顺利完成。自 2023 年 11 月起开展的第四次文物普查是党中央决策部署的对我国不可移动文物资源情况的大调查、大摸底。“四普”伊始，普查领导小组高位引领，普查领导小组办公室高效推动，加强对各地的调度督导，央地协同加快推进，顺利完成第一阶段。

三、京津冀共同推出文物主题游径，助力三地历史文化资源传承发展

6 月 7 日，在 2024 年文化和自然遗产日到来之际，北京市文物局、天津市文化和旅游局、河北省文物局以“京津冀文化一脉”为主题，联合发布两条文物主题游径，进一步推动文化遗产的活化利用和文化旅游的深度融合。此次推出的文物主题游径包括“黎明号角”和“文明探源”两条线路。

四、2024 年文化和自然遗产日河北主会场活动在承德市成功举办

6 月 8 日上午，为深入贯彻党的二十大精神，学习宣传习近平文化思想，更好担负起新时代新的文化使命，全面展示文物保护利用和文化遗产保护传承新进展、新成效，增强全社会文物保护意识，营造保护文物和文化遗产的浓厚社会氛围，按照国家文物局的统一部署，围绕“保护文物，传承文明”的主题，由河北省文物局、承德市人民政府主办，承德市文物局、承德避暑山庄博物院承办的“2024 年文化和自然遗产日河北主会场宣传活动”在承德举办。

五、各地全力推进“四普”第二阶段各项工作

6 月 18 日，自第四次全国文物普查转段以来，北京、福建、四川、新疆等地着力落实普查宣传、成立志愿服务队伍、开展水下考古、整理文物保护单位名单等任务，推进第二阶段实地调查各项工作。

六、各地全力推进“四普”第二阶段各项工作

6 月 21 日，第四次全国文物普查领导小组办公室第二次全体会议召开以来，内蒙古、江西、山东、广西等地学习会议精神，梳理工作进展，总结工作经验，推进第二阶段实地调查各项工作。

七、邯郸市第四次全国文物普查工作有序推进

6 月 21 日，邯郸市第四次全国文物普查工作已正式转入第二阶段，各县、区文物部门正在对全市范围内所有不可移动文物开展实地调查。

八、沧州市组织开展中国大运河申遗成功十周年庆祝活动

6 月 22 日，沧州市文化广电和旅游局（沧州市文物局）以线上、线下相结合的形式，开展中国大运河申遗成功十周年庆祝活动。旨在着力宣传、展示沧州大运河丰富的文化遗产资源，讲好沧州大运河文化遗产保护和传承故事，普及大运河保护相关法律法规，丰富人民群众精神文化生活，为建设沿海经济强市贡献文化力量。

九、涉县全力推进第四次全国文物普查工作

6 月 24 日，自第四次全国文物普查工作开展以来，涉县县委、县政府高度重视文物普查工作，全面落实中央和省市有关第四次全国文物普查工作的部署要求，明确普查工作的新形势、新任务，严格遵循普查规程，不断推动第四次全国文物普查工作向更高水平迈进。文物普查是重大国情国力调查，是国家文化安全的重要保障，是文物事业立足发展的重要基础性工作。根据《国务院关于开展第四次全国文物普查的通知》要求，文物普查从 2023 年 11 月开始，到 2026 年 6 月结束，分三个阶段进行。此次普查将全面、客观地掌握不可移动文物资源的基本状况，计划用近 3 年时间形成不可移动文物数量、保护级别、文物类型、年代、权属、使用情况、保存状况等相关统计数据，为建立全国不可移动文物资源大数据库提供基础信息数据支撑。

十、“千年窑火·辉映古陉——井陉窑文化博物馆藏井陉窑瓷器展”在保定市博物馆开展

6 月 25 日，“千年窑火·辉映古陉——井陉窑文化博物馆藏井陉窑瓷器展”在保定市博物馆开展。此次展览由河北省社会文物学会、井陉县文化广电体育和旅游局主办，保定市博物馆、井陉窑文化博物馆承办，河北省供石雕塑博物馆及井陉县文艺家协会陶瓷专业委员会协办，旨在弘扬中华优秀传统文化，展示井陉窑瓷器的独特魅力。此次展览汇集了井陉窑文化博物馆的众多珍藏，展品涵盖多个历史时期，共计展出瓷器 200 余件。

十一、文物保护法修订草案二审稿五大看点

6 月 25 日，去年 10 月文物保护法修订草案一审稿提请审议后，公开征求社会公众意见。草案二审稿吸纳各方面意见建议，明确了加强文物普查和专项调查、突出和完善与中国共产党有关文物的保护、加强文物消防安全管理与鼓励和支持社会力量参与文物保护事业等内容。

十二、中国大运河申遗成功十周年：流淌的记忆·大运河社会文物主题文化系列活动在沧州市开幕

6 月 29 日，为纪念中国大运河申报世界文化遗产成功十周年，宣传中国文化遗产和河北大运河历史文化，由河北省文旅厅、河北省文物局指导，河北省社会文物学会和中共沧州市委宣传部主办的中国大运河申遗成功十周年：流淌的记忆·大运河社会文物主题文化系列活动在沧州市百狮园隆重开幕。

十三、纪念中国文物学会成立 40 周年座谈会在京召开

6 月 30 日，纪念中国文物学会成立 40 周年座谈会在北京召开。1984 年 6 月，在王定国、金紫光等革命前辈的积极推动下，中国文物学会的前身中国老年文物研究学会在北京成立。40 年来，中国文物学会已有 32 个分支机构和 1 个专家委员会，2015 年荣获民政部授予的“全国先进社会组织”称号，2020 年被中宣部列入重点联系的全国性社科学术社团名单。国家文物局副局长陆进，中国文物学会原会长单霁翔，中国文物保护技术协会理事长、故宫博物院院长王旭东等参加会议。

7月份

一、国家民委、国家文物局关于做好第四次全国文物普查工作的通知

7月1日，国家民委、国家文物局根据《中华人民共和国文物保护法》《国务院关于开展第四次全国文物普查的通知》（国发〔2023〕18号）和《第四次全国文物普查总体方案》精神，为进一步加强部门协作，共同做好第四次全国文物普查工作，通知相关事项。通知涉及提高思想认识，深入领会文物普查重大意义；强化协调沟通，合力开展文物普查；深化成果应用，不断加强文物系统性保护；加强价值阐释，大力提升文物合理利用水平；丰富宣传形式，切实铸牢中华民族共同体意识等内容。

二、全国商务领域文物普查工作视频推进会在京召开

7月17日，全国商务领域文物普查工作视频推进会在北京召开。第四次全国文物普查领导小组成员、商务部副部长盛秋平，第四次全国文物普查领导小组成员、国家文物局副局长关强出席会议并讲话。关强介绍了第四次全国文物普查的总体要求和近期进展。

三、中央军委后勤保障部、中央军委国防动员部、国家文物局联合印发《关于军地协同做好军队单位第四次全国文物普查工作的通知》

7月19日，中央军委后勤保障部、中央军委国防动员部、国家文物局联合印发《关于军地协同做好军队单位第四次全国文物普查工作的通知》（以下简称《通知》），协同推进军队单位普查工作。根据《国务院关于开展第四次全国文物普查的通知》，中国人民解放军和武装警察部队的文物普查工作由中央军委后勤保障部按照国家统一规定和要求组织实施。《通知》强调，军地相关单位要深入学习习近平主席关于文化遗产保护传承的重要论述，将文物普查作为一项政治任务，切实把思想和行动统一到党中央决策部署上来，按照国务院通知精神和普查总体方案、标准规范，结合军队单位具体实际，组织实施好第四次全国文物普查各项工作，切实摸清军队不可移动文物资源底数。《通知》要求，中央军委后勤保障部、国家文物局建立全国第四次文物普查工作协调机制，加强对军队单位文物普查统筹指导。《通知》明确，要扎实做好军队单位第三次全国文物普查已认定、登记文物复查。《通知》强调，践行应保尽保，持续加强文物保护利用。

四、河北省全面启动第四次全国文物普查指导督导工作

7月19日以来，河北省在“四普”指导督导工作上创新工作方式方法，省文物局编制了《河北省第四次全国文物普查指导督导工作方案》，成立了由省文化和旅游厅、省文物局相关厅局领导及省直文博单位主要负责同志任组长的9个指导督导小组，以推动高质量完成全省第四次全国文物普查工作为目标，以市、县第四次全国文物普查领导小组办公室为重点，坚持问题导向，注重督帮结合，推进各地普查工作落地落实。

五、凝心聚力抓落实，在进一步全面深化改革中推进文物事业高质量发展——全国文物系统深入学习贯彻党的二十届三中全会精神

7月22日，国家文物局召开学习宣传贯彻党的二十届三中全会精神动员部署会。党的二十届三中全会于7月15日至18日在北京举行，对进一步全面深化改革作出系统部署，会议审议通过了《中共中央关于进一步全面深化改革、推进中国式现代化的决定》，在全国文物系统引发强烈反响。河北省文物局局长罗向军介绍，河北将从四个方面开展下一步工作：一是扎实推进第四次全国文物普查；二是全面加强文物保护力度；三是持续深化考古研究；四是活化利用文物保护成果。

六、河北省文物局与省地矿局、省煤田地质局就第四次全国文物普查座谈交流

7月22日，河北省文物局局长、省第四次全国文物普查领导小组副组长、办公室主任罗向军一行赴省地矿局、省煤田地质局，与省地矿局局长卢瑞卿、省煤田地质局局长韩学军等就第四次全国文物普查合作事宜进行座谈交流。

七、国家文物局举办2024年革命文物保护利用培训班

7月23日，由国家文物局主办的2024年度全国革命文物保护利用培训班在新疆维吾尔自治区乌鲁木齐市开班。来自全国31个省份和新疆生产建设兵团文物部门及革命旧址、纪念馆的学员参加培训。国家文物局副局长罗文利出席开班式，并以“新时代革命文物工作的形势与任务”为题为学员授课。

8月份

一、习近平对加强文化和自然遗产保护传承利用工作作出重要指示，强调守护好中华民族的文化瑰宝和自然珍宝，让文化和自然遗产在新时代焕发新活力、绽放新光彩

8月6日，中共中央总书记、国家主席、中央军委主席习近平近日对加强文化和自然遗产保护传承利用工作作出重要指示指出，“北京中轴线——中国理想都城秩序的杰作”和“巴丹吉林沙漠—沙山湖泊群”“中国黄（渤）海候鸟栖息地（第二期）”成功列入《世界遗产名录》，对于建设物质文明和精神文明相协调、人与自然和谐共生的中国式现代化具有积极意义，为世界文明百花园增添了绚丽的色彩。

二、唐山市积极开展第四次文物普查督导调研工作

8月7日，唐山市第四次文物普查领导小组副组长、市文化广电和旅游局党组书记刘金柱带队，赴迁安市、古冶区开展了实地督导调研工作。调研组现场听取了两地关于普查领导小组及普查队伍成立情况、经费落实情况、实地普查开展情况等工作的汇报。随后，实地查看了省级文物保护单位安新庄遗址、五里山摩崖石刻，市级文物保护单位赵各庄矿9号、10号洋房子保护管理情况。

三、长城国家文化公园（河北段）标识体系发布

8月13日，在长城国家文化公园（河北段）标识体系建设及重点项目现场观摩交流活动中，河北省文化和旅游厅发布“1＋8”长城国家文化公园（河北段）标识体系。“1＋8”长城国家文化公园（河北段）标识体系，旨在增强长城河北段整体形象和统一辨识度，让长城国家文化公园广为人知、可感可游。

四、河北省保定市以文物普查为契机单独成立文物保护研究所

8月13日，保定市委、市政府高度重视第四次全国文物普查，为确保普查任务高质高效完成，切实加强全市不可移动文物资源保护管理，市委书记、市长就单独成立文物保护机构作出批示，要求从机构设置、人员保障等方面为普查提供支撑。新成立的保定市文物保护研究所在原有文物管理与考古勘探等职能基础上，增加了全市文物资源调查、文物资源资产统计汇总、相关平台建设及文物保护科技创新等职能，为文物普查提供了有力保障，破解了多年来没有独立文物保护机构这一制约保定市文物工作高质量发展的最大瓶颈。

五、河北两项分别入选2023全国文化遗产旅游“百强案例”和“五十强线路名单”

8月13日以来，由中国文物报社、中华文明研学旅游联盟主办，中国电信集团有限公司协办的2023全国文化遗产旅游案例和线路宣传展示活动，正式发布100项文化遗产旅游案例和50条文化遗产旅游线路。其中，河北省文物局推送的“‘跟着文物游河北’智慧语音导览项目”入选“百强案例名单”，承德市文物局推送的“探寻历史脉络——承德文化遗产之旅”入选“五十强线路名单”。

六、中国文物保护基金会、国家图书馆、字节跳动启动古籍保护与利用公益项目二期

8月20日，中国文物保护基金会、国家图书馆、字节跳动古籍保护与利用公益项目二期启动仪式在国家图书馆举行，现场发布《同心护珍宝，聚力续华章——“中国文物保护基金会字节跳动古籍保护专项基金”古籍保护与利用公益项目成果集》，并签订《古籍保护与利用公益项目二期合作备忘录》，中国文物保护基金会理事长刘玉珠出席活动并致辞。

七、出土木漆器保护国家文物局重点科研基地发布2024—2027年开放课题申报指南

8月23日，出土木漆器保护国家文物局重点科研基地向社会公开发布基地2024—2027年开放课题申报指南，邀请文物科技保护相关领域的国内外科研人员进行合作研究，共同推进我国木漆器类文物保护修复理论与技术创新。根据课题申报指南，本期开放课题的研究方向聚焦于出土竹木漆器材质、制作工艺与传统工艺科学化研究等，包括资助课题和自筹课题两类。课题申报截止日期为2024年9月30日。出土木漆器保护国家文物局重点科研基地是国家文物局2005年批复成立的全国首批科研基地，依托单位为湖北省博物馆和荆州文物保护中心。近20年来，基地在考古现场保护、竹木漆器脱色脱水、修复复原、病害防治等重大科技问题上取得重要研究成果，同时不定期发布开放课题，开展联合攻关，促进了木漆器保护技术的研究和推广，加速了文物保护科技成果的应用转化。

八、第五批全国二、三级博物馆评估结果公布，河北省18家博物馆晋级

8月23日，在呼和浩特市举办的第十届中国博物馆及相关产品与技术博览会上，中国博物馆协会正式公布了第五批全国二、三级博物馆评估结果，河北省的正定博物馆、迁安市博物馆、北戴河秦行宫遗址博物馆、燕山大学东北亚古丝路文明博物馆、郸城博物馆等13家博物馆晋升国家二级博物馆，献县博物馆、冀州博物馆、曲周博物馆等5家博物馆晋升国家三级博物馆。

九、河北省秦皇岛市文物局与河北省地矿局第八地质大队合作开展文物普查工作

8月23日，秦皇岛市文物局与河北省地矿局第八地质大队在全国重点文物保护单位耀华玻璃厂旧址举办合作开展文物普查工作启动仪式。河北省地矿局第八地质大队与秦皇岛市文物局加强沟通协作、密切配合，充分发挥本单位测绘专业设备和人员特长，在技术领域全力保障秦皇岛市第四次全国文物普查工作顺利完成。

十、2025年全国文物行业职业技能大赛启动

8月24日，为贯彻落实习近平总书记关于文物保护和人才工作的重要指示批示精神，培养选拔文物领域大国工匠和高技能人才，国家文物局发布《关于举办2025年全国文物行业职业技能大赛的预通知》，拟与相关部委联合举办2025年全国文物行业职业技能大赛（以下简称大赛）。本次大赛的主题为“保护文化遗产，弘扬工匠精神”，大赛分省内选拔赛和全国总决赛两个阶段，省内选拔赛阶段时间为2024年9月至2025年5月，全国总决赛阶段时间为2025年7月，全国总决赛地点为四川省。

十一、敦煌学研究文献库正式上线

8月27日，汇集了全球范围内的敦煌学研究成果与一手资料的敦煌学研究文献库正式上线，为全球敦煌学者提供统一、便捷、高效的敦煌学学术资源服务。敦煌研究院院长苏伯民表示，作为全球敦煌学研究资源的汇聚地，敦煌研究院始终致力于服务全球敦煌学界，高质量推进学术交流与研究。敦煌学研究文献库的上线，是敦煌研究院全面探索国际敦煌学领域资源管理利用与可持续发展的一次综合实践，也是深入贯彻落实习近平总书记在敦煌研究院座谈时的重要讲话精神的具体行动。未来，敦煌学研究文献库的实践应用，将为推动敦煌学乃至世界文化遗产保护、研究、弘扬事业的发展贡献重要力量。

十二、邯郸市成安县率先完成第四次全国文物普查实地调查阶段工作任务

截至8月29日，邯郸市成安县顺利完成第四次全国文物普查第二阶段实地调查与新发现文物录入工作，复查第三次全国文物普查登记文物点98处，新发现文物点25处，实现了100%的完成率。成安县成为河北省第一个完成此阶段普查任务的县区。

十三、河北省选派专家团队赴西藏阿里地区支援指导第四次全国文物普查工作

8月29日，应西藏阿里地区文旅部门邀请，河北省选派省文物与古建筑保护研究院第一批业务专家，远赴雪域高原，助力阿里地区的第四次全国文物普查和文化遗产保护传承工作。

9月份

一、石家庄市多措并举，高质量推进"四普"实地调查工作

9月2日，自第四次全国文物普查工作启动以来，石家庄市四普办积极主动作为，市县协调联动，各项工作任务按照计划有序推进，普查工作取得阶段性成果。

二、河北省文物安全和行政执法培训班在张家口举办

9月4日，为进一步提升文物安全监管和行政执法能力，守牢文物安全底线，河北省文物局日前在张家口市阳原县举办文物安全和行政执法培训班。培训班邀请公安、消防、文物等文物安全领域专家，围绕新时代文物安全工作目标任务，并结合当前工作实际，从文物安防建设、文物建筑火灾风险防控及检查指引、文物行政执法与安全防范，以及打击防范文物犯罪等方面进行授课，并赴蔚县现场考察学习蔚县博物馆、玉皇阁等安全防范工作。

三、河北省第四次全国文物普查第六指导督导组赴承德实地指导督导"四普"工作

9月2日至5日，河北省文物局党组成员、副局长李英带领省"四普"第六指导督导组赴承德督导"四普"工作开展情况。指导督导组先后深入兴隆县、鹰手营子矿区、承德县、平泉市、宽城满族自治县，通过听取汇报、查阅资料、座谈交流、展示普查成果、实地调研等形式，全面了解各县区"四普"工作进展情况，并对各县区相关点位的数据采集、照片拍摄、标本采集、资料填报等进行专业指导，针对普查工作中存在的疑难问题给予会诊解答。

四、河北省文物局对蔚县"四普"工作进行调研

9月11日，河北省文物局总工程师孙晶昌一行赴蔚县，就第四次全国文物普查工作开展情况进行调研。蔚县第四次全国文物普查领导小组办公室主任李新威就当前蔚县第四次全国文物普查工作开展进度、新发现文物数量、设备使用情况等进行了全面汇报。

五、河北省文物考古研究院赴西藏阿里开展第四次全国文物普查工作调研交流

9月8日至16日，河北省文物考古研究院派遣专家组，由黄信副院长带队赴西藏阿里地区进行第四次全国文物普查调研交流，并开展重点文物遗存调研。2024年是河北省对口援藏30周年，此次调研交流，专家组对阿里地区的自然与人文环境，以及独特的历史与文物遗存情况有了深入了解，为下一步河北与西藏在第四次全国文物普查及文物保护等方面的深度合作打下了坚实基础。

六、国家文物局有关负责人就《国家文物局关于推进考古研学高质量发展的指导意见》接受专访

9月19日，《国家文物局关于推进考古研学高质量发展的指导意见》（以下简称《意见》）出台，国家文物局有关负责人就《意见》的出台背景、主要内容、主要作用、创新亮点等方面接受了记者专访。

七、中德联合调研河北省石刻佛经项目启动仪式在邯郸市举行

9月19日，河北省文物与古建筑保护研究院和德国海德堡科学院联合调研河北省石刻佛经项目启动仪式在邯郸市涉县举行。该项目是经国家文物局批准的一项重要的文物保护研究国际合作项目。该项目以涉县娲皇宫及石刻，峰峰矿区响堂山、水浴寺石窟和曲阳县八会寺石刻为主，重点是做好石刻佛经文物资源的勘察、测绘、记录、研究和数字化等工作。该项目注重对国内外相关技术和案例进行梳理研究，借鉴国际成熟经验和学术成果，进一步提升国内石刻佛经文物学术研究阐释水平，促进中德文化遗产保护研究合作，加强中德文明交流互鉴。

八、中国文物保护基金会专家一行调研保定市燕下都国家考古遗址公园

9月18日至19日，中国文物保护基金会咨询委员会主任励小捷（原文化部副部长、国家文物局原局长）一行，到保定市易县燕下都遗址就“国家考古遗址公园与所在村落融合发展、助力乡村振兴”课题进行调研。

九、“金属文物保护国家文物局重点科研基地（中国国家博物馆）河北省文物与古建筑保护研究院工作站”正式揭牌

9月20日，金属文物保护国家文物局重点科研基地（中国国家博物馆）河北省文物与古建筑保护研究院工作站揭牌仪式在河北省文物与古建筑保护研究院举行。

十、河北省石家庄市举办第四次全国文物普查阶段性培训

9月23日至25日，为了总结经验，进一步提高普查水平，扎实推进全市第四次全国文物普查各项工作，石家庄市第四次全国文物普查领导小组办公室组织开展了全市第四次全国文物普查阶段性培训。自开展第四次全国文物普查工作以来，石家庄市22个县级普查单元全部启动实地调查，全市共复查“三普”不可移动文物1468处，调查新发现不可移动文物18处。通过此次培训，切实帮助各县（市、区）有效解决了前期普查工作中遇到的各类技术难题，促进了各地工作经验的交流互鉴，使每一名参训人员更加系统地掌握了文物普查标准要求，提升了普查技能，为石家庄市高标准、高质量完成普查任务，培养锻炼高素质文物人才队伍奠定了坚实基础。

十一、“陶质彩绘文物保护国家文物局重点科研基地秦皇岛工作站”挂牌成立

9月25日，陶质彩绘文物保护国家文物局重点科研基地秦皇岛工作站挂牌成立，这是秦皇岛市文保事业发展道路上一个重要的里程碑。秦皇岛工作站的设立，进一步加强了冀陕两省的文物保护与交流合作，搭建起馆际之间、基地之间良好的互动平台。双方将持续开展人员交流培训、学术研究、展览展示互动等项目合作。通过学习陕西省文物保护工作经验，把秦皇岛文物资源保护好、传承好、利用好。

十二、河北省文物局应邀参加2024中国—东盟博览会旅游展和文化遗产与旅游深度融合发展主题交流活动

9月26日，中国文物报社联合2024中国—东盟博览会旅游展秘书处共同举办了文化遗产与旅游深度融合发展主题交流活动。活动举行了全国100项文化遗产旅游案例和50条文化遗产旅游线路获奖代表单位授牌仪式，并公布了“2023全国文化遗产旅游案例和线路宣传展示活动”入围终评名单，河北省文物局推送的“‘跟着文物游河北’智慧语音导览项目”在已获百强案例基础上又成功入围。

十三、河北省革命文物工作培训班在保定市举办

9月24日至27日，河北省革命文物工作培训班在保定市举办。培训班采用集中授课、经验交流与现场教学相结合的方式，围绕革命文物保护利用政策、革命文物项目申报要求、革命文物保护利用片区规划、革命文物宣传传播、革命文物展览选题与内容设计等当前工作中的重点内容进行培训。此次培训，旨在深入学习贯彻党的二十届三中全会精神和习近平总书记关于革命文物工作重要论述精神，进一步加强全省革命文物保护利用工作从业人员的知识储备和履职水平，对切实加强全省革命文物队伍建设，提升业务能力和项目管理水平，促进革命文物保护利用工作高质量发展具有重要指导意义。

十四、河北省社会文物学会人员能力提升培训班开班

9月28日至29日，由河北省文化和旅游厅、河北省文物局指导，河北省社会文物学会主办的河北省社会文物学会人员能力提升培训班在秦皇岛开班。此次培训班旨在进一步加强学会会员文物保护意识和知识储备，提升业务能力水平，不断增强河北省社会文物学会在河北省社会文物事业高质量发展中的引领作用，促进河北省社会文物事业高质量发展。

10月份

一、国家文物局召开“走进文化遗产，助力乡村发展”专题新闻发布会

10月15日，国家文物局在北京召开“走进文化遗产，助力乡村发展”专题新闻发布会。国家文物局坚决贯彻落实党中央关于巩固拓展脱贫攻坚成果同乡村振兴有效衔接的决策部署，积极推进城乡文化遗产系统性保护，在保护传承乡村有形文化文物资源、发挥“文物＋”赋能乡村振兴效应、继承发展优秀传统农耕文化、鼓励公众力量广泛参与等方面多措并举，助力美丽乡村建设。

二、《博物馆藏品管理办法》修订工作座谈会在郑州召开

10月16日，国家文物局在河南郑州召开《博物馆藏品管理办法》修订工作座谈会，北京、上海、江苏等省级文物行政部门、中央地方共建国家级重点博物馆、省市县级博物馆代表参加会议，对《博物馆藏品管理办法》修订提出意见建议。

三、中国文物保护技术协会第十二次学术年会在敦煌召开

10月17日至18日，由中国文物保护技术协会、敦煌研究院主办的中国文物保护技术协会第十二次学术年会在甘肃敦煌召开。此次学术年会以“科技支撑文化遗产系统性保护”为主题，旨在重申并强化科技创新在文化遗产保护领域的核心支撑与引领作用，促进文化遗产保护理念科学性、系统性原则的深度挖掘与广泛拓展。

四、河北省举办第四次全国文物普查阶段性总结与经验交流活动

10 月 23 日至 24 日，为全面落实党中央、国务院及河北省委、省政府关于开展第四次全国文物普查工作的部署，及时总结经验、查找不足，进一步提高河北省第四次全国文物普查质量，在实地调查阶段攻坚之际，河北省第四次全国文物普查阶段性总结与经验交流活动在石家庄市举办。

五、世界遗产地绿色发展圆桌会议在故宫举办

10 月 25 日，世界遗产地绿色发展圆桌会议在故宫博物院举办。会议以“保护传承与可持续发展”为主题，旨在通过议题研究、管理模式创新及共同行动，深入探讨世界遗产地绿色发展的策略与路径。

六、传承文化遗产·创意新质未来——河北省高校文化遗产保护与创意设计大赛获奖作品展盛大开幕

10 月 26 日上午，由河北省社会文物学会主办，河北大学新闻传播学院、河北大学—中央兰开夏传媒与创意学院、河北华友文化遗产保护股份有限公司、河北大学文化产业研究院承办的首届“华友文保杯”河北省高校文化遗产保护与创意设计大赛获奖作品展在河北大学顺利开幕。

七、国家革命文物协同研究中心座谈会在京召开

10 月 28 日，国家革命文物协同研究中心座谈会在北京召开，深入学习贯彻习近平文化思想和习近平总书记关于革命文物工作重要论述精神，交流经验做法、明确工作重点，加强国家革命文物协同研究中心建设。

11 月份

一、文物保护技术传承与创新学术研讨会在甘肃天水召开

11 月 1 日，由中国文物学会、敦煌研究院主办，中国文物学会文物保护技术与修复材料专业委员会、麦积山石窟艺术研究所承办的文物保护技术与修复材料专业委员会第六次学术年会暨文物保护技术传承与创新学术研讨会在甘肃天水举办。

二、中央第二巡视组巡视国家文物局党组工作动员会召开

11 月 3 日，根据中央关于巡视工作的统一部署，中央第二巡视组巡视国家文物局党组工作动员会召开。

三、新修订的《中华人民共和国文物保护法》将于 2025 年 3 月 1 日起施行

11 月 8 日，十四届全国人大常委会第十二次会议表决通过了新修订的《中华人民共和国文物保护法》，自 2025 年 3 月 1 日起施行。此次修订文物保护法，将我国文物工作取得的历史性成就和宝贵经验上升为法律，进一步完善了文物法律制度框架，推动文物工作法治化、规范化、制度化，为推进实现文物领域治理体系和治理能力现代化提供了更好的法治保障。文物保护法自 1982 年 11 月颁布实施以来，历经 1 次修订和 5 次修正，此次再次进行修订，标志着我国的文物保护工作进入依法治理的新阶段。

四、河北省第四次全国文物普查第六指导督导组赴承德调研指导“四普”工作

11 月 11 日，河北省文物局党组成员、副局长李英带领河北省第四次全国文物普查第六指导督导组赴承德市，对滦平县、丰宁满族自治县、围场满族蒙古族自治县及隆化县的“四普”工作进行调研指导。

12 月份

一、国务院 2024 年度安全生产工作考核组第七组考核国家文物局安全生产工作

12 月 9 日至 11 日，按照国务院安委会部署安排，国务院 2024 年度安全生产工作考核组第七组对国家文物局开展安全生产工作考核。考核组通过听取工作汇报、调阅文件资料、现场问询查证、专题座谈等方式，对国家文物局安全生产工作进行现场考核。

二、河北省文物局举办全省文物新闻宣传培训班

12 月 11 日至 13 日，河北省文物局在石家庄举办全省文物新闻宣传培训班。此次培训包含博物馆全媒体传播、文物新闻宣传报道、新时代网络舆情应对处置等内容，为进一步推进新时代河北省文物工作高质量发展打下坚实基础。

三、强化“四普”成果质量控制，提升普查数据规范性，河北省开展普查数据核查工作

截至 12 月 13 日，河北省 179 个县级普查单元全面开展“四普”实地调查工作，已复查“三普”不可移动文物 31 289 处，暂居全国第三位，复查率 92%，略高于全国 83%的平均复查率。新发现不可移动文物 1475 处。全省 122 个县级普查单元“三普”复查率已超过 90%，其中邯郸市成安县、沧州市运河区等 93 个县（市、区）已完成实地调查工作。数据质量核查工作有效检验了河北省“四普”工作成果，及时发现并纠正存在的问题，确保高质量完成全省实地调查阶段工作任务。下一步，省四普办将持续对各地文物普查工作进行专业指导，解决基层普查技术难题，同时督促各地按照“四普”登记表样表及专家意见，进一步修改、完善数据，确保实地调查阶段成果的完整性、准确性和规范性。

后　记

随着《河北省社会文物发展报告（2024）》的付梓，我们感到无比欣慰。这份报告不仅仅是对河北省社会文物发展状况的一次数据和案例梳理，其背后更是社会文物领域的研究者们无数次对于文化遗产向新质生产力转化的深刻探讨。

《河北省社会文物发展报告（2024）》尝试从河北省社会文物的资源调研、传承保护、展示利用、教育培训、科学研究、人才队伍建设等多个方面、多个维度来探讨文物保护事业的现状与未来。在报告的编写过程中，我们遇到了不少挑战，但每一次的突破都让我们更加坚信，每一件文物、每一处遗址，都是一个时代的见证，都是一段历史的缩影。社会文物连接着过去与未来，承载着民族精神与集体记忆，是不同文明之间对话的桥梁。而我们所面临的任务，就是如何用现代的智慧与科技，去保护、修复和传承这些宝贵的文化财富。

《河北省社会文物发展报告（2024）》的完成，离不开河北省社会文物学会同人的共同努力。在此，我们要向所有为这份报告的完成付出过努力的学会会员和研究人员致以最诚挚的感谢。他们的辛勤付出和专业精神使得这份报告具有较高的学术价值和实践指导意义。我们还要特别感谢河北省文化和旅游厅、河北省文物局一直以来的指导和帮助。同时，也要感谢参与河北省社会文物发展专项研究课题的各位老师及其研究团队，他们的研究成果使这份报告更加完善。最后，还要感谢河北大学历史学院、文学院、新闻传播学院的王珣、刘双齐、李晓、李莹、江雨婷、史宇童、郭浩、薄凡玉、李可、高泽敏、王一涵、杨艺等同学在协助调研和资料整理等方面的辛勤付出。你们的贡献不仅仅是对文化遗产的守护，也是对人类文明延续的深刻理解与执着追求。无论是在博物馆、遗址现场，还是在科研机构与保护实验室，每一份工作都不可或缺，每一分努力都值得尊敬。

文物保护事业是一条永不止步的道路，它需要我们的守护，也需要我们的创新。限于行业发展现状，以及调研过程中的一些现实困难，这份报告只是阶段性的总结，仍存在很多不足，留待与各界学者交流探讨。

在新的时代背景下，科技的力量、全球的合作和社会的认知，将为文物保护事业提供更加有力的保障。展望未来，我们满怀期待。我们相信，通过我们的共同努力，河北省的社会文物将会得到更好的保护，它们的故事将会被更多人知晓，它们的价值将会在新时代得到新的诠释。

最后，我们衷心希望本书能够为文物保护事业的发展贡献一份绵薄之力，愿这份报告能够触动你的心弦，激发你对文化遗产的热爱，让我们一同携手，珍惜与守护我们的文化遗产，让历史在未来的时光里绽放更加璀璨的光辉。